LA FOSCOR BLANCA

GERALDINE McCAUGHREAN

Traducció d'Aurora Ballester i Gassó

cruïlla

Primera edició: juny de 2007

Direcció literària: Montse Ingla Mas
Edició: Núria Font i Ferré
Traducció: Aurora Ballester i Gassó
Fotografia de la coberta: Ann Hawthorne/CORBIS
Disseny de la coberta: Estudi SM
Realització de la coberta: Jordi Salvany

Títol original: *The White Darkness*
Publicat per Oxford University Press, Oxford

Balmes, 245 - 08006 Barcelona
editorial@cruilla.com

Comercialitza: CESMA, SA

ISBN: 978-84-661-1774-6
DL: M-23.444-2007
Imprès a Espanya / *Printed in Spain*
Gohegraf Industrias Gráficas, SL

Per a Richard Oates o Titus Morant

«Un esperit en ell mateix sojorna
i, en Cel, Infern, i en Infern, Cel, canvia.»*

El paradís perdut,
JOHN MILTON

*Traducció de J. M. Boix i Selva.

1 *Titus*

ARA JA FA bastant de temps que estic enamorada de Titus Oates; cosa que és ridícula perquè fa noranta anys que és mort. Però mireu-vos-ho així: d'aquí a noranta anys jo també m'hauré mort i llavors la diferència d'edat ja no tindrà cap importància.

A més a més, ell no és mort dins el meu cap. Parlem de tota mena de coses. Des de si el color dels cabells pot canviar espontàniament, passant per si els amics són millor que la família, fins a quina és l'edat ideal per casar-se: els catorze anys o els cent vint-i-cinc. Per norma general, ell sap més coses que no pas jo, però en aquesta qüestió en concret estem empatats. Ell no era casat; almenys no ho era quan es va morir, cosa que devia reduir considerablement les seves possibilitats.

L'oncle Víctor diu que jo no m'hauria de casar per res del món. L'oncle Víctor hi entén, en aquestes coses, i diu que «el matrimoni és una relíquia burgesa de sentimentalisme victorià». A mi em sembla bé. Ningú no es podria igualar a en Titus. I tenim una mena d'acord, en Titus i jo.

L'oncle Víctor és una meravella: ha fet infinitat de coses per a nosaltres; per a la mare i per a mi, em refereixo. I a més a més és llestíssim. L'oncle Víctor sap una quantitat impressionant de coses. Sap a quina temperatura el vidre es torna líquid i en què va fracassar el comunisme i com es va construir el pont suspès de Clifton i quines coses hauria de fer el govern: no li trobaríeu cap llacuna. Ha llegit llibres sobre tot: història, geografia, política, astrologia, animals... és la Font de Tot Coneixement, tal com l'anomenava el pare.

Si jo em quedava encallada fent els deures, el pare sovint deia: «Pregunta-ho a la Font de Tot Coneixement.» I jo telefonava a en Víctor i ell m'ho deia. Moltes vegades en sabia més que els professors, que aleshores es pensaven que havia fet malament els deures, però tal com diu en Víctor: «El que no entenen els professors és que el cos del coneixement encara està creixent. Ells calculen que es va aturar el dia que van acabar la carrera. O bé això, o són d'una ignorància supina. Hi ha molta ignorància en aqueixes escoles.»

És cert que cap dels meus professors sap gran cosa sobre l'Antàrtida. Quan el pare, en Víctor i jo vam anar a Islàndia, un dels professors també hi havia estat i ho sabia tot sobre Dettifoss i les fonts termals i que la gent tenia saunes pudentes al jardí de casa. Però cap dels professors de l'escola ha estat a l'Antàrtida. N'hi ha que saben que el capità Scott va anar al pol sud i no va tornar. Però la majoria es refereixen a John Mills, l'actor que representava Scott en una pel·lícula. Però jo no.

Pel que fa a les coses en general, jo no sé gran cosa sobre res. L'oncle Víctor diu que sóc una «víctima d'un sistema educatiu de pa sucat amb oli». Però jo alguna cosa en sé, de les regions polars. Les prestatgeries que tinc damunt del llit són plenes de llibres sobre el pol nord i el pol sud. Relligats amb gel, podríem dir. Un penya-segat glacial a punt de desbordar-se damunt del meu llit. Ho recordo: la nit després que s'enduguessin el pare a cuita-corrents cap a l'hospital, una de les prestatgeries es va desenganxar de la paret i se'm va desplomar al damunt. Em vaig despertar pensant que la casa s'ensorrava; llibres que se m'encastaven al cap, que rebotaven pel capçal del llit, que espetegaven plans contra terra. Vaig mirar el forat de la paret i els tacs que hi havia damunt del coixí i no vaig saber què fer.

Amb la prestatgeria. Amb tot plegat.

Per això em vaig tornar a adormir i vaig somiar que navegava cap a la barrera de glaç de Ross, i que de la paret se'n desprenien grans terrossos, enormes com transatlàntics que s'estiguessin enfonsant.

Ara que hi penso, l'oncle Víctor em va donar la major part dels meus llibres sobre el Glaç. Cada aniversari i cada Nadal. Llibres sobre el Glaç i el pol nord; sobre Shackleton i Scott, Laurence Gould i Vivian Fuchs, Nansen i Barents, Franklin, Peary i Oates; sobre pingüins i óssos polars, balenes i foques i rorquals boreals... sobre el capità Lawrence Oates; a qui també anomenaven Titus. L'oncle Víctor comprèn perfectament com tota aquesta idea t'envaeix com si fos un banc de glaç: va prement més i més contra el teu cap fins que rebenta el buc i entra a dins a rodolons... Si a l'escola mai ens fessin fer un treball de recerca sobre l'Antàrtida, jo m'hi podria lluir. Igual que el mont Erebus a ple estiu, jo podria brillar, podria brillar!

El que passa és que no crec que volgués. Va tot lligat a en Titus i sé perfectament que el millor és ni esmentar en Titus, a l'escola. Almenys és el que faig ara. Vaig cometre aquest error una vegada. I no em tornarà a passar mai més.

–La Sym té un amic imaginari! La Sym té un amic imaginari!

Era la típica conversa sobre morrejades. Igual com el niu de formigues del rebost: et penses que has fet tot el possible per eliminar-lo, que és impossible que torni a aparèixer, i ja hi tornem a ser: «Amb quants nois t'has morrejat?» No hi ha cap resposta correcta. Dius «cap» i ets penosa o frígida o resulta que coneixen algú que té un germà que estaria disposat a fer-te un favor a canvi de cinc lliures. Si et negues a contestar encara ets més penosa; o amagues alguna cosa, o t'agraden més les noies, o bé... No és que li tinguin cap interès, només et volen explicar amb quants s'han morrejat elles, sobretot perquè els agrada pronunciar aquesta paraula. Les fa sentir com si anessin amb roba interior de color vermell. I no paren de repetir: «Amb quants nois t'has morrejat, Symone? Va, nena, amb quants nois t'has morrejat?»

Per què és que totes les paraules que tenen relació amb el sexe són tan lletges? Les paraules que tenen relació amb l'amor no ho són. No és sorprenent que en Titus trobés que les dones eren una molèstia. No és sorprenent que es morís sense mai... sense haver-hi tingut cap mena de relació íntima.

En fi, que vaig dir que jo podria passar perfectament sense. (Almenys és el que vaig intentar dir. No m'explico gaire bé quan parlo en veu alta). Vaig provar de dir que a mi, de moment, ja m'estava bé limitar-me a imaginar les coses i que gràcies per l'interès. Que tal vegada més endavant. Que si mai coneixia algú que es pogués comparar amb en Titus...

I després d'això vaig passar a ser la sonada; penosa, frígida i sonada, totes tres coses, la penjada que tenia un amic imaginari: «Igual que els nens petits, hu, hu, hu. Igual que els nens petits.»

El dia que vaig arribar a escola i vaig dir que el meu pare s'havia mort, vaig sentir que la Maxine deia a la Nats: «No et preocupis. Suposo que s'ho deu haver imaginat.»

I aleshores va ser quan em vaig tancar dintre meu. Vaig tancar la tenda, com si diguéssim. Vaig omplir els panys amb aigua perquè es gelessin. Va ser en aquell moment que en Titus i jo ens vam mirar i vam decidir que podíem prescindir d'elles mentre ens tinguéssim l'un a l'altre.

«Ara som tu i jo, Symone.»

–Ara som tu i jo, Titus.
«S'hi està calentet, oi?»

–Què, a qui li ve de gust fer un viatget a París? –va dir l'oncle Víctor.

La mare va quedar tota sorpresa, perquè últimament anàvem bastant justos de diners.

–És una oferta especial d'aquestes que fan els diaris –va dir en Víctor–. Bitllets gratis amb l'Eurostar i dues nits en un hotel de dues estrelles.

Jo hauria volgut que la mare somrigués i obrís molt els ulls i digués: «Que fantàstic!» perquè era molt bona idea. No em va semblar bé que arrugués el front i fes cara d'atabalada i desconcertada. Oi que París no és que sigui l'últim lloc de la terra on hauria de voler anar una persona? Però la mare feia cara de no veure-ho gens clar.

–La Symone té exàmens aviat.

–Ho pots repetir?

–Que la Symone té exàmens.

–Aquesta nena malgasta la vida amb tants exàmens! Exàmens de què? Què és el que pretenen mesurar-li? Les capacitats? La utilitat? La seva habilitat contestant les preguntes, i prou! A tu t'agradaria anar a París, oi, mossa? El bressol de l'Art i la planificació urbanística?

–M'agradaria pujar a la torre Eiffel –vaig dir jo.

La cara de la mare m'acusava de traïdoria; en treure el tema dels exàmens m'havia llançat una indirecta invisible i jo havia esquivat la passada. Per què no pot dir les coses clarament? Per què ningú diu les coses clarament en aquesta casa? I a més a més, per què no volia anar a París? L'oncle Víctor només pretenia animar-la.

–No hi podem anar després dels exàmens? –vaig dir, intentant complaure'ls tots dos alhora.

–La Lillian t'escriurà una nota, oi que sí, Lillian?: «Disculpin les molèsties», o una cosa per l'estil. L'única escola de debò és l'Escola de la Vida! –és una de les frases preferides d'en Víctor.

A mi ja m'estava bé. Mirant-m'ho des de qualsevol punt de vista, a mi ja m'anava bé. Si no feia l'examen de química volia dir que tampoc no hauria de fer tots els exercicis preparatoris. M'encantava la idea de dir-li a la Nikki que no hi seria per a l'examen de química perquè seria a París. Li enviaria una postal per si es pensava que m'ho inventava. Hi feia un temps horrorós, però París, encara que hi plogués a bots i a barrals, per força havia de ser millor que l'escola i els exàmens.

Així és que vaig baixar la maleta de cap de setmana de l'altell i la mare es va encarregar de preparar l'equipatge, va cancel·lar la visita al dentista, em va escriure una nota per a l'escola, va canviar uns quants euros a l'estafeta de correus, va treure un parell de guies turístiques de la biblioteca, va agafar els passaports i va passar l'aspiradora per la casa (suposo que per si de cas ens ofegàvem al mig del canal i els veïns havien d'entrar a casa nostra, no es quedessin esgarrifats de l'estat en què teníem les moquetes). Mentrestant, en Víctor va trobar a l'ordinador una vista panoràmica virtual de 360 graus des del capdamunt de la torre Eiffel. Portava el passaport a la butxaca de l'americana; va dir que sempre el porta al damunt. Semblava que fos un espia que estigués pendent de la seva propera missió.

–No podré fer l'examen de química la setmana que ve –vaig dir a la Nikki, com qui no diu res–. Seré a París.

–Quina sort, tia! –va dir la Nikki sense aixecar els ulls de la revista. Estava fent un test per descobrir amb quin tipus de noi sortiria.

–Dues nits i tres dies –vaig dir.

–Oh, là là –va dir la Nikki sense cap mena d'entonació.

L'article es titulava *A punt de foto!!!* Els signes d'admiració envaeixen totes les revistes que llegeix la Nikki. Com si fossin polls. Tenint en compte el temps que es passa amb el cap enfonsat dins d'una revista, seria lògic pensar que a la Nikki se li podríen haver encomanat, però curiosament, cada vegada que parla, no se li veu cap signe d'admiració per enlloc.

–L'oncle Víctor ens hi convida, a la mare i a mi.

–Que no en té per pagar-vos una setmana sencera?

Al costat de cada pregunta del qüestionari hi havia un rengle de fotografies: cares de nois, cames de nois, nois vestits d'estils diferents... «TRIA EL NOI QUE ESTÀ MÉS BO» deia el títol.

–La torre Eiffel i tota la pesca –vaig dir.

–Cames de caragol –va dir la Nikki fent una ganyota.

Fins i tot en Titus estava bastant intrigat amb l'article de la revista.

«El que està més bo? Vol dir el que gaudeix de més bona salut?» –em deia dins del cap–. «I com l'han de triar? Han de mirar qui té les galtes més vermelles?»

–No, Titus.

«Doncs què, el dins dels ulls? La llengua?»

–No, Titus.

«Això no té ni cap ni peus.»

–És veritat, no en té. «Estar bo» aquí vol dir estar en bona forma –vaig explicar-li.

«Ah!», va fer en Titus però feia cara de no veure-ho clar.

Per això, li vaig assegurar:

–Tu estàs en forma. Estàs en molt bona forma.

I ell hi va estar d'acord:

«Fins a un cert moment vaig estar molt en forma. Fins que la mort es va apoderar de mi. La mort té tendència a arruïnar la salut d'una persona.»

–No, no em referia a aquesta «bona forma». Jo em referia a «bona forma» per dir «ben plantat».

Aleshores va fer una expressió de pura rebel·lió. Les paraules haurien de mantenir almenys part del seu significat d'un segle al següent, si no, les converses no poden seguir el seu curs.

En realitat, mai no m'he mirat un noi i he pensat: «Està boníssim» o «No bateguis tan fort, cor meu». Ni els gestos bruscs i obscens que ens ofereixen amb els braços; ni les competicions entre els uns i els altres per veure qui diu les paraulotes més gruixudes al darrere de l'autobús: res de tot això m'inspira cap mena de curiositat; no m'inspira cap mena d'intenció, tret només d'un lleuger desig de veure'ls caure daltabaix de l'autobús i anar a parar al mig del trànsit.

–Hi anem amb l'Eurostar –vaig dir a la Nikki, però estava distreta. Era evident que ho hauria d'haver dit a la meva tutora i no a la Nikki. Encara portava la carta de la mare a la butxaca de la camisa; em volia esperar a demanar permís per marxar fins que fos massa tard perquè la senyoreta Floyd em digués que no.

Els professors de l'escola no em tenen simpatia. Ho diu l'oncle Víctor i deu tenir raó; sempre insisteix a assistir a les reunions de pares, ara que el pare ja no hi és. L'oncle Víctor diu que els professors són un «impediment per a la il·lustració» i és per això que passa moltes estones a l'escola amb la intenció d'il·lustrar-los. Em fa l'efecte que la professora de geografia l'irrita especialment:

–S'aprèn el tema de memòria –li va dir una vegada– i després els el regurgita any rere any! Una vegada i una altra, cada cop més i més ranci. Igual com els astronautes, que es beuen els seus pixats.

La següent seqüència de fotos de la revista de la Nikki no era de nois sinó dels seus interessos: un ordinador, un cotxe, un *walkman*, una pilota de futbol, un llibre. Com si els nois només tinguessin una afició.

«On són els cavalls?», va dir en Titus. «Jo sóc un home de cavalls.»

–Això comptaria com un cotxe, m'imagino. O com a esport. Què me'n dius, dels esports?

«Ah, el polo, naturalment. A Egipte jugava molt a tenis. Participava en les curses de camells. A l'Índia boxejava. A Hut Point jugàvem a futbol per mantenir-nos... ehmmmm... ai, Senyor!... en bona forma. I a hoquei sobre gel. Quan parles de cotxes hi inclous els trineus motoritzats? Els trineus motoritzats són una pèrdua de temps i de diners. Per mil lliures m'hauria pogut comprar tot un equip de ponis per jugar a polo.»

–Doncs actualment ja no, ja no podries. I la música?

«M'agrada prou mentre no l'hagi de ballar.»

–I els llibres?

«Oh, i tant! Potser els llibres per preparar l'examen de capità de marina.»

Mans fredes, Titus, mans fredes. Quan va escriure a casa abans de marxar cap al pol, va demanar a la seva mare que li enviés els llibres. Els necessitaria, va dir, quan tornés.

A vegades, bastant sense avisar, en Titus diu alguna cosa i és com si em posés les mans glaçades al clatell. Però per què, en aquell precís instant, se'm van aglutinar unes altres paraules al cervell: «Més val la química que París»?

La Maxine ens va passar pel costat.

–L'oncle de la Symone se l'emporta a París –va dir la Nikki, i em va envair una onada de felicitat, perquè malgrat tot la Nikki m'havia estat escoltant.

–Ah, sí? A què, a passar un cap de setmana marranet? –va dir la Maxine. Si al darrere hi hagués algun pensament, hauria estat molt lleig, dir una cosa com aquella. Però la Maxine no pensa. La Maxine porta tanta brutícia a dins que només cal que faci un moviment sobtat perquè se li desbordi per la boca.

–De vacances –vaig respondre entre dents.

–Jo entraria al Moulin Rouge i me n'aniria amb tots els senyors rics –i tot plegant els braços darrere el cap, va tancar els ulls i va remenar les anques davant nostre. –Però no t'hi matis, Symone –tot repassant-me amb uns aires de suficiència que li feien pesar les parpelles–, no ho pots donar a canvi de res, eh que no?

Sentia una cremor a les galtes i un recargolament als budells. Què em passa? Em falla alguna cosa? Què em falla? Tenim catorze anys! És il·legal. «Només per a adults», hi diu a la capsa. I en canvi tots els meus companys de l'escola dediquen tots els esforços a jugar a aquest joc. O a parlar-ne. Molt i molt, en parlen. I entre que no acaben de parlar-ne, realment, i que tampoc no en volen parlar, en realitat...

La Nikki va començar a dibuixar ulleres i bigotis a les cares dels nois de la revista.

–Segur que el teu oncle t'arrossegarà per tota una colla de museus d'art espantosos, Symone –va dir, omplint el terrible silenci i traient-me del femer de la Maxine. I jo li ho vaig agrair amb un cop de cap i un somriure afectat, tot aclucant els ulls.

–Suposo.

–Sota la pluja.

–Suposo.

«M'hi apunto. Jo també vindré», va dir en Titus alegrement. «Sempre anàvem de vacances quan era jove. La meva adorada mare fugia dels hiverns anglesos» i va fer una de les seves riallades greus i iròniques. «Es pensava que el fred em mataria.»

Això mateix, Titus. Situa les coses en la seva justa mesura.

I em vaig animar de seguida, amb el convenciment que ell seria amb mi a París, i en canvi la Maxine no.

Els trens a l'estació de Waterloo eren tots lluents i elegants com míssils intercontinentals. Semblava que una simple excursió a l'altre costat del canal estigués per sota de la seva dignitat; com si unes estrelles de cinema es trobessin de cop en una sortida de cap de setmana de galleda i pala en comptes del Festival de Cinema de Cannes, com s'esperaven.

–Has vist la Lillian, Symone? –va dir l'oncle Víctor en veu alta des d'un bon tros lluny. La mare intentava fer veure que no el veia, però ell ho va repetir encara més fort:

–Ja hi heu anat? Penseu-vos-hi bé. Hi hauríeu d'anar totes dues abans que sortim –oferint-se a vigilar-nos l'equipatge mentre buscàvem els lavabos de l'estació.

–Hi ha vegades que...! –va xiular la mare entre dents, adornant la frase amb una riquesa de matisos que anaven de la vergonya al ressentiment.

Tan bon punt vam tornar, les portes del tren es van obrir amb un esbufec mecànic que semblava que sortís de dins del meu pit. No vaig aixecar prou el peu per fer-lo passar per damunt del llindar i vaig entrar ensopegant dins el tren. Sóc elegant com un cigne, jo.

Però la mare encara era a l'andana, remenant la bossa; la va deixar a terra i es va posar a regirar-la amb les dues mans. L'oncle Víctor va començar a desfer la cremallera de la nostra única maleta, sospirant amb paciència i aixecant la roba.

–La teva mare s'ha descuidat el passaport –va dir, fent un somriure de màrtir.

–No, no, que el tenia! Estic ben segura que el tenia!

–Amb calma, Lillian, amb calma. Pensa bé. La calma unta els engranatges.

Però tot i que va buscar i rebuscar per totes les butxaques i els compartiments de la seva bossa de mà, entre cadascuna de les pàgines del llibre que havia tret de la biblioteca i fins i tot sota el fons de cartró de la maleta barata, no es veia ni rastre del seu passaport ni de la seva calma.

–Estàs segur que no te l'he donat a tu perquè me'l guardessis, Víctor?

En Víctor palpava l'equipatge suaument i metòdica. La mare anava d'un costat a l'altre, presa per l'esverament.

–Que estúpida!

–No ho ets d'estúpida, Lillian –va dir l'oncle Víctor, somrient i sacsejant el cap–, però a vegades les coses que fas sí que ho són...

La mare no li va agrair aquella distinció: va anar de poc que no enganxés la mà d'en Víctor amb la cremallera de la maleta.

El rellotge de l'estació va tocar l'hora. Va aparèixer el guarda que portava a la mà una mena de pala verda com de jugar a ping-pong. La mare es va posar a plorar de ràbia i frustració. L'estómac em va fer un salt com la tapa d'una gatera.

–Haurem d'agafar un tren que surti més tard! –vaig dir.

Però pel que es veia els bitllets només servien per al tren de les vuit. Quan les portes es van tancar, en Víctor i jo érem a dins amb la maleta i la mare era a l'altra banda, amb els braços plens de la roba acabada de planxar que tenia pensat posar-se durant les vacances. Se li va començar a escórrer dels braços i ella es va doblegar d'una manera estranya per evitar que les bruses sedoses rellisquessin cap a terra. Semblava una marededéu de marbre que sostingués alguna cosa morta a la falda, amb el cap inclinat cap a un costat en senyal de dolor.

–Tornaré el dissabte –vaig dir-li amb els llavis a través de la finestra i vaig fer un petó al vidre.

–És un error habitual –va dir l'oncle, obrint el diari amb un espetec–. Manca d'organització. L'èxit depèn d'estar organitzat. De no perdre de vista la pilota. Reflexiona-hi, Symone.

–Potser algú l'hi ha pispat de la bossa –vaig suggerir.

–Què has dit?

–Que algú ha robat el passaport de la mare. Potser.

–Més aviat el que passarà és que el trobarà allà on l'ha deixat. Ai, les dones! Que el Senyor les beneeixi –ho va dir picant-me l'ullet amb un aire conspirador; cosa que devia voler dir que no sóc realment una femella, sinó un home honorari. Em sembla una bona cosa. Un compliment.

«Au, doncs, en marxa», va dir en Titus instal·lant-se al seient del meu costat, estirant les cames llargues i obrint *La vida de Napoleó* mentre lentament deixàvem enrere l'estació de Waterloo amb un centelleig de maons i bastides.

I no tenia importància: la mare no tenia ganes d'anar-hi, per començar. I almenys tindria en Titus. Oh, si repengés el cap a la meva espatlla! Sentiria el cruixit dels seus cabells negres i ondulats sota el meu pòmul i l'olor del tabac de pipa dins de la seva jaqueta de pell. Si tanqués els ulls i m'imaginés que em passava el braç per l'espatlla, podríem estar anant a qualsevol lloc del món i no tan sols fer un viatget de tres dies a París per educar-me i il·lustrar-me una mica.

–Tu i jo sols, eh, Titus?

«Tu i jo sols, *ma chère.*»

I l'oncle Víctor, naturalment.

2 *Imatge congelada*

EM RECORDO del dia que en Titus em va arribar al cap; no quan vaig sentir a parlar d'ell per primera vegada, no vull dir això, sinó el dia que va arribar, com un cosí llunyà del qual només has sentit parlar, però que de cop i volta us ve a fer una visita. Me'n recordo. L'oncle Víctor m'havia regalat un estoig de DVD per al meu aniversari: *L'últim lloc de la Terra*; una sèrie de televisió antiga que van fer abans que nasqués jo.

Tenia la casa per a mi sola, perquè el pare estava malament, a l'hospital, i la mare l'havia anat a veure. O sigui que vaig connectar el DVD a la televisió, vaig apujar el volum, em vaig asseure i em vaig mirar tots els episodis d'una tirada, un darrere l'altre (sis hores), encara amb l'embolcall de cel·lofana fet una bola dins la mà i el bol de l'esmorzar damunt de la tauleta.

Ja coneixia la història; em pensava que no tindria cap sorpresa per a mi. Però veia persones sobre les quals havia llegit, i per tant em feia l'efecte que ja les coneixia. Era com aquells parents que hi havia al moll, dient adéu amb la mà als seus homes, preocupats per si tornarien a casa o no.

I aleshores se'm va fer autèntic.

M'ho mirava amb tanta intensitat, em concentrava tant que ja no hi havia sofà, ni pantalla, ni el tic-tac del rellotge, ni el brogit del trànsit del carrer, ni el zumzeig de la nevera, ni el bum-bum de la caldera de la calefacció. I es va tornar autèntic. Molt autèntic. Molt autèntic. Molt autèntic. Molt autèntic.

Quan un disc va arribar al final, suposo que en devia posar un altre, però no recordo haver-ho fet. Coneixia aquella història: no hauria d'haver amagat cap sorpresa per a mi. Cinc homes emprenien una odissea al pol sud. Una expedició noruega els havia passat al davant, de manera que no tenien ni l'alegria de ser els primers. I a més a més, no van acabar d'aconseguir l'objectiu.

Si hi fos, el pare hauria dit: «Per què ens ho hem de voler mirar, això? Si ja sabem com s'acaba.»

I la mare hauria dit: «On ho devien filmar, això? Oi que aquest sortia en una altra pel·lícula?»

Fins i tot l'oncle Víctor es fixaria en un error en la insígnia de la gorra d'algú o l'ormeig del *Terra Nova*.

Però jo, jo no vaig pensar res. Vaig deixar que m'amarés com l'aigua la sal, fins que vaig ser invisible, absorbida. Em va tirar per terra. La gent ho diu això, per dir que una cosa t'impacta, no? Em va tirar per terra; com el vent quan arrenca una tenda de les cordes, o el torb quan submergeix un home en la Mort polsosa i sense límits.

I allà, en el cor de tot, hi havia el capità Oates: d'una bellesa tan sublim que la seva imatge em travessava netament la retina i se'm marcava a la ment. I la seva veu fluïa cap a mi, d'una manera tan sensual que jo travessava el riu Jordà amb aigua fins a les orelles i encara més profundament en llet i mel, cap al Paradís de l'altra riba. Ell era perfecte; tal com sempre he sabut que seria si mai les fotografies borroses i els retrats de l'expedició haguessin de cobrar vida. Com tot el que és perfecte, va instal·lar un dolor ferotge dins meu; una mena de dolor vacil·lant i aferradís. Perquè res tan meravellós mai no està a l'abast, oi que no? Res tan bell mai no pot durar. Jo estava incapacitada per reescriure el passat; per canviar el resultat de la història, per salvar el capità Oates de la mort, tant a la pel·lícula com a la vida real... El DVD es va anar escalfant més i més damunt la meva falda, tant que després que Oates s'aixequés i sortís a fora, enmig de la tempesta, i s'arrossegués per la neu per anar a morir, encara sentia l'escalfor del seu cos damunt la meva falda, que anava refredant-se lentament. Es va quedar una llarga estona a la meva falda.

I aleshores va sonar el telèfon.

I era la mare per dir-me que el pare s'havia mort.

Vaig pensar que hi havia molt mala connexió, però resultava que era el paper de cel·lofana que tenia rebregat dins la mà, cruixint al costat de l'auricular. L'únic que vaig aconseguir dir era: «Oh», perquè feia setmanes que es veia a venir. Havia estat mig esperant aquella trucada tot el dia. La notícia no m'havia agafat per sorpresa.

I a més a més, al pare jo no li havia agradat mai.

3 *Empassant-se la SIM*

A L'ONCLE Víctor sí que li agrado. L'oncle Víctor n'està molt, de mi. Diu que sóc la seva «mà dreta», la seva «deixeble», la seva «companya de viatge». Es veu que per al meu pare jo era un desengany, però en Víctor veia el meu potencial. Tots dos eren socis en un negoci de granallatge de superfícies metàl·liques. No és un parent consanguini però sempre ha voltat per casa i algun dia, quan era petita, en Víctor Briggs va passar a ser «l'oncle Víctor». I ha estat tan atent com un oncle de debò: va pagar pel funeral del pare, assisteix a les reunions de pares... Va proposar París.

L'hotel de París era... raret. No era ben bé la mena de lloc que esperaries després d'haver fet una reserva a través del *Daily Telegraph*, amb vals de descompte o sense. Era al barri algerià, l'Hôtel Gide, damunt d'un restaurant grec on servien menjar marroquí. A les habitacions, de dues estrelles, els llençols tenien esquinços en forma de dues estrelles.

–Mira. I total només són dues habitacions individuals –vaig dir.

–Què has dit?

–On hauria dormit la mare?

–Ah, i tant! Molt típic francès –va dir en Víctor.

Vaig mirar per la finestra esperant veure Montmartre, o

la torre Eiffel, o el Moulin Rouge. Però només hi havia edificis de pisos abandonats, un viaducte i a sota, en un solar, un vàter públic.

–Truquem a la mare? –vaig preguntar–. Per dir-li que hem arribat.

–Primer mengem –va dir en Víctor.

Per sopar vam menjar un *couscous Royale*. El nom prometia molt més del que va resultar. A la paret del restaurant hi havia un fresc mític grec que devia haver pintat un dels cambrers. Vaig deduir que devia ser Faetont, corrent pel cel com un llamp dalt del carro de sol del seu pare, socarrimant els llocs verds i deixant-los com deserts, condemnant els pols al fred etern perquè no podia controlar els cavalls. També hi havia un televisor damunt del meu cap, retransmetent un partit de futbol entre França i el Marroc, o sigui que cada vegada que mirava al meu voltant tothom del restaurant tenia els ulls clavats en la meva direcció. El volum estava al màxim (vaig haver d'apagar l'audiòfon) però l'oncle Víctor no semblava que se n'adonés. Tampoc no semblava que s'adonés que era dimecres perquè estava menjant proteïna.

Normalment en Víctor menja proteïna els dilluns, hidrats de carboni els dimarts, productes làctics els dimecres, peix els dijous i fruita els divendres. Els dissabtes només pren suplements alimentaris com oli de fetge de bacallà i seleni i els diumenges només pren aliments triturats amb herbes de l'hort. Fa uns quants anys, el vaig ajudar amb aquest experiment per descobrir si podies sobreviure només amb dosis altíssimes de vitamines; però em penso que la mare s'hi devia oposar i ho vam deixar córrer. L'any passat va dissenyar una dieta de set dies per a mi, però em feia vomitar, cosa que el va empipar perquè no podia portar un control exacte de la meva ingesta de calories.

–Creus que demà podríem pujar a la torre Eiffel? –vaig preguntar-li.

–Ho pots repetir, sisplau?

–Torre Eiffel. Demà. Podem?

–Amb frases completes, Symone. Pensa. Si no pots parlar de manera entenedora, almenys sigues exhaustiva.

–Em deixes el telèfon, sisplau? Li he dit a la mare que li telefonaria de seguida que estiguéssim instal·lats.

A sobre, els francesos havien marcat un gol i algú va rebotre un tros de pa contra el televisor. Va aterrar damunt del meu cuscús i em va esquitxar amb colorant alimentari taronja. En Víctor va agafar el panet rodó del platet que tenia al costat. Vaig pensar, amb horror, que es volia revenjar, però senzillament es va posar a buidar-lo amb les pues de la forquilla.

–Mòbil. Me'l pots deixar?

–Els telèfons –va dir en Víctor amb una mirada distant, d'irritació–. Collons de telèfons!

Em va sobresaltar més que aquell bocí de baguet que havia anat a espetegar al mig del meu plat. Ja sé que odia els mòbils; diu que interfereixen amb els senyals del cervell. Tot rondinant em va passar el telèfon i l'accessori que es va inventar per protegir-se'n el cervell: un embut de plàstic amb el broc escapçat. Me'ls vaig endur a fora el carrer per tenir cobertura. El terra era ple de tolls del mateix color que els esquitxos que tenia a la roba; i també d'algerians que miraven el partit de futbol a través de la finestra del restaurant. Em van repassar de dalt a baix amb la mirada i un d'ells va dir una cosa en francès que m'hauria estimat més no entendre. Em pensava que el de casa nostra hauria estat l'últim número marcat, però no ho era. En Víctor havia fet unes quantes trucades a una persona que es deia BROOK.

Els algerians em van mirar descaradament mentre m'encastava l'embut de plàstic al cap amb el telèfon. El giny de seguretat d'en Víctor potser et protegeix les neurones, però també t'impedeix de sentir qualsevol cosa. Fins i tot després de tornar a engegar l'audiòfon, l'únic que vaig aconseguir va ser distingir una veu a l'altra banda. Vaig pensar que era la mare fins que vaig sentir el xiulet del contestador automàtic. La mare havia sortit. O sigui que li vaig dir que l'hotel era encantador i que ens ho estàvem passant d'allò més bé. Vaig provar de parlar com la Nats quan parla pel mòbil, competent i adulta, però em va sortir una veu ensopida i una mica plorosa, un poti-poti de frases mig començades que es fonien a poc a poc. «Dóna records a...» vaig començar a dir, però no se m'acudia ningú a Anglaterra que en volgués.

Sóc tan pocatraça! Tan estranya... L'embut de plàstic em va relliscar, va caure a terra i va anar rebotant contra la vorera. Un noi algerià hi va córrer al darrere, me'l va portar i me'l va posar a la mà, mentre amb l'altra mà m'aguantava la meva per sota i acostava la cara a la meva.

–*Merci. Merci. Merci. Merci beaucoup* –li vaig dir, amb l'esperança que em deixés anar. Les galtes em cremaven. Les mans em suaven. Vaig perdre l'equilibri i vaig caure de l'esglaó, gràcil com un cigne, i me'n vaig anar corrents a refugiar-me a l'Hôtel Gide.

L'oncle Víctor havia acabat de buidar el panet i l'aguantava damunt de la flama de l'espelma elèctrica que hi havia a la taula, i la llum feia una resplendor daurada a través de la crosta.

–Mira, mira –va dir–. Buit! –i també:– Que ja ha trobat el passaport, la Lillian?

–No ho sé, ha sortit.

–La gent hauria de passar un examen per tenir passaport. Igual com el carnet de conduir. El govern hauria de racionar els viatges. Hi ha gent que fa tres viatges a l'any, ho sabies? És pitjor que aquests que fan bogeries dalt d'un cotxe per divertir-se.

–M'agradaria molt pujar a la torre Eiffel –vaig dir, esperant que allò no signifiqués una sortida frívola i innecessària.

–Jo pensava anar una mica més avall. Fer una excursió, ara que som aquí. Què hi dius? –va moure les comissures dels llavis d'una manera teatral.

–Una excursió? –recordant la ganyota desagraïda de la mare quan va sentir anomenar París, vaig somriure amb ganes, tot i que per algun motiu la gatera que tenia a dintre meu va tornar a petar–. A on?

–Dona, veient que per una vegada et desenganxes de les faldilles de la teva mare... m'ha semblat que podríem anar cap al sud. Un parell o tres de setmanes.

Com vaig poder saber –immediatament– que no volia dir una visita turística a les Tulleries o un viatget amb autocar a Fontainebleau? Com vaig saber, només per com va inclinar el cap, que en Víctor parlava de llargues distàncies? El noi que menava el carro mal pintat estava perdent els estreps. Els cavalls li havien arrencat les regnes de les mans. Des de la paret del fons del restaurant, un Zeus gras i rosat li llançava un llamp, provant d'aturar aquell conductor temerari i eixelebrat abans que fos massa tard.

«Els immortals haurien de tenir un permís abans de poder conduir carros de foc», em va dir en Titus a l'orella. «Sobretot si ho fan de pèl a pèl.»

França va marcar un altre gol i es va organitzar un altercat. En Víctor i jo ens vam escapar escales amunt.

–I cap on, oncle? I què passaria amb l'escola? No portem roba adequada per al sol. I es podrà nedar allà, no? I jo tinc deures. Hauré de demanar permís a la mare. A la mare no li agradaria que... –les meves objeccions i dubtes aviat es van començar a apilar damunt de totes les superfícies planes de la meva cambra diminuta.

Però en Víctor es va limitar a somriure i de seguida els va tornar a tenir ben endreçats.

–L'única escola de debò és l'Escola de la Vida, mossa. Reflexiona-hi –amb les mans a les cuixes i els genolls ajuntats, saltant lleugerament, amb entusiasme, es va asseure en un tamboret desmanegat i em somreia des del mirall del tocador.

–Què et sembla si no l'hi diem a la Lillian, eh? Mantinguem-ho en secret entre nosaltres.

–Què hi diu la teva mare? –vam preguntar a la Maxine quan ens va parlar del seu últim nòvio.

–Sí, això mateix, com que ho explicaré a la meva mare, no? –va dir, fent girar els ulls com si fossin les boles metàl·liques rodant per les vores polsegoses d'un tauler de minibillar.

–I on el vas conèixer?

–Per Internet.

–NO!

La revelació de la Maxine (que sortia amb un home de trenta anys que havia conegut a través d'Internet) va suscitar tot un clamor de crits i xiscles d'exaltació. Objectiu assolit, diria jo: a la Maxine li encanta provocar escàndols. La Nats (que és assenyada i maternal i pot dir aquestes coses) va començar a parlar de la prevenció envers els desconeguts, però la Maxine es va limitar a recargolar-se com un llimac al qual haguessin escampat sal per damunt.

–Vols viure al món real d'una vegada? És el que fa la gent. Almenys qualsevol persona que té una mica de cervell.

–Però ho hauries de dir a la teva mare, si surts amb ell –va dir la Nats–. Digue-ho a algú.

–En Waldron diu que és el nostre secret –va dir la Maxine mentre es pentinava una cella amb el dit petit.

–La mare es desesperaria. Si ens perdés la pista –vaig dir a en Víctor, ofegant una rialleta de disculpa–. No m'agradaria que s'amoïnés. Podem no mantenir-ho en secret, sisplau?

Durant un segon, les faccions de l'oncle Víctor es van alterar com si un vent fred li hagués bufat a la cara. Els llavis se li van aprimar, els ulls se li van enxiquir.

–El teu pare sempre havia dit que la valentia no era el teu fort. «Una gamba sense closca», per dir-ho amb les seves paraules –aleshores tota la seva expressió es va il·luminar i em va mirar somrient, la testa calba lluent amb una irreprimible bona voluntat.

–Molt rebé! Com tu diguis. Me n'hi aniré ara! –i es va posar dret–. Buscaré un d'aquests cibercafès per aquí al barri. Li enviaré un missatge. La posaré al corrent, d'acord? Tu espera't aquí –es cargolava de riure de pensar en algú de la seva edat freqüentant un cibercafè. En fi, jo em vaig pensar que era per això que reia.

Era un bon consol. La mare es podria amoïnar, però no fins al punt d'avisar la policia quan no tornéssim a casa. I estaria contenta de rebre un correu electrònic, encara que no li fes gràcia el contingut. Ella i jo ens assèiem davant de l'ordinador cada vespre, com si fóssim espiritistes durant una sessió, i buscàvem missatges d'amics que no tenim, de família que no posseïm. Em sembla que mig s'espera que el pare algun dia li enviï un missatge electrònic des de l'ultratomba. (A mi seguríssim que no me n'enviaria cap.) Però aquest vespre hi hauria un missatge explicant que en Víctor i jo allargàvem les vacances uns quants dies més. Potser un parell de setmanes, tal vegada. O tres. Dient-li només on anàvem. On fos que anàvem.

Les nou. Hi feia molt de fred, a la meva habitació. Hi havia criatures jugant a l'escala; també un corrent d'aire que feia petar la porta de tant en tant, com si algú estigués provant d'entrar. M'havia ficat al llit vestida pensant que no em volia adormir fins que sentís que en Víctor havia tornat sa i estalvi.

–París, eh, Titus! Oi que és molt poètic?

Però l'única poesia que semblava que li venia de gust recitar era la taula periòdica que m'havia estudiat per a l'examen de química abans de saber que no el podria fer. «Hidrogen, heli, liti...»

La seva veu té una qualitat vellutada, musical, que puc sentir sempre, sempre, sempre. Jo, jo mastego les paraules. Bé, ho dec fer perquè en Víctor mai no sent el que dic. Però quan en Titus parla jo sento cada paraula que diu. Per a mi, és com quan l'òptic col·loca la lent adequada i totes les es i les ges i les os i les ces tornen a ser perfectament formades i no representa cap esforç ni tan sols llegir la línia del capdavall.

«... beril·li, bor, carboni, nitrogen...»

La veu d'en Titus trena tires de tenor i de baix i en fa una corda sedosa que et podria rescatar de la torre més alta o la masmorra més profunda.

«Oxigen, fluor, neó, sodi...»

Cada traç, cada ratlla, cada rúbrica; cada accent, cada aspiració. La seva veu toca llocs dintre meu igual que una persona passejant-se per una casa, tocant els interruptors per encendre els llums... Sense haver de mirar atentament els racons per entendre el que s'ha dit. Sense haver d'escarrassar-se per escoltar. Perquè ell és a dins dels timpans de les meves orelles, oi que sí? I encara que fos a l'altra banda d'un vidre, la seva dicció és tan perfecta que li podria llegir els llavis! I encara que fos fosc i hi hagués foc d'artilleria o bufés una borrascada de l'Àrtic, jo encara l'entendria, perquè els nostres pensaments s'ajoquen l'un al costat de l'altre, com coloms dalt d'un fil elèctric.

Les deu. El pati va quedar a les fosques. Els nens van desaparèixer de l'escala. Van apagar el televisor de baix.

«I després hi ha els metalls nobles», va dir en Titus,

«malgrat que jo tendeixo a confondre'ls amb els nombres daurats del Llibre de les Pregàries.»

–Fa molta estona que ha marxat –vaig dir en veu alta, de cara a la foscor.

«I a més a més s'ha deixat l'impermeable.»

A les fosques, vaig distingir la gavardina d'en Víctor estirada als peus del meu llit. Vaig pensar que podria provar de tornar a telefonar a la mare; fins i tot arriscar-me a desintegrar-me el cervell acostant-me el telèfon ben fort contra l'orella. Només per dir que París no havia resultat ser tan fantàstic com tot això. Que no es perdia gran cosa. Com per exemple, el llit que hauria trobat a faltar a l'habitació.

Però l'oncle Víctor s'havia endut el mòbil, evidentment. A la butxaca de la gavardina no hi havia res més que un passaport. Fins i tot a les fosques, els meus dits van reconèixer la cartolina dura de la coberta, les pàgines fràgils de dins. Em vaig asseure damunt del llit amb les cames creuades, pensant què hi posava com a professió d'en Víctor. «Granallador?» Ni jo mateixa sé ben bé en què consisteix, això.

–Tu què hi posaries en el teu, Titus? Explorador polar?

«Només plorador. Mai no vaig arribar a ser un ex-plorador», va dir en Titus concisament. «Mira-ho al passaport.»

Aleshores vaig encendre el llum, encara que tots dos ja sabéssim quin nom, quina ocupació, quina fotografia apareixerien realment a la pàgina de darrere del passaport.

Nom complet: *Lillian Jennifer Wates.*

Ocupació: *Secretària.*

Vaja, en Víctor sempre porta el seu passaport a la butxaca del pit de l'americana, oi que sí? Igual que un agent especial a l'espera de la propera assignació.

Les onze. No parava d'intentar imaginar-me què diria, quan en Víctor tornés. Sobre el fet que hagués trobat el passaport de la mare. No que l'hagués agafat expressament, és clar. És clar que no. Però es poden dir coses pitjors que: «Vas robar el passaport de la mare»? Pots insinuar que algú ha comès un error. Tothom en fa, d'errors. Però hi ha gent de la qual ho pots dir i d'altra que no. D'en Víctor no ho pots dir.

La pudor del vàter que hi havia a sota, al pati, era bastant inaguantable. L'endemà, la Nikki, la Maxine i la Nats i tota la resta de la classe farien l'examen de química, i jo sentia un desig absurd i dolorós de ser allà amb ells. Potser mai més ningú em faria preguntes sobre la taula periòdica, i jo la tenia apresa, ben endreçada dins del cap, i tan inútil com un parell de binocles per a un cec.

–Digue'm els metalls nobles, Titus –vaig dir–. O els nombres daurats, tant me fa una cosa com l'altra.

«Et conformaries amb els quatre genets de l'Apocalipsi?»

Aleshores en Víctor va tornar fent un somriure d'orella a orella.

–Tot a punt! –va dir, rialler com el Pare Noel–. Ja ho tenim tot a punt! –i els ulls li espurnejaven amb un delit endimoniat, i els punys li dansaven davant seu com si fos un home menant un carro fora de control. Va deixar el telèfon mòbil damunt del meu tocador i el va fer rodar donant-li una empenteta amb l'índex, cada vegada més de pressa, fins que va sortir rodant de la superfície de vidre i va caure a terra.

–Doncs on anem, oncle?

–No ho endevines, mossa? –va dir, plantat als peus del meu llit.

O sigui que ni al sud del Loira ni al mar. No pas al sud a la recerca de museus educatius, o catedrals espectaculars, o a nedar. Com em podia haver passat pel cap que l'oncle Víctor pogués ser tan despietat? Jo sóc la seva «mà dreta». Em va ensenyar a jugar a escacs i em va comprar tots els llibres i els discos compactes sobre el Glaç. L'oncle Víctor és un geni i un tipus absolutament original! I està a punt de concedir-me el meu desig més estimat.

–Quin és el lloc del món on preferiries anar per damunt de tots els altres? –va dir, fent un somriure tan ample que se li veia el color rosat de les genives–. Els diners no són cap impediment.

Quan en Víctor va dir el sud, es referia al punt de més al sud al qual pots anar. Es referia a agafar un avió per anar a Buenos Aires. I des de Buenos Aires un altre avió cap al sud, a Punta Arenas. I des de Punta Arenas...

Ens vam abraçar i van ballar com bojos fins que la moqueta es va desenganxar de les guies i l'habitació ens ensenyava les seves dents (claus d'enganxar moqueta) des de tots els angles.

–T'has pogut comunicar amb la mare? Què ha dit? Diu que li sembla bé? Diu que hi puc anar?

–Una ocasió única a la vida –va dir l'oncle Víctor–. Paraules textuals de ta mare. «Una ocasió única a la vida. Massa bona per deixar-se-la perdre.» Ara només falta que ens deixi en pau perquè ens divertim...

El telèfon mòbil havia quedat obert en dues meitats, i la targeta SIM havia sortit de la ranura. En Víctor la va recollir i, amb aires d'estudiant d'art dramàtic fent demostracions d'habilitats de circ, va tirar el cap enrere, va obrir la boca i es va ficar la targeta SIM fins al fons de la gola, ofegant-se, rient i mastegant aquells contactes tan delicats. Vaig riure fins que em van saltar les llàgrimes.

«Ai, Titus, Titus! Anem a l'Antàrtida! Te n'adones, Titus? A l'Antàrtida!»

L'home que tenia dins el cap va respondre alguna cosa, però jo no la vaig entendre. L'entusiasme era tan immens, i l'oncle Víctor i jo rèiem tan fort, que no podia centrar la ment com cal.

És una habilitat especial. Quan era petita i feia fred, em posava les mans a les butxaques i els dits se'm transformaven instantàniament en homes d'una tribu que es refugiaven de la borrufada dins d'una cova. S'arreceraven els uns als altres per escalfar-se i menjaven carn d'ós i bevien aigua calenta amb mel fermentada. A força de pensar-hi, jo ja em trobava en aquella cova. La sala del transportador que hi ha a bord de la nau especial *Enterprise* és una porqueria en comparació amb la imaginació d'un infant.

Actualment puc fer aparèixer en Titus a la meva ment sempre que vull; almenys normalment ho puc fer. Però entre la pudor del vàter, els ratolins al sostre, els borratxos barallant-se al pati i el batec del meu cor picant contra el matalàs on jeia, aquella nit em va costar molt. Al final vaig aconseguir concentrar els raigs de lluna que entraven per la finestra, com si fossin raigs de sol a través d'una lupa i –abracadabra!– el cap del meu capità reposava sobre el coixí, al costat del meu.

Però estava tombat d'esquena. I si havia de jutjar pel llençol que onejava damunt de la meva pell, hi havia algú dins el llit que tremolava enèrgicament. Va passar un altre camió retrunyint pel pas elevat, fent trontollar l'hotel. Això devia ser, i no en Titus tremolant davant de la perspectiva d'anar a l'Antàrtida. I jo naturalment que no. Només era el trànsit pesant que sacsejava l'hotel.

Això devia ser.

4 *Somnis*

JO ERA una decepció per al pare, diu en Víctor, a causa de la meva sordesa i la meva poca traça (i ho hauria de dir amb coneixement de causa: ell i el pare es veien cada dia). Però a l'oncle Víctor li agrado. Diu que sóc «simpàtica»! I ha estat boníssim amb la mare d'ençà de la mort del pare.

Al principi el que feia era venir per casa, a segar l'herba, perquè sabia que la màquina pesava massa perquè ella la fes anar. (I a més a més, diu que la mare ho fa malament i que cal segar l'herba de dalt cap a baix i d'esquerra a dreta, però mai en diagonal, si no els brins es torcen quan creixen). També ha estat molt generós, tenint en compte que deu haver perdut tant com nosaltres quan l'empresa va fer fallida. Però pel que es veu va poder estalviar alguna cosa quan les coses anaven bé, ja que és més prudent que el pare. Per això es va poder fer càrrec de les despeses del funeral.

La mare va intentar aconseguir un préstec del banc per pagar-ho: aleshores va ser quan es va assabentar que ja havíem passat el límit del descobert. Va intentar ampliar la hipoteca, però aleshores va ser quan es va assabentar que el pare ja ho havia fet: havia fet un préstec contra el valor de la casa per intentar evitar que l'empresa s'enfonsés. Jo hi era.

–On són? –no parava de dir–. On han anat a parat tots aquests diners?

I el director del banc se'n va anar a canviar la safata de sorra de la gàbia del periquito, perquè se sentia molt incòmode per la manera com ella plorava. No ens volia acompanyar cap a la porta fins que la mare s'hagués asserenat.

Però igualment no ens va donar els diners. Ho va haver de fer l'oncle Víctor.

I ara, l'Antàrtida! I la seva generositat no s'acabava aquí. Em va portar al centre de París i em va comprar roba.

Pel que es veia, els nostres companys de viatge a l'Antàrtida devien ser gent de categoria i en Víctor no volia que em sentís en desavantatge des del punt de vista social. Li hauria volgut dir que només calia ser jo per estar en desavantatge des del punt de vista social. Però això potser hauria semblat desagraïment. I volia tant la camisola vermella de setí, la faldilla arremolinada de seda vermella amb l'etiqueta del preu de paper de barba! (Com s'ho podia permetre, en Víctor, allò?) Els miralls daurats del vestidor multiplicaven el meu reflex en un exèrcit de Symones i totes tenien un aspecte... fantàstic! Les venedores, amb vestits jaqueta de llaneta s'estaven dretes parlant de mi. Jo hauria volgut fondre'm i desaparèixer de la seva vista.

Però volia la roba.

–Què et sembla, Titus? –vaig dir, giravoltant per fer rodar la faldilla vermella de seda.

Però es va limitar a arronsar les espatlles; no tenia cap interès en la moda ni en la roba maca.

«A mi m'agrades vagis com vagis», em va dir sense aixecar els ulls del llibre.

Però jo vaig reconèixer totes aquelles noies vestides de vermell reflectides al mirall. Eren de l'estil amb qui s'haurien volgut ajuntar la Maxine i la Nikki, boges d'admiració: les nenes que van guapes i triomfen vestint. Si us he de dir la veritat, jo volia ser del seu grup, d'aquelles versions distingides de la Symone dins els túnels lluminosos daurats de vidre.

Em vaig observar atentament, intentant descobrir què era el que encara em fastiguejava.

–M'hauria agradat ser rossa –vaig dir fent brandar els meus cabells com de rata.

«M'hauria agradat poder tenir cabells grisos», va dir en Titus.

Té una manera especial de posar les coses al seu lloc, en Titus.

Clic, va fer la targeta de crèdit d'en Víctor damunt del taulell. Clic, com una fitxa damunt la taula de joc de la ruleta. A la porta de la botiga, una de les dependentes em va passar el braç per la cintura i va assenyalar cap a en Víctor amb el cap, mentre caminava carrer avall.

–*Ton papa*? –em va preguntar, estudiant-me la cara amb la preocupació als ulls.

–*Mon oncle* –vaig dir amb un somriure ample per tranquil·litzar-la. No tenia cap necessitat que em rescatessin de l'oncle Víctor!

Després vam anar a una consigna on l'oncle Víctor va ensenyar un document i a canvi li van donar una maleta enorme. Enorme de debò!

–L'equip per al fred –va dir ell–. El vaig enviar per endavant.

L'antiga maleta de la família semblava diminuta al costat d'aquesta bossa immensa. Em va fer recordar el rei Osiris flotant Nil avall dins d'un sarcòfag tancat, ofegant-se lentament mentre la reina Isis enviava desesperada tots els ocells i els cocodrils a buscar-lo. Allà, en aquell moment, al mig d'aquell terra de ciment esquerdat, observat per les cares llargues darrere les reixes, en Víctor es va ajupir i va redistribuir l'equipatge.

La maleta immensa semblava que ja estigués plena de roba de colors vius amb etiquetes lluents en llengües impronunciables: Ullfrotte, Brynje, Barrabes, Hvitserk, Brenig... Però al damunt hi va afegir les meves elegàncies de seda vermella i va amuntegar de qualsevol manera la roba de París dins la maleta de la família. M'imaginava que la recolliríem a la tornada. Però en Víctor la va treure cap a fora, al Quai de la Tournelle, xop de pluja. Es va encaminar cap al pont de Sully mentre jo el seguia, anava darrere el rei Osiris. Com que estava concentrada vigilant no ensopegar amb el terra ple de bonys a la llum del semàfor, no vaig veure la maleta dreta dalt de la barana del pont.

Però vaig veure com tocava l'aigua.

Va ser una caiguda llarga. L'impacte va fer que les dents de la cremallera cedissin de la sorpresa, i el contingut es va escampar. El xandall d'en Víctor i la meva dessuadora més bona es van quedar surant, mentre la maleta s'enfonsava sota seu; es van mantenir a frec de la superfície durant una estona acumulant llot a les costures i després el corrent, rebregant-los i estireganyant-los, els va arrossegar aigua avall fins que es van perdre de vista.

No suporto l'aigua. Em fa pànic ofegar-me. Davant de la visió de les meves sabates d'anar a escola capgirant-se i enfonsant-se em vaig oblidar del que es fa per respirar. Però la cara d'en Víctor era un esbós de felicitat entusiasta.

–Però encara tens el passaport de la mare, suposo, oi? –vaig dir, abans d'adonar-me del meu error. En Víctor no se'n va adonar ni va respondre.

–Pensa, noia. Encetem principis. Comencem tal com volem continuar!

Fora el vell, visca el nou. L'oncle Víctor no en té ni idea, pobre. No té ni idea de com seria de bo tornar a experimentar les coses. En el salt d'alçada et donen tres oportunitats per saltar el llistó; a l'escola només te'n donen una.

Quan vaig acabar l'ensenyament mitjà, en Víctor opinava que hauria de fer l'ensenyament a casa en comptes de fer la secundària a l'escola. El pare va dir que no: ja em tenia prou vista. Els Serveis Territorials d'Educació també van dir que no. Me'n vaig alegrar. M'aferrava desesperadament als bons records de l'escola: les amigues, saltar a peu coix al pati, les estrelles daurades, els esborradors netejant la pissarra. Les amigues. Quedar-se a dormir a casa de les amigues. Les amigues.

Però l'escola secundària no és com l'escola primària. No és les Torres de Mallory. Ni Hogwarts. Són missatges a la pissarra que diuen: «La Sym Wates no sap perdre.» «La Sym Wates funciona amb piles de rata sàvia.» «La Sym Wates es banya al vàter.»

Va ser culpa meva. No hauria d'haver convidat mai la Hilary a casa per jugar a *Spirit of Speed* a l'ordinador. Però l'oncle Víctor era allà per algun motiu, endreçant l'arxivador, i va començar a explicar a la Hilary els plans d'educarme a casa. Però parlava d'una manera que, de cop i segons com, semblava que la idea hagués estat meva.

–No vol acabar sent una mediocre, la nostra Symone. No vol ser una ignorant ordinària. Té els ulls posats en fites més altes que la majoria. No vol anar a pas de tortuga per culpa dels retardats.

Després, quan ella ja havia marxat, em vaig trobar que hi havia un rètol nou al lavabo: l'oncle havia tornat a fer pràctiques amb la seva bonica cal·ligrafia. Hi deia:

LES VISITES PODEU FER ÚS D'AQUEST LAVABO PERÒ SI US PLAU RECORDEU QUE UN S0L BACTERI ES POT MULTIPLICAR 700.000 VEGADES EN UN SOL DIA. ES PREGA QUE MANTINGUEU ALTS NIVELLS D'HIGIENE.

GRÀCIES.

La notícia es va escampar per l'escola com un microbi i es va multiplicar més de pressa que els bacteris: la Sym Wates es considerava massa bona per anar a una escola corrent (massa bona per relacionar-se amb qualsevol que anés a l'escola corrent) i les visites no eren benvingudes a casa seva. La Sym Wates era una estrafolària que no encaixava amb els altres.

Quan en realitat hauria donat el que fos per encaixar-hi.

Un cop de colze em va despertar de cop.

–Si mai somies que estàs penjant d'un penya-segat per la punta dels dits, salta.

–On som?

–Salta –va tornar a dir l'oncle Víctor. Amb el seu accent monòton de Yorkshire tenia una mena d'autoritat militar. Travessava el rugit dels motors d'avió, el remugueig de les veus. El significat del que dcia, però, no acabava de travessar aquella boira endormiscada que omple els avions com la fortor omple els cubells d'escombraries o el fred omple una nevera. Després de vuit hores a l'espai, estar desperta semblava menys real que els somnis que havia portat l'endormiscament.

–Ho has sentit? Si mai somies que estàs penjant d'un penya-segat, o d'un edifici alt, o d'un pont, salta.

–Per què?

–Et despertaràs de cop. No falla mai.

–Que ho somies sovint? –vaig preguntar-li.

–Ho pots repetir?

–Que si somies sovint que...

–Tothom somia. És un fet demostrat. Cada deu minuts. Els ulls es mouen com unes debanadores sota les parpelles: això és somiar. Observa.

I em va fer fixar en la senyora que seia al nostre costat.

Jo somio que participo a l'obra de teatre de l'escola i que

no em sé el paper. Corro d'un company a l'altre, demanant que em deixin veure el guió, però no me'l deixen, i llavors no paro de buscar fins que trobo un guió, però totes les pàgines estan en blanc; blanques com la neu. No hi ha ni una paraula i el teló s'aixeca i no sé què dir...

–A mi se m'escapen... –li dic–. Em sembla que mai no...

–Jo me'ls apunto –va dir l'oncle Víctor–. Sempre tinc una llibreta al costat del llit. Faig columnes: en blanc i negre o en color, agradables o no. I l'escenari. Només et cal això. Els detalls no tenen importància.

–Cal? Cal per què?

–Ho pots repetir?

A mi m'agrada somiar quan estic desperta, però no ho vaig dir perquè fa semblar que estiguis sonada. Hi ha nits que no dormo gens (almenys des de les dotze fins a l'endemà al matí) perquè estic amb en Titus i m'ho passo molt bé imaginant-me coses i l'endemà em corren uns espetecs de delícia per la panxa semblants al corrent elèctric, com si hagués passat alguna cosa autèntica i meravellosa i me n'acabés de recordar. Però si ho reconegués, l'oncle Víctor diria que per això sóc tan dura d'enteniment; perquè perdo el temps i els esforços somiant truites.

M'hauria agradat tenir la imaginació activa dalt de l'avió, però tenia el cap ple de mal de cap i d'aire reciclat; a pressió, com la cabina de l'aparell. «Si per algun motiu la pressió del cap us baixés, us caurien unes màscares de la tapa del sostre...» La pressió del cap m'havia anat pujant de manera constant des de l'enlairament. L'oncle em va donar un dels seus remeis de plantes, però només em va omplir la boca de gust de llana de mitjons.

L'oncle Víctor té un hortet i ell mateix es prepara les plantes medicinals i n'omple unes bossetes de fil d'una mida com de bossa de te «perquè els metges cobren tots dels grans laboratoris farmacèutics». A més, els metges es neguen a acceptar el diagnòstic del pacient sobre el que li passa. «És el meu cos, són els meus símptomes i en canvi s'entossudeixen a pensar que ells en saben més.»

L'oncle Víctor va fer classes amb un herbolari xinès a l'hospital universitari de Whipps Cross i es va treure a distància el títol d'al·lòpata per la Universitat de Phnom Penh; sap quins beneficis t'aporta qualsevol cosa. Sembla que van ser les bossetes d'herbes de l'oncle Víctor el que va mantenir el pare en vida sis mesos més que el que haurien aconseguit els metges. A més, sense les herbes hauria tingut una mort pitjor, diu en Víctor. La mort hauria estat pitjor? Com de pitjor hauria pogut ser?

Els llums de la cabina es van atenuar i tothom del voltant es va deixondir just per tapar-se bé amb la manta i buscar una posició còmoda per dormir. Tenia les cames adormides de seure quieta tanta estona. Vaig provar de cargolarme al seient i tapar-me el cap amb la manta. Com una tenda. Però al seient hi havia coberts de plàstic i molles de pastís, bosses de plàstic buides i diaris gratuïts. A la pantalla de cinema apareixia informació regularment: volàvem a 786 quilòmetres per hora i a una altura de 12.000 metres.

Quan era petita tenia un ramat de cavalls imaginaris. Tots tenien nom i jo portava un control del farratge que consumien als cupons de les travesses que ens passaven per sota la porta un cop per setmana. Quan anàvem de vacances al càmping, els cavalls corrien al costat del tren, corrent a la mateixa velocitat, amb els colls estirats, saltant tanques, canals i torres de senyals, travessant a galop les estacions. Incansables.

–Tu què somies, Titus? Somies que penges a la vora d'una clivella per la punta dels dits?

«Somio un grup de huskies que apareixen enmig d'una tempesta de neu: primer l'alenada, després els punts negres dels morros, després les seves màscares i el soroll dels patins del trineu darrere. Arribant just a temps. Somio que la base de One Ton apareix davant meu i somio l'olor del ranxo. Somio que tant la mort com el dolor eren un somni i que m'he despertat sa i estalvi i que la tempesta s'ha esvaït... i, naturalment, somio en tu, Symone. Almenys cada vegada que somies en mi.»

Per un costat de la flassada veia els ulls de la dona, que tremolaven sota les parpelles mentre somiava. Des de fora no sabria dir si somiava en blanc i negre o en color. Per l'altre costat de la meva tenda, que era de quadres i feia picor, veia l'oncle Víctor, ben despert, envoltat per un con de llum groga que venia del llumet que tenia al damunt. Tenia els ulls esbatanats mentre feia números en un tovalló de paper; hi anotava les dades que sortien a la pantalla: la velocitat del vol, la temperatura exterior, el temps restant de vol...

«Aguanta, Titus. Els avions van molt més de pressa que els trens.»

5 *Sigurd*

SEGONS les meves impressions, l'oncle Víctor no havia dormit en tot el viatge a Buenos Aires. Jo havia anat fent dormidetes de tant en tant, sense espatllar el cansament, però cada vegada que em despertava, l'oncle Víctor encara seia ben recte a la butaca, observant els progressos de l'avió.

Té el que la gent en diu un «posat de militar». Va amb l'esquena molt dreta. A casa no dorm en un llit. Té una cadira vibradora que es va comprar a l'exposició de la Llar Ideal l'any 1980. Jo ho atribueixo a això. Sempre era el primer lloc on anava quan era petita i el visitàvem a casa seva. Semblava una cadira de dentista situada al mig de la sala d'estar i, si feies girar un regulador que hi havia al braç esquerre, es posava a sacsejar. Vibra en dues direccions (amunt des dels peus o avall des del clatell) o senzillament tremola de cap a peus com un conill al mig d'una autopista. Pel que es veu, millora la circulació.

Encara sembla més grossa a la nostra sala d'estar, ara que l'oncle Víctor ha vingut a viure amb la mare. Ui, no pretenia dir això, «viure amb la mare»! Simplement, ha vingut a viure a casa per si necessitem destapar un pot, pintar les canaleres o beneficiar-nos dels seus consells. També ens ajuda a pagar l'enorme hipoteca, és clar. La seva Vibrobutaca Terapèutica (marca registrada) no està posada de cara a la llar de foc sinó que dóna una mica l'esquena als altres mobles: és una butaca educada a casa. Hem de donar el tomb a la butaca per anar a la cuina; però es veu que ha d'estar situada de cara al nord en benefici dels àtoms del cos.

–Clava-hi una placa de ferro cru quan estigui situada en un camp magnètic de nord a sud i tots els àtoms es bellugaran per posar-se de cara al nord. Molt bé, et deixo amb aquesta informació. Ara rumia-hi.

Vint-i-cinc anys de dormir de nord a sud a la Vibrobutaca Terapèutica® a l'oncle Víctor li deu haver alineat els àtoms del cos i del cervell com si fossin una petita flota de vaixells que naveguessin tots en la mateixa direcció. Almenys aquest és l'objectiu. Al llarg dels anys ha registrat un augment de deu punts del coeficient d'intel·ligència.

I potser és per la Vibrobutaca Terapèutica® que l'oncle estava tan conformat a seure amb l'esquena dreta durant tot el viatge fins a Buenos Aires. Jo em moria de ganes d'anar estirada. Tenia un formigueig a les cames com si portés les sabates vermelles d'aquell conte: les sabates que salten i cabriolegen per voluntat pròpia i et maten de tant ballar.

Les bossetes d'herbes de l'oncle Víctor van causar tot un rebombori a la duana de Buenos Aires. Els gossos guardians que patrullaven per la zona de Res per Declarar s'hi van mostrar interessadíssims i em van apartar a empentes per ensumar la gran maleta. Vaig notar el seu pèl rígid, calent, llardós i anguniós contra el meu braç. Ens van fer anar cap a un taulell on hi havia un home amb xarreteres i una pistola que ens va ordenar, fent gestos exagerats amb els braços, que obríssim la maleta. Però els agents de la duana, després de desenterrar les bossetes d'en Víctor, semblaven més divertits que altra cosa. Van venir a dir alguna cosa com: «Ai, aquests anglesos i el te!» i em van somriure.

Ben pensat, qui voldria passar droga de contraban a Sudamèrica? L'equip contra el fred els va tenir entretinguts durant una estoneta. El sol ardent que es filtrava per la teulada de la sala feia que les granotes d'esquí es veiessin fora de lloc: com extraterrestres que visquessin dins la nostra maleta.

–Des d'aquí on van? –va preguntar l'home de les xarreteres, tot i que ja s'havia mirat l'etiqueta de la maleta.

–Explica'ls-ho, Symone –em va dir en Víctor.

–A l'Antàrtida! –vaig respondre amb orgull, i els agents de la duana em van tornar a mostrar les dents amb uns somriures tenyits de nicotina.

A l'altra banda de la barrera, ens esperava en Jon, el representant de l'agència Pengwings, per donar-nos la benvinguda. En Jon era jove i tosc, amb unes rotllanes enormes de suor al voltant de les costures de l'aixella de la camisa. Al cap d'un parell de minuts ja sabíem que havia estat a la Xina, al Perú i al Líban. Al cap de mitja hora, ja havia recollit quatre passatgers més de Pengwings (vinguts d'Alaska) i ens havia carregat en un microbús per portarnos a l'hotel. Els d'Alaska volien fer la visita de la ciutat i jo també, tot i que m'intimidava la visió del microbús onejant en la vaporada de la calor opressiva.

Però va resultar que l'aire condicionat estava posat tan fort que vam acabar tremolant als seients. L'escalfor del sol no es podia enfilar dalt del microbús, com tampoc no ho podien fer els gats i els gossos que l'esquivaven en passar. Mentre ens balancejàvem d'una banda a l'altra, vaig notar que en Víctor tremolava i em vaig girar per dir-li que jo també tenia fred. Però quan me'l vaig mirar, em vaig fixar que es mossegava els llavis i tremolava, però no de fred, sinó de ràbia continguda.

–Quina pèrdua de temps! Un hotel de l'aeroport. Ens hauríem estalviat totes aquestes anades i vingudes. Fàcilment tres hores.

I em vaig adonar que encara estava viatjant; i continuaria viatjant fins al moment de posar els peus damunt del gel de l'Antàrtida. Em vaig arrambar a ell, en part per l'escalfor i en part perquè comprenia com se sentia. I a més m'acabava d'adonar del que ens esperava. El grup d'Alaska només era la punta de l'iceberg. Hi hauria altres persones en aquesta expedició; la gent que figurava que havia d'impressionar amb els vestits nous. I els desconeguts no són el meu fort.

Cap de les persones del nostre grup feia cara d'hostatjar-se mai a l'Hôtel Gide. Però els rigors no els eren estranys, això no. N'hi havia que havien escalat els Andes, o havien fet safaris al Cubango o havien recorregut la Gran Muralla xinesa. La majoria anaven polits i estaven bronzejats; ells anaven amb rellotges que deien l'hora del Pacífic i les fases de la lluna. Semblava que la majoria tenien ordinadors de butxaca, càmeres amb lents de la llargada del meu braç i mòbils diminuts. (Com més ric eres, vaig deduir, més petit era el teu telèfon i més gran el teleobjectiu.) Els telèfons ja no funcionarien una vegada haguéssim arribat a l'Antàrtida, però el cas era que els nostres companys de viatge, amb l'excepció de la Tillie i la Brenda, posseïen moltíssim de tot i s'ho havien endut. També eren rics en anys: la majoria passaven dels seixanta.

Tothom va dir, en veure'm, com s'alegrava de tenir a prop una cara jove. Però no estic segura que me'ls acabés de creure. Em sembla que el dia que pateixi d'artritis i de gota, l'últim que voldré és veure gent de catorze anys. En fi, i tot el que em deien ho deien molt fort i a poc a poc, perquè quan descobrien el meu audiòfon suposaven que era mig deficient. No vaig dir res per treure'ls del seu error. Passar per mig deficient és el que faig millor.

El senyor Pogsbaum (que ja preguntava si a l'hotel hi havia una taula de billar) tenia un cos que recordava la xarxa de sota una taula de billar plena de boles. La senyora Pogsbaum era prima i dreta com un tac de billar i no es podia doblegar per la cintura o pels genolls a causa de l'artritis. Extraordinari, això d'anar-se'n a l'altra punta de món amb dolor a les articulacions. Però potser el senyor Pogsbaum no li havia donat altra opció o potser ella no s'havia quedat encarcarada fins després d'haver marxat de Florida.

El coronel Oliver (retirat) i la Hue Fah anaven de viatge de noces; la núvia encara duia una garlanda de flors pansides al voltant del coll quan s'esperaven al vestíbul. Feia vint anys que vivien junts, però es veu que a la Hue Fah de cop «se li havia ficat al cap que volia un tros de paper, rara aquesta dona!». La sorpresa encara persistia als ulls blaus lletosos del coronel Oliver.

La Tillie i la Brenda eren amigues i feia anys que anaven juntes de vacances, escapant-se dels marits per visitar Petra amb autocar o Sant Petersburg amb tren; cada any a un lloc més ambiciós. L'Antàrtida seria el millor (la Brenda havia heretat diners) però el darrer, perquè l'any següent totes dues es jubilarien i haurien de destinar els diners a coses menys engrescadores.

Hi havia un periodista americà negre (un escriptor de viatges) que preparava un article sobre el viatge però que, o bé ja el portava escrit o estava convençut que seria insofriblement tediós, perquè s'havia endut vuit novel·les policíaques de butxaca per llegir, un ordinador portàtil i setze pel·lícules en DVD.

En Clough (no sé si era el nom o el cognom) era de Lancaster i de seguida li va caure antipàtic l'oncle Víctor, per ser de Yorkshire. Era aficionat a l'ornitologia i per això donava per fet que el viatge consistiria principalment en observació d'ocells. Al principi va aparcar el carretó amb el seu equipatge al costat de la senyora Adolphus, que portava adhesius de pingüins enganxats a totes les maletes.

Però se'n va allunyar de seguida que va descobrir que el seu entusiasme es limitava a un sol ocell. La senyora Adolphus ho sabia absolutament tot sobre els pingüins («els éssers vius més meravellosos que hi ha») i els feia visites anuals per estar en comunió espiritual amb ells.

Hi havia un home i un noi rossos drets a les escales de l'hotel, observant-nos mentre voltàvem pel vestíbul. Mentre en Víctor feia la inscripció a recepció, l'home em va mirar i em va somriure com si em conegués de tota la vida, però jo era la primera vegada que els veia, tant a ell com al seu fill. Si els hagués vist abans no me n'hauria oblidat.

–Qui són aquests? –vaig preguntar a l'oncle Víctor, estirant-li la màniga, però ell em va contestar que com ho podia saber i que no mirés fixament la gent. L'home em recordava Beowulf, el víking esbudellador de monstres. El seu fill també tenia uns cabells rossos i ondulats llargs fins a les espatlles i uns ulls blaus de víking. Va baixar les escales sense necessitat de mirar on posava els peus. Jo encara estava pensant: «m'agradaria saber baixar escales sense mirar», quan es van venir a presentar: Manfred i Sigurd Bruch, de Noruega.

En Víctor es va girar i va engrapar la mà estesa de l'home entre les seves dues mans.

–Impressionant –va dir; cosa que sí que era en Manfred, amb els seus pantalons blancs i la camisa encara més blanca, sense coll. En Sigurd anava negre de cap a peus.

–Així que vosaltres també aneu cap al sud –em va dir el senyor Bruch–. El meu fill se n'alegrarà.

Tenia la veu plena, gairebé de cantant d'òpera, però a mi em feia pensar en el director de la nostra escola, que és gal·lès i aficionat a cantar.

I després van desaparèixer, van sortir a fora cap al sol i la bullícia del carrer per veure alguna cosa de la ciutat. Per un moment absurd, em va fer l'efecte que l'oncle Víctor es posaria a córrer darrere seu. Però la recepcionista li anava llançant impresos per omplir i darrere nostre s'anava formant una cua.

Madame Mimi Dormière-St.Pierre va arribar tard, fantàstica amb una granota d'esquí de color rosa que la feia semblar una criatura en un pijama d'una peça; imatge complementada amb els quatre manyocs de cabells escassos i el sonall gros, que era el micròfon on dictava els seus pensaments. Estava escrivint una novel·la, i ràpidament va prometre que ens hi faria sortir a tots. L'escala a Buenos Aires li havia vingut de sorpresa, ja que no s'havia llegit detingudament l'itinerari; «Tants paperots avorrits.»! d'aquí que anés amb l'equip d'esquí. Era tan francesa com les salsitxes de Frankfurt i va descobrir amb gran delit que tenia una caseta a la platja molt a prop de la parella de Florida. La Mimi era tan rica que fins i tot tenia un radiotelèfon via satèl·lit que es podia utilitzar en qualsevol lloc del món, incloent-hi l'Antàrtida.

Tot això ho vaig descobrir observant i escoltant, és clar, i no pas preguntant (Déu me'n guard!). I que consti que no és tasca fàcil anar parant l'orella quan es porta un aparell per sentir-hi. Tot de veus parlant alhora al vestíbul ressonant d'un hotel es confonen en una borrasca de sons.

Jo em moria de ganes de pujar a la meva habitació, amb set canals de televisió i minibar, sofà, escriptori, un llit de matrimoni per a mi sola, i una vista tan assolellada que la llum rebotava amb feixos aguts com puntes enverinades de sagetes per damunt dels cotxes que hi havia aparcats a sota, molt, molt avall.

–Puc trucar a la mare? –vaig cridar darrere la porta que comunicava les dues habitacions.

–Més val que no –va ser la resposta.

Estirada a la superfície setinada del llit, em vaig trobar de cara amb un sobre damunt del coixí. Era per convidar-me a una festa dels Pengwings a les set al restaurant i l'havien batejada amb el nom previsible de «El Trencaglaç». Em va caure l'ànima als peus.

Per algun crim comès pels meus avantpassats en temps obscurs i remots, ja vaig arribar al món envescada amb quitrà i coberta de plomes. Amb la timidesa. Fa molt de mal (cada engruna cou tant com el quitrà calent que tapa cada porus) i ja voldria treure-me-la del damunt. Però fa molt més mal que algú et vulgui estirar la timidesa. Això és com si t'arranquessin la pell a tires de viu en viu.

A més, en Titus i jo ens vam haver d'esforçar molt per envoltar-nos de bancs de glaç. I no ens fan cap falta els trencaglaços, oi, Titus? Què et sembla si ens fem pujar el sopar a l'habitació i mirem *I Love Lucy* en espanyol? Li diré a l'oncle Víctor que em trobo malament.

«En algun moment o altre hauràs de tenir tractes amb aquesta gent, comprens? Hauràs de decidir amb qui vols tirar endavant. Qui hi haurà al teu equip?»

–Em pensava que faríem servir gossos.

«No és ben bé això. No és ben bé propi de l'esperit d'afany britànic», va dir en Titus amb certa amargor.

–Doncs ponis.

«Els vaig matar tots a trets, que no te'n recordes? O els vaig obrir la closca amb un piolet.»

–Calma, Titus, tranquil. Aniré amb el teu equip, doncs; amb en Teddy Evans i en Birdie Bowers i en Cherry i l'Atch...

«No estan disponibles, actualment.»

–Llavors en Manfred el Víking, i aquella senyora tan maca, la Brenda i en Jon, el guia... i tu.

«I en Sigurd què?», va dir en Titus.

–Qui?

L'oncle Víctor estava obrint la maleta, buscant el necesser i els estris d'afaitar. La meva faldilla vermella de seda va regalimar per damunt la moqueta com si fos sang.

«Tard o d'hora els hauràs de conèixer, sents, Symone?»,

va dir en Titus, abraçant-me per darrere i reposant la barbeta damunt del meu cap. «És una bona oportunitat per veure com respiren.»

–I suposo que és una oportunitat per anar vestida de seda vermella –vaig admetre.

«Jo hi aniré tal com vaig.»

–I no te n'aniràs a rondar, oi que no?

«Ni un moment.»

Tot el bum-bum estrident del restaurant em va absorbir només de travessar la porta. Em perforaven el cap barres de so com les espases d'un il·lusionista clavades dins d'una capsa plena d'ajudant del mag:

–pots i cassoles repicant a la cuina;

–el so nasal i agut de l'accent texà del senyor Pogsbaum: «Quan érem a l'Afganistan abans d'esclatar la guerra...»;

–el cap de sala renyant a una cambrera en espanyol;

–la senyora Adolphus dient: «I van controlar amb un monitor el batec d'aquestes pobretes pingüinetes d'Adèlia prenyadetes i s'angoixaven només que algú se'ls acostés a menys de trenta metres». Ai, sí, pingüinets, pobrets. Ja entenc el que sent.

Jo em vaig quedar plantada al costat del penja-robes, per un costat fregant-me les mànigues amb una jaqueta de lli i per l'altre agafada de la mà d'en Titus i ensenyant les dents a qualsevol que s'acostés a menys de trenta metres. Somrient. M'agrada la gent. M'agrada mirar-la. El que passa és que preferiria fer-ho des d'un quilòmetre lluny amb uns prismàtics molt potents.

Vaig repassar el coronel Oliver i la Hue Fah de cap a peus, buscant-hi amors amagats. Però no en vaig veure ni un, si no és que era la manera com ella entaforava les pastilles entre els llavis del seu marit entre viatge i viatge per anar-li a buscar un got d'aigua.

Madame Dormière-St.Pierre s'havia canviat la granota d'esquí per una brusa de gitana amb mirallets, però la faldilla crespada rosa fúcsia li penjava per damunt d'uns descansos grossos de folre polar. Tenia la intenció d'acorralar el periodista americà per conversar sobre creativitat i editors, però ell va marxar al cap de deu minuts per telefonar als seus fills, que eren a Maine. Ella hauria hagut de provar sort al seu país: va resultar que tenia una altra mansió de cap de setmana al mateix veïnat que ell.

En Clough havia estès damunt d'una taula rodona el seu mapa de l'Antàrtida, que era clapat de taquetes escrites amb una cal·ligrafia petita i meticulosa. La silueta rodona, blanca, amb volants, de l'Antàrtida es veia disminuïda pel cercle més gran, blanc, amb volants, de les tovalles que hi havia a sota. La gent s'hi acostava, estudiava minuciosament l'escriptura diminuta i llegia en veu alta els noms eufònics dels ocells: albatros cellanegre, baldriga capnegra, petrell prió, petrell de tempesta de panxa negra... mentre en Clough arrufava les celles, assentia amb el cap, es balancejava sobre els talons i anava fent grans glops de xampany per dissimular la seva felicitat delirant.

En Jon anava repartint fulls d'informació sobre el viatge, i jo tenia tantes ganes d'agafar-ne un que gairebé em vaig apartar de la paret. Vaig estar a punt, però no ho vaig fer. Les espases de so em continuaven burxant per dins el cap, prou esmolades per esqueixar qualsevol cosa entenimentada que havia pensat dir, si algú m'adreçava la paraula.

«És la primera vegada que véns al Glaç?» Tothom utilitzava aquest nom tan sovint com podia –el Glaç– per demostrar que sabien que els professionals i els experts sempre es refereixen a l'Antàrtida com el Glaç. Eren com actors parlant de «Sir Larry» per donar a entendre que coneixien íntimament en Lawrence Olivier.

A algú li va caure una pila de plats darrere les portes tapissades de feltre verd. Em vaig abaixar el volum de l'aparell.

Beowulf el víking es movia amb comoditat d'un grup a l'altre. No em va sorprendre quan vaig sentir que era director de cinema (però en vaig prendre nota mentalment per escriure a la Nikki i explicar-li-ho). Com una càmera, en Manfred recollia somriures generosos de tothom amb qui parlava. Com un fotògraf, se situava estratègicament el seu fill atractiu al costat, un projector d'arc que il·luminava ràpidament les cares. Clarament, en Sigurd era tan encantador com el seu pare. «Sigurd». Quin nom més extraordinari. Quin fenomen extraordinari: un adolescent que captivava! Els cabells llargs són una raresa a la nostra part de món: els nois els porten tallats com de peluix, com aquells seients d'autobús que deixen marques sota les cuixes, o en punxa, com si s'haguessin electrocutat. Els cabells d'en Sigurd convidaven a tocar-los. Almenys, jo ho hauria fet, si no fos com sóc.

Vaig començar una mena de diari mental, alterant els esdeveniments, seleccionant el més destacable, suprimint radicalment qualsevol fet desagradable.

«*Els turistes de Pengwings són tots milionaris: productors de cinema, nuvis de lluna de mel i novel·listes, joves atractius de cabells llargs daurats, noies encantadores amb faldilles vermelles de seda, que ara beuen xampany i poc després es veuran abocats al perill en un continent glaçat, creant lligams d'amistat només possibles lluny del país d'origen i de la rutina diària...*»

És clar que qui se'n creuria una paraula, de tot allò, coneixent la Symone Wates? Jo no.

L'oncle Víctor explicava a la Tillie:

–Tingue-ho en compte. Les bombolles del xampany se t'adhereixen a l'oxigen de la circulació sanguínia i l'extreuen amb l'orina. Xuclen l'oxigen del cos.

Sempre té un accent més fort de Yorkshire quan parla amb desconeguts.

–A mi m'estova –va reconèixer la Tillie, mentre xuclava rabiosament la copa aflautada que bombollejava a la seva mà.

–Que ho pots repetir?

–La veritat és que ens agrada més el xerès –va dir l'alegre Brenda–. Però ens bevem tot el que ens donin de franc.

–Et porto una copa.

Em vaig enfadar amb mi mateixa perquè no l'havia sentit arribar. Era en Sigurd, que portava dos gots de suc de taronja. Els batecs dels pingüins d'Adèlia s'acceleraven, esparverats.

–No bec –vaig dir.

–Jo tampoc, per això t'he portat suc. Ets tu o el teu pare qui ha triat de visitar l'Antàrtida?

–Tots dos però no és el meu pare és el meu oncle el pare es va morir gràcies –vaig fer un glop de la copa i vaig afirmar que hi feia molt soroll, allà. Dintre meu, els pingüins d'Adèlia feien tentines endavant i enrere, topant els uns amb els altres amb el pànic i tombant-se per terra com fitxes de dòmino.

–El teu oncle, al vostre país, quina professió té...? –es va animar a preguntar en Sigurd.

–Sí –vaig dir–, ja ho sé.

En Sigurd es va quedar perplex només un moment:

–T'agraden potser els animals, els ocells, les foques i les grans balenes, sí?

–La badia d'Evans, la barrera de Ross. Scott. Tot això.

No dic res en contra d'Amundsen, no vull dir que només perquè va matar els seus gossos i no es va morir i sé que Scott era un esnob i feia marques al terra de la tenda amb els mitjons i tot plegat però no ho sé explicar; ni el granallatge el meu oncle és granallador però tampoc no ho sé explicar.

Em vaig adonar que estava cridant però no podia fer res per ajustar el volum de l'aparell. Fins i tot el silenci que es va formar entre nosaltres dos era eixordador.

–He sentit dir que els pingüins fan pudor –vaig dir per omplir-lo.

–Jo també ho he sentit –va dir en Sigurd–. M'agrada molt la faldilla que portes.

–És la ruta això? Me la deixes veure? –li vaig demanar.

Em va donar el seu full de paper, inclinant-se una mica de cintura en amunt i va insistir que me'l quedés; ell ja n'aconseguiria un altre. Me'l vaig estudiar amb tanta atenció i durant tant de temps que no vaig veure el que deia ni quan en Sigurd se'n va anar. Quan vaig aixecar la vista es tornava a passejar per la sala, i continuava il·luminant els assistents a la festa com si fossin fanalets de festa major. Els pingüins d'Adèlia que feien corredisses pel restaurant van anar tornant de mica en mica al seu cau dintre meu, tremolant i perdent ploma a causa de l'estrès posttraumàtic.

–Em marejo –vaig dir al penja-robes i me'n vaig anar a seure a l'escala amb el meu suc de taronja. La imatge del full de paper que m'havia donat en Sigurd s'enfocava i es desenfocava, tremolosa. Al capdamunt del full s'hi llegia: «Benvinguts al Glaç» i a continuació hi havia una llista de les conferències que s'oferien. Fins i tot proposava que cadascun de nosaltres es podria preparar una xerrada sobre els nostres interessos particulars i presentar-la als nostres companys de viatge. Potser abans es voldria congelar l'infern.

Per algun motiu els meus pensaments van derivar cap a

la primera trobada de la Maxine amb en Waldron, el seu amor d'Internet. També ens en va fer una xerrada, una conferència pública; no ben bé il·lustrada, però s'hi acostava prou. Ho va descriure llangorosament i amb molta fruïció, asseguda a la taula dels professors a l'hora d'esbarjo, amb el cap tirat enrere, les cames encreuades i les sabates gronxant-se a la punta dels dits dels peus. Ens va parlar de les roses que li havia comprat, del BMV, de la festa esbojarrada a la qual havien anat, a casa d'uns amics famosos d'en Waldron... Quan va arribar a la part dels petons, me'n vaig anar de la classe, però la seva rialla m'empaitava passadís avall.

Aleshores estava asseguda a les escales i desitjava ser la Maxine (gairebé desitjava ser la Maxine), de fet desitjava ser qualsevol altra que pogués anar a una festa i en sortís més feliç pel fet d'haver-hi anat. Durant una estona em vaig sentir tan sumida en la insatisfacció amb mi mateixa que no hi havia lloc a l'esglaó perquè en Titus segués al meu costat. Després em vaig desplaçar cap a un racó i em vaig abraçar a la barana.

–Per què no em sé bellugar a les festes? Què em falla? Figura que les festes són divertides.

«Jo no vaig aprendre mai a girar del revés en una pista de ball expressament. Així les senyoretes no voldrien ballar mai el vals amb mi», va dir en Titus, que seia al meu costat. «Almenys no repetirien», li havia pujat el color a les galtes amb la calor del restaurant.

–«He sentit dir que els pingüins fan pudor.» De debò que he dit això? És com dir: «He ensumat un ànec com botzinava.»

En Titus va somriure dins la copa de suc de taronja. (Ell tampoc no beu alcohol.) «T'he agafat la cosa.»

Però jo necessitava consol en una magnitud molt superior. Les llàgrimes em coïen dins els ulls.

–Tu tampoc no vas encaixar mai, oi, Titus?

Va arronsar les espatlles:

«Jo era de l'exèrcit de terra. Els altres eren de la marina.»

Però jo hi insistia.

–Tothom ho diu. Eres callat i molt reservat. Igual com jo. I Scott va tenir molta feina per fer-te sortir de la closca.

«Bagatel·la!», va dir en Titus inesperadament. «Hi vam jugar molt a Hut Point, quan estàvem desvagats, esperant que ens donessin l'ordre. És un joc de taula, s'hi juga amb un tauler de fusta i unes boles. Saps què vull dir? I que la bola baixa rebotant per un pendent?»

–Si el tauler no és ple de pols.

«Una brotxa d'afaitar de pèl de toixó, oli en un llum. L'únic ús adequat per a una brotxa d'afaitar, en opinió meva, és treure la pols dels taulers de jugar a la bagatel·la. És igual, què deia jo ara? La qüestió és no picar massa fort, segur que em donaràs la raó, si no la bola rebota i torna al punt d'on ha sortit. Si ho fas amb suavitat, va rebotant tauler avall –ping-ping-ping– fins que finalment entra a casa dins d'un forat: 15.250.» Els seus dits llargs dibuixaven arcs a l'aire ociosament, seguint el descens de la bola. «A la llarga totes es fiquen en algun forat. Totes fins a l'última. Totes.»

–Tret de les boles mortes del fons. Com jo.

En Titus va mirar furtivament per damunt de l'espatlla i aleshores em va aixecar les celles.

«El truc, noia, és continuar. Torna-les a treure tantes vegades com calgui fins que al final totes puntuen.»

–D'això se'n diu fer trampes, Titus.

«I què? Em pensava que estaves decidida a encaixar. A vegades fer trampes és necessari. Algun dia trobaràs el teu lloc. I perquè ho sàpigues, jo vaig acabar encaixant. Cal relacionar-se amb els altres quan es viu apilats en una cabana en un racó de món. I encara més en una tenda. Ara, això no vol dir que no et puguis reservar coses. Discreció. Reserva. Són trets característics britànics, a més de requisits per a un cavaller, a parer meu. Quan no tenia res a dir, o era millor no dir-ho, no obria boca, cert. Les galetes fan més profit compartides, però les opinions em fa l'efecte que no.»

I em va fitar amb aquella mirada seva directa i penetrant; independent i confiada, que no necessitava el parer de ningú. I jo no necessitava el parer de ningú més que el d'ell. I el so de la rialla de la Maxine, les paraules a la pissarra («La Sym Wates no sap perdre»), marxaven voleiant com flocs de neu en una tempesta. Els pingüins d'Adèlia es van anar calmant i reposaven el bec damunt del pit. El batec del cor els va anar tornant a la normalitat.

6 *El Glaç*

COM QUE VIATJÀVEM en direcció a l'oest, vam guanyar bona part d'un dia. Això significa que quan el migdia arribi a Anglaterra ja serà de segona mà, en realitat, cobert amb les nostres petjades i empremtes dactilars?

Hi ha dies que els voldria perdre:

–el dia que van atropellar el gos;

–el dia que vaig portar l'audiòfon a escola per primera vegada;

–el dia que els del concessionari van venir i ens van embargar el cotxe, perquè el pare no havia pagat els terminis;

–el dia que el pare, que seia davant meu a taula a l'hora d'esmorzar, em va mirar i va preguntar a la mare: «Qui és aquesta?»

Primer els metges es pensaven que el pare es drogava. Va caldre que en Víctor anés apuntant tots els senyals, símptomes i historial de la malaltia per demostrar que era un virus que li atacava el sistema nerviós central. Va començar poc després d'Islàndia, em penso. El pare va començar a fer-se mal amb les eines, a la feina. Després va començar a descuidar-se de coses: aniversaris, reunions, codis postals... i, més endavant, a tenir trompades amb el cotxe. Fins i tot quan es pensava que aguantava dreta la tassa del te, se la tirava per damunt i s'escaldava. S'oblidava dels noms:

primer dels amics i els clients, més endavant dels de la família. Això l'angoixava i l'espantava tant que a vegades perdia els estreps, aleshores podia esquinçar les tovalles de la taula parada, cridant, i aixafava coses. No podia diferenciar entre la gent que sortia per la televisió i la gent que hi havia a l'habitació. Fins i tot les fotografies tenien el poder d'enredar-lo. No sabia diferenciar entre les portes i els armaris, i buscava la seva roba al lavabo o provava de sortir de la cuina per la nevera. Era com viure amb un boxejador estabornit per un cop: la parla embarbussada, les mans blavoses, l'humor desaparegut sense rastre.

–Qui és, aquesta? –preguntava mirant-me des de l'altre costat de la taula.

–És la Symone, vida –li deia la mare, amb la veu prima d'afecte i espant–. És la nostra petita –i per un moment l'esclat del reconeixement va fer que al pare li saltessin els ulls de les conques.

–I un be negre! –va bramar–. Això no ho vull, a casa. No l'anomenis, aquest nom, a casa meva! –i va llançar el pot de mel amb tanta fúria que va anar a rebotre contra la lleixa de la xemeneia i ens vam quedar tots asseguts mirant com la mel degotava –plip, plip– sobre la reixa, com llàgrimes llargues d'ambre.

Les conferències van començar ja a Punta Arenas. En Clough estava impacient per parlar-nos de la dieta del gavià dominicà, de totes les espècies de corbs marins, si el colom antàrtic era un autèntic camallarg o no, o com aprendre a diferenciar un albatros fumat d'un albatros fuliginós. Nosaltres, els membres del grup d'expedició Pengwings, sèiem a les cadires dures, de tub de metall, al bar de l'Hotel Fuego i l'observàvem mentre parlava.

Ben aviat em vaig començar a arronsar, com un ànec sense greix. Per mantenir-me desperta em vaig posar a comparar el seu estil d'actuació amb el de l'oncle Víctor durant les seves conferències habituals dels dimarts al vespre al conservatori. En Clough només va aconseguir un 5 en dicció, un 4 en animació, però un 8 en gestualitat manual. En Víctor normalment treu un 10 en tot, naturalment... menys en gestualitat manual, que mai no progressa més enllà del seu típic moviment rotatori d'índex.

–Sobre quin tema parlaries, Titus? Si fossis home de fer xerrades.

«Sobre la cria de beagles», va dir l'home de dins el meu cap. «Tenia uns cadells que es criaven la mar de bé quan vaig marxar de l'Índia. O sobre com tenir un cervató a la carbonera. En aquest terreny vaig tenir menys èxit, tot s'ha de dir. Es va escapar i es va cruspir les roses de la *memsahib.*»

–I sobre la conquesta polar, no?

«Per què he de burxar en les meves febleses?»

–I amb això arribem als fulmars que volen més al sud... –va dir en Clough.

Vaig intentar mentalitzar-me que em trobava a la població de més al sud de Sud-amèrica, fregant ja el cercle antàrtic, i que l'endemà ja trepitjaria el Glaç. Pengwings era l'única organització del món que hi enviava els turistes amb avió en comptes de sotmetre'ls a setmanes de vomitar per damunt de la barana d'algun trencaglaç rus. Tenint en compte la meva por d'ofegar-me, allò era una atenció immensament immerescuda. I encara més, quan hi arribéssim, Pengwings ens portaria per aire a tot de llocs on els vaixells no poden arribar. Hut Point inclòs! Hi podia haver res millor?

Però el vol cap al sud des de Buenos Aires, l'esgotament tediós del viatjar incessant m'havia xuclat tota la il·lusió. Quina quantitat de diners li costava a l'oncle Víctor que viatgéssim amb Pengwings? Quina quantitat de diners li costava que estiguéssim asseguts allà, escoltant en Clough descrivint els ous del paràsit austral? Que m'estava transformant en la meva mare, que l'únic en què podia pensar era en el cost del viatge?

–Però quin és el més gran dels albatros? I quin és el més petit? –va preguntar en Clough. (Em penso que eren preguntes retòriques.)

En Víctor va començar a esbufegar; un senyal inequívoc que s'estava adormint. Si el despertava, segurament li faria una exposició detalladíssima a en Clough sobre les particularitats de l'albatros cellanegre. Era millor això, però, que no que es posés a roncar. Li vaig xiuxiuejar a l'orella:

–De què anirà? La teva conferència? Sobre què? Quan et toqui?

Quan va girar-se de cara cap a mi, feia unes ulleres profundes i fosques:

–Que ho pots repetir?

–De què els parlaràs?

L'alegria li va pujar per la boca fins que tota la cara se li va il·luminar.

–No els en parlaré! –va dir, tirant la cara tan endavant que vam xocar de nassos–. No xerrarem, noia, els farem una exhibició!

Així seria de fòssils. Es devia haver emportat la seva col·lecció de fotos de fòssils. Pot encabir una projecció de diapositives de dues hores en un parell de CD. Ho sé perquè ho he vist. No vaig parar de somriure però la notícia em va anar fregant per dins com si fossin llimadures de ferro.

–Ara bé, la població de krill és vital (això no cal ni dir-ho) per a la reproducció dels pingüins –va dir en Clough, demostrant que no era cert, que no calia dir-ho.

En Titus va remugar, es va apujar el coll de la jaqueta de pell i es va ensorrar lentament a la cadira, amb els braços plegats i una expressió de martiri clavada al lloc de les celles.

«En fi, tal com va dir Napoleó, "passi el que passi, sempre hi ha la mort".»

–Mans fredes, Titus. Mans fredes.

Al cap de poc (o això em va semblar a mi) en Víctor em clavava cops de colze, insistint-me que mirés. Anàvem dalt d'un DC-6, embolcallats amb l'enorme rugit dels motors i sobrevolàvem l'oceà Antàrtic. Jo m'havia estimat més no seure al costat de la finestreta perquè no tenia ganes de veure massa mar. I en aquell moment en Víctor insistia que mirés.

A sota nostre, un iceberg.

Semblava un contenidor que hagués caigut d'un vaixell de càrrega. El pilot va volar més baix perquè poguéssim veure a través de l'aigua l'immens bloc de gel que hi havia sota la superfície. Un quilòmetre de gel. Hectàrees i més hectàrees de gel. Un fenomen tan natural com els penya-segats blancs de Dover; amb la diferència que els penya-segats de Dover no són esculpits sobre ivori d'elefant. Les càmeres zumzien i feien rrrrrr. Però de fet no hi havia manera de calcular-ne la grandària; no hi havia res amb què comparar-lo per fer-ho servir de mesura. A través de les finestretes en forma de televisor semblava un documental de televisió sobre els icebergs. El color extraordinari del mar el vaig atribuir a la pantalla solar del vidre de la finestreta. No hi podia haver res que tingués un blau tan intens. Era completament irreal.

Una hora més tard, l'avió va topar amb una mena de barrera invisible i va anar baixant per l'aire. El fred va envoltar la cabina. Havíem travessat el cercle antàrtic i era una cosa tan sòlida com una tanca elèctrica. Havíem envestit el pilar de fred que es troba permanentment damunt el mar i la terra glaçats de l'Antàrtida. Sota nostre hi havia un quall de gel del mar escampat per tot arreu, un mosaic de peces blanques de puzle que deien: «Resol-me! Resol-me!»; els elements d'un món d'autoacoblament que esperaven unir-se amb altres peces.

I de sobte va aparèixer: el forat perfecte! L'escut blanc enlluernador de l'Antàrtida, aferrant-se a la corba del planeta! I vaig haver de tancar els ulls.

No vull dir que no gosés mirar. Vull dir que la brillantor em va obligar a tancar fort les parpelles, com si uns polzes em premessin els ulls. El simple enlluernament encegador i dolorós del Glaç il·luminat pel sol m'unglejava, fins que les llàgrimes se'm van acumular a les parpelles i els iris es van contraure, ben tancats.

En Jon va repartir ulleres de sol als que havíem sortit de casa pensant que anàvem a París i que no havíem pensat a desenterrar les ulleres d'esquí de la maleta. Eren unes coses voluminoses, plenes de verdet, semblants a les ulleres que fa servir el dentista, massa amples pel meu cap, cosa que m'obligava a aguantar-me-les. Però almenys ara es distingien les formes: la filigrana de la neu que el vent havia arrossegat damunt de roca volcànica; el macramé treballat d'una colònia de foques; el replec imponent d'una barrera de glaç, amb la neu caient de la vora com una cascada. Turons foscos de pedra que en realitat eren els cims de les muntanyes enfonsades fins al coll; les fulles negres de destral de les serralades llunyanes.

En un moment donat, el pilot ens va ensenyar unes clapes de sang. No era sang, no: era un assentament humà on tot era pintat de vermell. Però jo no vaig optar per creure en estacions meteorològiques, ni camions, ni iglús prefabricats pintats de vermell de camió de bombers. Jo m'estimava més creure en meteorits esgarrapant la pell del planeta, la llum estel·lar burxant-la com una agulla, la sang dels gossos i dels ponis...

Van passar més hores; hores que la immensitat de la terra sota nostre tornava diminutes. I després: un blanc.

Déu va fer un esbós de l'Antàrtida i en acabat en va esborrar la major part, esperant tenir un moment de més inspiració. Al centre hi ha una blancor buida on el planeta no està acabat. És l'adreça d'Enlloc.

Les pannes de glaç maragda, el mosaic de blocs de glaç en un oceà blau ultramar, les contorsions tortuoses de les glaceres assolint la mar (aquestes coses m'havien semblat belles quan les sobrevolàvem) però, i l'interior? Aquell altiplà desert, sense relleus, que no parava d'enfilar-se a una gran altura de buidesa, sense cap tret que en fixés el centre, em magnetitzava. La idea em va captivar. Era tan buit, tan vacu, tan net, tan mort. Naturalment, si mai havia de posar un peu allà baix, fins i tot jo potser existiria finalment. Naturalment, en aquest Continent d'Inexistència, no calia que res ni ningú fossin enormement vius en comparació!

Com que estava inclinada damunt de la falda de l'oncle Víctor per tenir més bona vista, per convertir-la en una visió autèntica, no vaig poder evitar fixar-me com s'arrapava als braços del seient. Tenia els dits clavats tan fort a la tapisseria que l'encoixinat ja s'havia separat de l'armadura metàl·lica.

–Et trobes bé, oncle?

Les dents serrades li feien uns plecs de múscul a banda i banda de cada galta en forma de manillar. I em vaig adonar que, des d'Anglaterra, havia estat conduint tots els trens, havia anat al volant dels autocars i havia mantingut tots els avions a l'aire per pura força de voluntat.

I per què? Només per portar-me aquí. Perquè sabia com ho arribava a desitjar. Es pot ser més generós?

–Gràcies, oncle Víctor –vaig dir–. Gràcies per portar-me fins aquí. Moltíssimes gràcies.

–Ho pots repetir?

Vam aterrar en una pista de glaç blau que la calor del sol havia convertit en una pista de gel plena de tolls, aixecant un torb amb les hèlices, botant i sotragant sense parar, sense poder frenar, patinant d'una banda a l'altra fins que la planor i els tolls de gel fos ens van anar frenant. Madame Bolognese-sans-Pierre resava en veu alta. La Brenda i la Tillie s'agafaven les mans i tancaven els ulls. El coronel va demanar a la seva flamant esposa una pastilla per al cor.

Però jo no estava espantada! Aquestes coses no m'espanten. No sé per què. Potser és perquè tinc en Titus que em cuida. O perquè estic massa espantada de la Vida perquè m'espanti morir-me.

Fins i tot quan vam baixar de l'avió i vam tocar el Glaç blau, i tentinejàvem, relliscàvem i ens agafàvem els uns amb els altres, indefensos, fora del nostre element, jo no podia fer més que riure: normalment només sóc jo que cau de quatre grapes. Fins i tot quan, al cap d'una hora, el DC-6 es va tornar a enlairar, abandonant-nos allà sols, a l'últim racó de món, em vaig alegrar de veure com girava cua. Deixava enrere un llegat de silenci; immens i sòlid. El clamor del silenci era tan fort que va amuntegar tots els altres visitants en un ramat esporuguit.

A mi no em preocupava! Conec el silenci. Sabia des del principi que el trobaria aquí, esperant-me. I m'hi moc bé entre el silenci, jo.

Camp Aurora és a l'est, a la costa de Siple del mar de Ross; bé, de fet en una illa de davant de la costa de Siple, tot i que no es veu el mar per enlloc. Ni gavines ni cotó de sucre ni cases d'hostes amb el rètol de «complet» a la finestra. (El negoci del turisme mai no farà gran cosa per aquestes latituds: tota la costa de Siple està disponible.) No hi havia aigua davant meu, ni se sentia l'espetec de quan trenquen les ones, ni orques, ni foques, ni pingüins, res humit a centenars de quilòmetres, de fet. Això m'agradava. Les aigües profundes no m'atrauen.

Ah, el mar era per allà sota, en algun punt, és clar, però segellat sota una tapa de gel perpetu, i en acabat ensucrat de neu. Jo m'estava plantada al marge de Camp Aurora on les allaus queien lluny de mi com ràpids glaçats i formaven una mena de cascada retorçada que queia damunt de la plataforma glacial que hi ha en comptes de mar. I vaig mirar més enllà, cap a l'oest; milers de quilòmetres de no res, pla i congelat.

Vaig provar de convèncer-me que estava dreta damunt de terra; a la vora de la mar. Però era impossible. El Glaç no diferencia entre terra i aigua; es limita a asfixiar tot el continent sencer, des del mig cap als extrems, i després continua expandint-se enfora cap al mar, cobrint enormes illots marins al llarg de milers de quilòmetres. Allò era la glaçonera a la nevera de Déu, i tenia un gruix de mil metres.

En algun lloc per allà a fora (lluny, molt lluny en aquella planura d'argent brillant) en Titus va arrossegar l'equip, va caminar, va ensopegar i es va arrossegar de quatre grapes fins a ...

«París. Recordo haver dit que m'apuntava a anar a París. Que potser em va entendre malament?»

Darrere nostre, més enllà de l'estrèpit dels bidons de gasoil i les tendes ventant l'aire, les banderes voleiant, els dipòsits, les antenes i els iglús vermells, de color de sang-traït, un grapat de turons protegien Aurora del pitjor dels vents del sud. Però fins i tot aquests semblaven perduts enmig de la immensitat de blancor arrugada que s'estenia cap a l'est fins al límit de l'interminable; arrugues robustes, com les que veuries en un rinoceront albí de la mida d'Essex. He llegit sobre vosaltres. Sou zastruguis, vaig pensar, «modelats pel vent partint del glaç i la neu». Us conec. Zastrugui. Fa pensar en el malvat d'un conte de fades.

–Titus, saps el conte de la princesa que vivia presonera en una torre?

«Tenia el cos encerclat amb tres bandes de ferro.»

–No es podia moure, no podia parpellejar, no podia dir ni piu, per molt que ho intentés...

«Si no és que un amic desfeia el malefici, tres nits seguides...»

–...es quedava al seu costat fins l'endemà al matí.

«Amb un espetec com el cruixir del gel, una de les bandes de ferro es va trencar, i va quedar lliure per obrir i tancar els ulls», va dir en Titus.

–O sigui que també l'has sentit, l'espetec.

«Sento tot el que tu sents, Sym.»

L'espetec mut va ser tan fort que va viatjar enfora, enfora i enfora fins al límit de l'espai. Vaig parpellejar per fer saltar els flocs de neu que se m'acumulaven a les parpelles, i també de pura estupefacció. I per primera vegada en anys veia la possibilitat de ser Feliç.

7 *La xerrada*

NO SÉ si sóc estúpida. Ja pot ser. Quan obro la boca no en surt res d'intel·ligent. Dins del meu cap m'expresso perfectament, ja ho heu vist. Però intentar expressar un pensament en veu alta és com voler fer passar patates pels forats d'un colador. Hi ha coses que em volten per dins el cap tan enginyoses com en Teseu dins el Laberint. El que passa és que mai ningú els ha donat el fil necessari i per això no trobaran mai la sortida.

«Fixa't en els peixos vermells dins d'una peixera», diu en Titus. «Són toixos; no tenen res a dir? O es que s'adrecen al món en grec clàssic sobre la partenogènesi entre les formes de vida pelàgiques menors i nosaltres simplement som massa toixos per llegir-los els llavis?»

–Exacte, Titus, moltes gràcies.

«De res. Jo feia unes faltes d'ortografia horroroses, saps? Era incapaç d'escriure correctament i tampoc sabia puntuar. Ni que em matessin...»

–Sí que et va servir passar per una escola de prestigi!

«És clar que ningú hauria arribat a aquests extrems...»

–Quins extrems?

«Matar-me.»

–No, ja m'imagino que no.

«Curiosament, ningú no em recorda per això: el capità Oates, la gran nul·litat en llengua.»

–Extraordinari. Per què deu ser? Però és igual, no cal que pateixis perquè no faré una conferència sobre tu.

«Magnífic. Com menys coses es diguin, millor. Personalment, detesto tota aquesta comèdia de l'heroi polar. I haver de parlar en públic.»

–Abans voldria ser morta.

En Titus s'ho va estar meditant una estona.

«Doncs no. Prenent-ho tot en consideració, jo m'estimaria més no ser-ho.»

Formar part del grup tota l'estona es va fer una mica pesat. A pesar de la immensitat de l'Antàrtida, sempre estàvem tots amuntegats: nosaltres, els turistes, a més d'en Vicenzo, el pilot del bimotor; l'Otter, el pilot; en Hugh, el metge de camp i en Popsie, el cuiner; en Jon, el guia, i en Mike i en Bob, els dos tècnics. Estàvem o bé aixoplugats a les tendes i als iglús de plàstic o bé enfilant-nos a l'avioneta de neu per fer una altra sortida. Les diverses veus em ressonaven dins el cap com un gamelan, una orquestra javanesa; no hi havia manera d'escapar-se'n. I els músculs de darrere les orelles em feien mal de tant somriure. Camp Aurora estava envoltat de banderoles de seguretat, que ens deien per on podíem caminar i quines zones havíem d'evitar. Al cap d'un temps, fins i tot les banderoles de seguretat feien l'efecte de ser sentinelles impedint la fugida.

«Tornes a anar al cinema, aquest vespre, reina?» em deia en Titus, burleta, cada dia, quan anunciaven les activitats recreatives del vespre. (Ell mai no hi participava, quan es tractava de conferències i passis de diapositives.) Encoratjada pel seu cinisme, jo a vegades em saltava conferències i caminava fins als límits del campament per contemplar les muntanyes distants de la Reina Maud, els nunataks, les masses de neu esculpides pel vent. La plataforma glacial mateixa. Miratges de coses prou llunyanes a l'horitzó que pengen dalt del cel, com per levitació, que el sol tenyeix d'or.

Removia uns sentiments tan efervescents, tan fumejants! A l'Antàrtida no li cal l'admiració de ningú; per què, doncs, s'havia de prendre la molèstia de desplegar tanta bellesa? De posar una vora de verd maragda i turquesa a les coves de glaç? O d'omplir vetes de glaç amb pedres precioses d'imitació? Per què les imatges de la lluna sobre el glaç i les giragonses a la neu com onades d'imatges congelades? Per què, quan vam sobrevolar la costa hi havia escultures turquesa de gel rodolant i rodolant sense parar fent onades de color ultramar? A mi m'esgarrifa, el mar. Sé que em mataria, si pogués. Sé que aquest continent sencer ens mataria si pogués, tan bon punt tingués l'oportunitat d'atacar-nos... I tot i així, enlloc no he vist mai res de tan bell, de tan meravellós.

Les nostres excursions, durant la primera setmana, eren amb l'avioneta de neu bimotor a indrets que vorejaven el mar: vam veure una colònia d'elefants marins, rorquals d'aleta blanca obrint-se pas entre mosaics de plaques arrodonides de glaç, com coques, que flotaven; pingüins formant una renglera de torres d'escacs...

La senyora Adolphus es casaria amb un pingüí emperador, si pogués. Jo, jo ja estic compromesa, però em podrien convèncer perquè votés per un pingüí emperador a unes eleccions generals. Ens vam quedar plantats mirant-nos-els i ells es van quedar plantats fent com si no hi fóssim, i la senyora Adolphus ens va explicar les seves gestes de resistència, com caminar durant quilòmetres i quilòmetres o resistir, encorbats i morts de gana, a ple i negre hivern, per protegir les cries.

–Els pares fan tant com les mares –va dir, amb les mans plegades sota la barbeta, i la cara adornada amb somriures. Hi ha alguna cosa encara més rosa en la senyora Adolphus que en la Mimi Dormida St. Pierre amb el seu anorac fúcsia d'una peça.

Potser l'instint no és igual de fort en els pares humans,

doncs? Potser no. O potser hi ha pingüins emperadors esgarriats que, en les profunditats de l'hivern polar, deixen rodolar en la fosca l'ou que porten entaforat sota els sacsons de la panxa? O s'hi rabegen i s'inclinen cap avall i l'esberlen amb el bec? No? No. Això aniria contra la Natura. Em sembla que a mi m'hauria agradat estar cargolada dins d'un ou, bressolada als peus del meu pare mentre la foscor de mig any, enfurismada, llançava neu. Però al meu pare jo no li agradava. L'oncle Víctor m'ho recorda contínuament.

–Tens raó amb allò de la pudor dels pingüins –en Sigurd em va tornar els prismàtics, que compartíem entre tots dos. Se sentia una fortor com de fossa sèptica oberta. El xivarri que feien era igual de dens. O sigui que al final potser es podrà sentir com els pingüins tufegen.

Li vaig preguntar a en Sigurd si havia sentit parlar d'un home a Amèrica que s'havia fet canviar el nom pel de Penguin, perquè estava totalment obsessionat amb els pingüins. Però no em vaig recordar de parlar en veu alta, i en Sigurd no em va contestar. Evidentment. A prop nostre, uns paràsits cuapunxeguts escorxaven un cadàver de pingüí. La visió em va acabar de regirar l'estómac.

Vaig explicar a en Sigurd que el 1910 Wilson, Bowers i Cherry-Garard van estar a punt de morir en una expedició científica per anar a buscar un ou de pingüí emperador a cap Crozier. Em vaig quedar de pedra quan em vaig adonar que ho havia dit en veu alta, perquè ell va comentar:

–Això és una història per fer una pel·lícula!

–El teu pare hauria de pagar extra a l'equip –vaig dir.

–Un plus de perillositat?

–Un plus de «ferumitat».

Va riure i li va sortir de la boca una bafarada de vapor que es va convertir en pols de diamants de gel que, en caure, reflectien el sol. Durant uns segons hi va haver un arc de Sant Martí penjant en l'aire entremig de les nostres cares.

–Els pingüins prehistòrics devien ser millors –vaig dir–. Feien dos metres d'alçada. I les tortugues eren de la mida d'un Volkswagen. *El retorn del pingüí assassí*: això sí que seria una bona pel·lícula!

En Sigurd em va mirar, per veure si ho deia seriosament.

–Van existir? Ho explicaré al meu pare –la pantalla solar verda en el seu rostre pàl·lid semblava pintura de guerra–. Aniràs amb mi amb moto de neu un dia, sí?

Darrere nostre, el coronel Olivier s'estudiava la ruta amb preocupació, per veure on ens trobàvem i cap on havíem de tirar a continuació. Clavant l'ungla del polze va fer una marca a la «colònia dels pingüins». La Hue Fah li va entaforar la mà dins la manyopla, però li va fer caure l'itinerari. Un parell de persones van fer el gest d'engrapar-lo, mentre els fulls de paper els passaven volant davant dels peus, enfilant-se aire amunt, voleiant sense parar i al final desapareixien enmig del glaç implacable. Vaig donar els meus fulls al coronel: jo ja havia arribat a la meva destinació. Aquest continent sencer era on volia ser: ara, ahir i demà.

–Ets una persona molt amable –va dir en Sigurd–. I també saps moltes coses sobre el Glaç, crec. Ens faràs una xerrada sobre aquests pingüins-dinosaures, sí?

Vaig sacsejar el cap amb força.

–Potser ho farà el meu oncle. Ell ho sap tot.

–Ah, de veritat? Tot? –i es va posar a riure.

–En realitat, tot no –em vaig afanyar a dir per deixar-lo tranquil. No m'agrada quan la gent dubta de la genialitat d'en Víctor.

–Ja ho he sentit dir. Que és molt intel·ligent. Ja ho sé –va dir en Sigurd, posant-se seriós de cop. Vaig buscar sarcasme en la seva expressió, però en Sigurd, tan educat, no s'hauria rebaixat tant. Ell i el seu pare, sempre tan cortès, eren molt considerats. Vull dir que cada vegada que en Sigurd s'acostava a mi i em parlava, gairebé hauries dit que en tenia ganes. I ho feia sovint. Em feia sentir com si m'-

hagués vingut a veure expressament; però gosaria dir que això és una habilitat, una destresa adquirida que aprens si t'eduquen per ser encantador. A tothom li agradava l'encantador Sigurd. A mi m'agradava.

El meu intel·ligent oncle Víctor, d'altra banda, no resultava ser l'home més popular de l'expedició.

A diferència d'en Titus, veieu, l'oncle Víctor no considera que la reticència i la reserva siguin els requisits d'un cavaller anglès. Opina que ha d'oferir a la gent tot el benefici dels seus coneixements, tant si ho volen com si no. De manera que mentre la senyora Adolphus cantava les excel·lències dels emperadors, ell estava ocupat esmenant la plana als d'Alaska sobre la data del primer vol sobre el pol sud. Va corregir en Jon sobre la formulació del Tractat Antàrtic Internacional. Va fer saber a la Tillie que el *pemican* es feia amb carn de cavall i no de pingüí. Va explicar al senyor Pogsbaum que fer traguets d'una petaca de whisky no el faria entrar en calor sinó que li obriria els porus de la pell i el faria morir de fred... En teoria s'haurien d'haver alegrat de saber aquestes coses, però em sembla que la gent no funciona així.

O sigui que, aquell vespre, quan en Mike i en Bob van fer una conferència sobre fòssils, vaig patir de debò per ells.

Ens vam encabir tots a la Cúpula de l'Oci, un iglú de plàstic de color granat on la gent anava a llegir, a jugar a cartes i a escriure el diari. La xerrada es titulava *L'illa de Seymour: domini de dinosaures,* i en Mike i en Bob van parlar dels sòls fòssils, de marsupials petits i intrèpids que havien passat a Austràlia a través de Gondwana; d'un bilió de peixos que havien desaparegut a causa d'un meteorit a mig món de distància... En Bob i en Mike eren uns bons conferenciants; i tan interessants com els pingüins gegants, a la seva manera. Eren estudiants de paleontologia que agafaven qualsevol feina de vacances que podien per tornar al Glaç. Igual que en Kay a *La Reina de les Neus,* devien portar clavada al cor una estella de gel de l'Àrtic; gairebé la podia veure quan els mirava fixament als ulls. Però ara presentaven el tema preferit de l'oncle Víctor, i patia per ells. No podia deixar d'estar pendent de si els interrompria, de si els corregiria o els rectificaria. I tots els altres igual: es veia per la manera com es regiraven cada vegada que en Víctor s'escurava la gola o canviava de posició.

Però no va interrompre! Cada vegada que feia un somriure pacient, o feia espetegar els llavis, hauria jurat que carregava la munició per disparar-los. Però simplement continuava somrient i assentint amb el cap, mentre les gotes de suor se li acumulaven entre cella i cella.

–Et trobes bé, oncle?

En Bob va preguntar si algú tenia cap pregunta. El Grup Expedicionari en ple es va girar cap a en Víctor. Ell es va limitar a mirar en direcció a en Manfred Bruch i va fer una rialla profunda i alegre com de rei de rondalla. Fins i tot el mateix iglú va deixar anar un sospir d'alleujament, us ho juro.

Poesia.

Al final, va ser així com va començar a desembullar-se.

L'endemà fèiem una barbacoa, de tornada a Camp Aurora, i sopàvem a la fresca: el termòmetre marcava trenta graus sota zero. Igual que el vostre, oi? Era la graellada més esplèndida a la qual havia anat mai (a part del vent tallant i la fortor de querosè), amb filets de salmó, xampany i broquetes de fruita fresca. Els clients de Pengwings estan acostumats als grans refinaments de la vida i, a més a més, estaven de vacances. O sigui que van menjar com si fossin a casa, tot i que segurament a un preu unes mil vegades més elevat.

«Vam desenterrar el cap del Christopher, però estava podrit.»

–Ara no, Titus. No tinc ganes de posar-me trista.

«Vam desenterrar el cap del Christopher, però estava podrit.»

–Calla, Titus, allò va ser llavors i això és ara. Quin mal hi ha a menjar gambes en conserva?

Per desgràcia, estava massa regirada per delectar-me en les gambes. En Jon va dir que trobar-se malament formava part del procés d'aclimatar-se a l'Antàrtida i que el Glaç era, de fet, el lloc més saludable de la Terra. Però igualment no era un bon moment perquè la senyora Pogsbaum digués: «Crec que ha arribat l'hora que el nostre membre més jove ens animi!» (Potser l'artritis la feia patir tant que va pensar que algú altre també havia de sofrir.)

–Sí, Sym, explica'ns alguna cosa personal! –va dir la Brenda, i ràpidament em va fer una fotografia.

–*Oui, bien sûr!* –va afegir Madame Dorment-sens-Pitrera. Segurament fins aquí arribava el seu francès. La seva casa número u és a Long Island.

L'oncle Víctor feia un somriure d'orella a orella, tot orgullós:

–No hi ha gran cosa que la Sym no sàpiga, d'aquest lloc. Més ben dit, no hi ha gran cosa que no s'hagués llegit sobre aquest lloc, abans de venir.

–Molt bé, noia! –va fer en Clough, dirigint una mirada maliciosa a en Víctor–. Demostra'ns el que saps.

Hi ha un esbós, fet vuitanta anys enrere: el fotògraf del capità Scott, saltant de panna de glaç en panna de glaç mentre les orques s'alcen de dins el mar provant de matarlo.

Així és com em sentia jo.

Aquesta gent se m'acostava com si fossin orques, bocabadats de tant somriure, afamats d'un tast de la meva estupidesa.

–Potser la Sym no en té ganes –va dir en Sigurd.

–Jo...

La senyora Adolphus se'm va acostar i em va passar un braç per la cintura, mig ajupida per mirar-me als ulls fixament. Després va dir a poc a poc i molt fort, com si parlés amb una criatura:

–Què és el que més t'agrada, reina? Quina és la teva afició més preferida de totes?

Em va irritar tant que vaig començar a arquejar el coll convulsivament i el cap em va pujar un bon tros.

–El Glaç –vaig dir–. És la meva afició –immediatament em van caure les gambes envasades i es van escampar damunt del gel, xiuxiuejant entre elles: «gambeta sense ous i sense nervi...»

–Auxili, Titus! Sóc la Sym, aquella rara desgraciada que funciona amb piles de rata sàvia.

«Això era allà. Ara som aquí –va dir en Titus–: Explica'ls perquè el mar és blau cobalt. Explica'ls que a en Ponting per poc no el van devorar les balenes. Explica'ls com Sackleton va disparar contra la gata del calafat. Explica'ls que aquí hi ha arbres que no creixen més de set mil·límetres i lleons encara més petits. Explica'ls com els vaixells s'orienten entre les banquises gràcies al reflex que projecten els camps de glaç sobre els núvols. Explica'ls aquella vegada que en Bill Wilson va veure nou sols al cel...»

–És un xic tímida –estava dient l'oncle Víctor, cosa bastant innecessària, realment, perquè ja havien passat dos minuts i jo encara havia d'obrir boca. La senyora Adolphus em va tustar el cap tristament i em va deixar estar, convençuda que era curteta. La senyora Pogsbaum es va fregar l'anca. La barbacoa va espetegar.

–Per l'aniversari de Scott –vaig dir– ell i els seus homes van menjar sopa de foca, xai rostit, gelea de grosella, macedònia de fruita, espàrrecs i xocolata. Bé, els espàrrecs amb la xocolata, suposo que no.

La companyia reunida em va mirar i es va clavar a riure, però no amb mala idea.

–Ah, sí, el capità Scott! –va dir el coronel Oliver i es va estudiar la ruta, recordant-se que Scott hi apareixia en algun punt.

–Van muntar un diari –vaig dir–. Durant l'hivern. Al refugi de Hut Point. Un d'ells va escriure aquest poema.

Madame Dorrenda Sens Perdó va engegar tot seguit la gravadora i em va escometre amb el micròfon.

–Es diu «El silenci de la Barrera» –vaig dir, i vaig tancar els ulls. Tornava a ser a la meva habitació, acostant-me a la prestatgeria del Glaç, i arrencava una pàgina d'entre els milers de pàgines que hi havia, comprimides entre l'armari i la paret...

«Aquest era el pensament que el silenci forjava
i que per dins ens cremava i glaçava:
malgrat que els secrets amagats són prohibits
fins que els vol revelar Déu,
podríem ser els homes per Déu escollits
per conèixer el cor de la Barrera de neu.»

–I per què aquest, Titus? De tots els versots dedicats a la neu que hi ha al món, per què m'has hagut de passar aquests? Si arribo a viure prou per arribar a la teva edat, no entendré mai per què m'has hagut de recitar aquest poema.

Vaig obrir els ulls i en Sigurd em va recompensar amb un somriure molt maco, ben bé com si ell sí que ho hagués entès. Tots els altres, però, miraven en Víctor, que es balancejava ara sobre un peu, ara sobre l'altre i brandava els punys agitadament, com si anés estirant una corda. S'havia tret la caputxa i entomava el vent amb el cap nu. I les llàgrimes li regalimaven cara avall.

Era culpa meva? L'havia portat a fer-li sentir un orgull incontenible per mi recordant una estrofa de sis versos? O de cop s'havia tornat a emocionar amb la tragèdia de Scott,

Titus i els altres? Encara m'ho preguntava quan de sobte va explotar:

–Per Déu, i és clar que ho som! Som nosaltres, aquests homes!

Em va semblar veure que en Manfred Bruch, darrere del grup, arrufava una mica les celles i es passava una mà per davant de la boca: un senyal que significava silenci. Però no crec que en Víctor el pogués veure entre les llàgrimes. De tota manera, el tap ja havia sortit i, com una ampolla decantada, hi havia algun secret a punt d'escapar-se-li de dins fins a l'última gota.

–No he vingut aquí en una excursioneta trivial, sabeu? No he vingut de vacances! Aquest viatge és el clímax, la culminació del treball de tota una vida! Us penseu que us heu llegit tots els llibres i que ho sabeu tot, sobre aquest lloc, però, perquè ho sapigueu, no sabeu res; no sabeu res de res!

L'avió que ens havia portat a l'excursió de la colònia dels pingüins es va enlairar i va desaparèixer. Les mirades el van seguir cap al final del cel. Malgrat el menjar i la graellada, la gent començava a sentir-se completament glaçada. Ningú no tenia ni idea de què parlava en Víctor. Jo inclosa.

–Oblideu-vos de Newton. Oblideu-vos de Galileu. Oblideu-vos de l'Stephen Hawking dels nassos. No enteneu de què va, això d'aquí, gent!

El periodista negre va fer una riallada com si bordés, imaginant-se, potser, una conspiració internacional de pingüins terroristes.

L'oncle Víctor el va assenyalar amb el dit de fer conferències.

–Durant quinze anys he dirigit la força d'una ment poderosa a demostrar-ho, d'una manera o d'una altra. I se m'ha presentat! La prova! Una revelació! Symmes tenia raó!

Vaig sentir que en Bob murmurava entre dents:

–Vint lliures que dirà que ha tingut contactes amb extraterrestres.

–O que ha trobat Jesús –va murmurar en Mike.

Els altres no miraven en Víctor sinó a mi, com si jo tingués la clau del misteri. Però jo només em podia limitar a mirar-los bocabadada, pensant: «No, si en Víctor hagués trobat Jesús, jo ho sabria.» Sentir dir el meu nom –alguna cosa semblant al meu nom– m'havia desconcertat completament.

–Ja ho veureu! Espereu-vos i ho veureu! Ja ho veureu, si tinc raó!

Sense adonar-se'n, tothom va fer un pas enrere, per allunyar-se d'aquell home que cridava i plorava, exultant de felicitat. Excepte en Manfred Bruch. Es va moure amb gràcia enmig de la cursa d'obstacles de fundes de càmera, bidons de fuel, fogó i taules per plantar-se davant d'en Víctor i tornar-li a col·locar la caputxa rivetada de pell cobrint-li bé el cap.

–És un home més valent que jo, senyor Briggs, per anar amb les orelles destapades amb aquest vent.

Em vaig fixar que no deixava anar la caputxa, sinó que tenia engrapada la pell als dos costats del cap d'en Víctor, i amb una estrebada acostava la cara de l'oncle a la seva. En Víctor es va quedar en silenci. El grup es va dissoldre molt de pressa. Les dones ens adreçaven mirades d'incomoditat i després se'n van anar cap a les tendes, la Cúpula de l'Oci, la tenda de la ràdio o el lavabo. Els homes van anar a buscar les restes del xampany, el whisky japonès o alguna cosa per menjar. Malgrat la immensa buidor que ens envoltava, era difícil escapar-se més de deu metres lluny l'un de l'altre.

En Manfred Bruch va portar l'oncle Víctor cap al Hagglund (una furgoneta grossa articulada amb tracció d'eruga) i es van ficar al furgó de darrere. En Sigurd em va ajudar a pujar darrere d'ells. Per dins era bastant semblant a una caravana d'alta tecnologia, decorada amb cables elèctrics, orelleres, cinturons de seguretat... i la teranyina enganxosa dels secrets no revelats.

–Et trobes bé, oncle? Em sap greu si... vols un mocador?

Però en Víctor ja havia acabat amb les llàgrimes. Les que encara li quedaven a les conques dels ulls se li havien congelat fent unes estranyes plaquetes de glaç que queien ràpidament: unes escates que li queien dels ulls. Tenia una expressió resolta a la cara.

–Perdó, Bruch. Disculpes. No sé per què m'he embalat.

–Teníem un acord, oi? Secretisme absolut. No volem que ens prenguin el premi just sota els nassos, oi? No volem que ens passi com al capità Scott, oi, desposseït del seu triomf? La veu d'en Bruch era d'una suavitat assossegadora. Amb les seves manyoples grosses de pell embolicava les d'en Víctor.

–Quina mena de festa sorpresa hi ha, amic meu, sense sorpresa?

–Però és que hi som tan a prop! I després la mossa, recitant els versos... M'ho ha fet veure amb tanta claredat! Som aquí. És ben bé això. No sap el que m'ha costat arribar fins aquí, Bruch.

–Oh, i tant que ho sé! Cregui'm! –ara era en Manfred qui s'aguantava el cap amb les dues mans, per contenir les emocions–. Després d'estudiar la seva obra i que la veritat es fes evident... em sentia tan ple d'emocions, estava tan desbordat amb l'alegria de la notícia, que vaig pensar de compartir aquest secret! Amb una única persona, havia de compartir aquest secret! I per això l'hi vaig esplicar a la meva dona. A la meva Anka!

–Sí, sí –va fer en Víctor, que era evident que tot això ja ho havia sentit (tot i que no em podia imaginar com).

L'expressió d'en Manfred li retreia la seva insensibilitat.

–Se n'ha anat –va dir, amb els ulls blaus esbatanats per

la commoció de recordar-ho–. L'hem perdut per sempre, en Sigurd i jo. Diu que estic boig i ens deixa.

En Sigurd va girar la cara i va mirar per la finestra. En Manfred se li va acostar i va agafar-lo per l'espatlla, disculpant-se sense paraules per haver provocat que la mare se n'anés. Després, recuperant-se, va dir suaument i amb amargor:

–Descobreixi-ho vostè mateix, si vol, benvolgut Víctor. Surti ara i expliqui'ls el secret! Ja veurà com se li'n riuen a la cara.

En Víctor es va esgarrifar visiblement davant de la idea.

–No cal dir res més.

–No tingui cap por, amic meu. Aviat ens felicitaran, aquests cagadubtes. Però fins aleshores, no ho digui a ningú. Això és crucial. No ho digui a ningú.

En vam asseure, tots quatre, boteruts com ninots de Michelin amb els nostres vestits d'esquí, les caputxes i els guants, mentre el vent sacsejava el furgó.

No tenia intenció de ficar-me en els seus problemes, però vaig haver de preguntar:

–I jo hi estic implicada?

8 *Mons dins d'altres mons*

EL MÓN és buit. És un os dur de rosegar.

Com trencar un ou i trobar-se que a dins no hi ha res. O tot un elefant ja fet. Sembla que en John Cleeves Symmes ja ho tenia tot aclarit en el seu magí fa cent quaranta anys: el planeta Terra no és sòlid, és una esfera buida. I a dins hi ha un conjunt d'esferes menors, unes ficades dins les altres. I hi ha uns forats a dalt i a baix perquè hi entri la llum del dia...

És com si et badessis el crani i a dins t'hi trobessis una sèrie de cranis cada vegada més petits. Només d'intentar pensar-ho ja se t'encongeix el cervell!

Quan era petita tenia una nina russa de fusta. S'obria girant-la per la cintura, i de dins te'n sortia una altra. I a dins d'aquella, una altra. I a dins d'aquesta... El pare les escampava damunt de la moqueta, les parts de dalt i les parts de baix, totes barrejades, les grans i les petites, i jo les havia de tornar a muntar. Al final el gos va agafar i es va empassar la més petitona, la menuda: a mi era la que més m'agradava. I les altres van quedar tan abonyegades que ja no encaixaven ni es podien posar les unes dins les altres. Per molta força que fessis. L'únic que se'n va poder fer va ser llençar-les al foc. La pintura es va reinflar, me'n recordo: cinc cares que es pelaven...

Estic segura que en Víctor té raó. No et passes quinze anys estudiant una cosa i després t'equivoques. Si ets l'oncle Víctor, no, que no ho fas. Ell és un geni, amb un coeficient d'intel·ligència de 184.

I no era com si negués tota la ciència i la geografia: els seus mètodes per localitzar el forat del sud de Symmes havien estat d'allò més científics.

–Dues plaques tectòniques van topar una mica més enllà. L'Antàrtida oriental, l'Antàrtida occidental. Així va ser com vaig anar limitant la recerca, entens? El forat de Symmes ha de ser en algun punt d'aquell filó! I l'escorça terrestre és més prima per aquesta zona que enlloc! És un fet ben conegut! O sigui que ha de ser per aquí a prop, el forat de Symmes! Suposo que això sí que ho veus, oi? Ara no fem que el senyor Bruch s'endugui la impressió que ets curta!

Va dir el nom tants cops com va poder: el forat de Symmes. Després de quinze anys de silenci autoimposat, l'assaboria com una hòstia consagrada que enriquia la seva ànima mentre se li fonia a la llengua. Intentava imaginar-me com s'escrivia, aquest lloc que tenia el meu nom. El forat de Symmes.

–Hi ha alguna pregunta?

Jo en tenia un munt: com per què no havia pensat mai a explicar-m'ho, no ho havia dit mai a la seva «aprenenta», a la seva «mà dreta», a la seva companya de viatge, tot això de John Cleeves Symmes o de la seva recerca per trobar el forat del sud. Però no vaig dir res. Suposo que se'n devia voler assegurar (volia tenir tots els detalls lligats) per esperar la prova que només li podien donar –i donar-nos– els seus ulls.

–El teu oncle és un home molt brillant –va dir en Manfred Bruch inclinant-se cap a mi des de l'altre costat del furgó–. Veritablement. Un geni.

–Sí, ja ho sé.

–Serà un honor, per a mi, filmar la culminació de l'obra de la seva vida.

Era sorprenent pensar que aquest víking amb cabellera

de lleó, barres anguloses i perfil noble estava francament embadalit amb un home de Yorkshire que té preferència per les camises de dormir i durant anys ha col·leccionat els pinyols de les taronges que es menjava dins d'una capsa de galetes de llauna que guardava sota el llit.

De manera que no em podia figurar per què em sentia tan baixa de moral. A veure si no era millor ser aquí fent la descoberta del mil·lenni que ficada en alguna sortida improvisada i sense solta ni volta? Devia ser l'impacte, suposo.

–Ho sap, la mare?

–Ho pots repetir?

No. Segur que no ho sabia. Devia ser el nostre petit secret, vaig suposar. Bé, tan petit tampoc, en realitat. De fet era el secret més gran de tota la història de la història.

Però de poc servia negar els fets. Jo no sóc curta i l'escorça de la terra per aquests verals és prima. Aquí van topar dues plaques tectòniques, que van deixar petites perforacions: PER OBRIR ESTIREU AQUÍ. En algun lloc prop del pol nord i en algun lloc prop d'aquí, també, hi ha portals de la Terra que s'obren a un laberint subterrani: mons dins d'altres mons. En algun lloc prop d'aquí (en algun punt de la Barrera o dalt del mateix altiplà polar) hi ha un punt geogràfic tou, com aquell forat que hi ha al cap d'una criatura acabada de néixer. Aviat hi clavaríem els polzes i obriríem el secret pitjant fent força.

–Com és que encara no l'ha trobat ningú, oncle?

–Oh, però i tant que ho han fet, noia! Una bona colla! Pensa en tots els homes que han desaparegut prop dels pols! Al nord i al sud. No morts, no homes que van sucumbir i els van enviar rígids cap a casa, no: desapareguts! Hudson i el seu fill, per anomenar algú! Desapareguts! Com?! Tu n'has llegit prou coses, mossa! Et vaig comprar tots els llibres, oi? Tal com ho veig jo, es van perdre; va anar a parar als forats. Van trobar la manera de ficar-s'hi i es van trobar amb els de dins... El que passa és que no van poder tornar per explicar-ho, vet-ho aquí! Franklin! Un altre! Oates, per posar-ne un altre cas!

–Oates?

–Engega la matèria grisa, Sym. L'ajudant del capità Scott! Titus Oates!

Van remenar cel i terra per trobar el seu cos, oi que sí? Amb una pinta espessa, com si diguéssim. No van trobar res. I això en un lloc on podries trobar un esquí sis mesos després de perdre'l! No m'ho he empassat mai!

Jo vaig buscar i rebuscar dintre el meu cap, però tampoc no hi vaig trobar res; res, ni ningú. Només una sèrie d'esferes ficades una dins de l'altra que giravoltaven com giroscopis. Era una cosa molt grossa d'assimilar. Una cavitat en la immensitat de l'Antàrtida? Un refugi on els extraviats i els moribunds trobaven socors en les profunditats de llocs obscurs?

És una cosa molt grossa de pair.

Un lloc amb el meu nom.

L'entrada a un planeta buit.

Mons dins d'altres mons.

I habitats.

Però si ho diu l'oncle Víctor deu ser veritat. Oi que ho deu ser?

9 *Corona solar*

SI HO DIU l'oncle Víctor, ha de ser veritat.

I a més a més, en Manfred Bruch en tenia proves.

S'havia trobat amb l'oncle Víctor a través d'un lloc d'Internet anomenat Pensamentlliure.com i ràpidament havia quedat convençut pels arguments d'en Víctor. Com que era director de cinema, el seu principal desig era filmar la descoberta del forat de Symmes i totes les meravelles espectaculars que revelés l'interior. La fama no tenia cap interès per a ell. («En la meva feina la veig, aquesta 'fama'. A mi no em diu res».) Però el desig de copsar la descoberta en imatges s'havia convertit en la seva única ambició.

Havia hipotecat la casa, cobrat assegurances, anul·lat projectes de pel·lícules, perdut la dona, tot pel progrés de la veritat; i durant tot aquest temps insistint a en Víctor que el deixés col·laborar en la recerca. Com podien trobar les coordenades precises? Els punts exactes a cada extrem de la Terra s'acaben allà on es troben els forats. La posició precisa per on els portals oberts deixaven entrar la llum del sol obliquament i il·luminaven els engranatges del món.

–Primer hi va haver aquell dinosaure; sencer i complet. Ho vas veure a les notícies, oi? Ara fa dos anys, sí? Després el teu oncle va trobar el fòssil –va dir en Manfred.

–Vostè m'hi va encarrilar –va dir en Víctor generosament–. Estava en baixa forma, després d'Islàndia. M'estava desanimant. Hi havia imbècils que m'estaven atabalant. I aleshores vaig entrar en contacte amb en Bruch, aquí present, i les coses es van començar a encarrilar. Tal com diu ell, després que trobessin aquell dinosaure, un dinosaure sencer i intacte, eh, Bruch? I hi va haver un debat al fòrum de Pensamentlliure. Sabia que era rellevant. Els ho vaig dir: tard o d'hora hi haurà alguna troballa encara millor, senyors! Tard o d'hora hi ha haurà un fòssil que serà la prova que hi ha una VIDA INTERIOR! Jo m'estava clavant cops de cap contra una paret, per això... fins que en Bruch s'hi va inscriure. Va veure d'on venia jo. Li vaig dir, tard o d'hora hi haurà troballes de fòssils prop dels portals, que en seran la prova. Trobaran espècies subterrànies desconegudes a la superfície... Fòssils dels DE DINS! Oi que ho vaig dir, Bruch? Que un fòssil seria la primera prova física? I ho va ser! En Bruch el va trobar. Li vaig dir que havia d'existir i, ai carai!, ja ho crec que el va trobar! Un fòssil mamiferoide! A l'eBay. Un turista xinès el va trobar a l'est de les Valls Seques. No tenia ni idea del que havia arreplegat. I va anunciar per Internet que el volia vendre! I vostè es va encarregar de fer-me traduir tot aquell galimaties oriental, oi que sí, Bruch?

–Jo no em puc permetre comprar-me un tresor semblant –va intervenir en Bruch– però el teu oncle...

–Quin cop d'efecte! Quina cosa de posseir! Vaja! Mai no entendré per què no se'l va quedar alguna rata de museu –es va inclinar cap a mi, ensenyant-me el palmell de la mà, dibuixant-hi suaument amb l'index.

–Una mà, Sym! El fòssil de la mà d'un primat! El vaig comprar! El tinc! No s'assembla a res del que s'hagi trobat fins ara! I al costat oriental del filó, justament! Tots els altres jaciments de fòssils són al costat occidental. Només hi ha una explicació! Ha d'haver sortit d'allà, a baix! Ha d'haver vingut de dins!

Em vaig estudiar el seu palmell tremolós, imaginant-me una mà de mida de criatureta.

–A l'eBay –vaig dir. Mai no me l'havia ensenyada, aquesta possessió seva més preuada.

Eren un parell de companys entusiastes, en Manfred i ell. Com dos aficionats als trens o dos fans del futbol, s'animaven amb les memòries compartides dels triomfs, els contratemps i els cops de sort.

–En Bruch té un col·lega a la NASA –va dir en Víctor.

–Vaig estudiar fotografia, a la universitat, amb aquest home quan era jove –va explicar en Manfred–. Vaig poder mirar dissimuladament fotografies de satèl·lit del Glaç. Material a gran escala.

I va afegir:

–El teu fantàstic oncle em diu on he de mirar... I jo miro... I ho trobo! El forat de Symmes –tenia els ulls blaus oberts de bat a bat, amb unes pestanyes tan rosses que eren gairebé invisibles. Mentre parlava, es passava les mans pels cabells jaspiats rossos i grisos, i passejava la mirada entre nosaltres com si repartís cartes d'un joc d'atzar del qual depengués una fortuna.

En Sigurd, mentrestant, s'entretenia obrint i tancant amb un dit una baga de Velcro de la seva granota d'esquí, sense parar.

–Doncs vinga, a veure –va dir en Víctor amb el seu accent de Yorkshire més directe i despreocupat, però tenia un puny molt tancat engrapant els fermalls de la caputxa: era un home que practicava la caiguda lliure, a punt d'estirar el cordó d'obertura del paracaigudes; a punt de veure la seva salvació.

–A veure aquesta foto, Bruch, vinga. I les coordenades.

El víking es va descordar la granota i va treure una fotografia, que va deixar de cap per avall damunt la taula sota el palmell de la seva mà. En Víctor es va inclinar cap endavant i es va sentir com la cremallera gratava el cantell de la taula: una fotografia, presa des de l'espai, del forat de Symmes.

–Estimat amic –va dir en Bruch en veu baixa–. Si alguna

persona em troba amb una fotografia com aquesta és... com se diu; s'ha acabat tot per a mi. I amb el meu amic espia de la NASA també. O sigui que, sisplau...

–Sí, sí –va fer en Víctor amb irritació, col·locant-se les potes de filferro tou de les ulleres darrere de les orelles–. A qui ho he d'anar a explicar?

Aleshores el vam veure: un mosaic confús de quadrets de píxel que mostrava un cràter o un vòrtex. Era negre al centre, semblava un remolí giravoltant, una Caribdis cargolant-se en si mateixa dins d'una fossa fosca i terrorífica.

–Aquí teniu el forat de Symmes –va dir en Manfred cerimoniosament. A l'oncle Víctor se li van omplir els ulls de llàgrimes. En veure-ho, a mi em va passar el mateix. Fins i tot en Sigurd, que havia estat girant la cara des del moment en què va sentit anomenar la seva mare, es mirava fixament la fotografia.

En Víctor va provar d'aixecar-la, gratant amb les ungles les vores retallades i provant de fer-la lliscar cap a ell des de l'altra banda de la taula.

–On són les referències de la quadrícula? Que aquestes coses no... Em va dir que hi havia uns números!

En Bruch es va regirar la butxaca del pit i en va treure un paper doblegat, petit com el paperet amb el codi secret d'un compte bancari. També el va clavar damunt la taula posant-hi la mà plana al damunt.

–Les coordenades.

Quan en Víctor va allargar la mà per tocar la solució a l'obra de tota la seva vida, els dos homes es van fregar amb els dits. Es van quedar quiets uns instants, com enamorats castos, amb les mans encreuades.

–Una petita qüestió –va dir en Bruch, amb el cap lleoní erecte i regi–. Em sap greu esmentar-ho, però... i els diners?

Manfred Bruch havia desmuntat la idea que ho donava tot per provar l'existència del portal de Symmes. No demanava que li atribuïssin els mèrits. No demanava que anomenessin aquell lloc en honor seu, que els historiadors escrivissin el seu nom correctament. L'únic que demanava a canvi era un préstec per poder finançar la seva pel·lícula.

Li tornaré els diners multiplicats per mil quan s'estreni la pel·lícula –va dir en Manfred.

L'oncle Víctor feia una cara de vagament avorrit de sentir parlar de diners. (Jo no. Em va recordar la mare plorant al despatx del director del banc mentre ell anava ficant mill entremig dels barrots de la gàbia del seu periquito.)

–Som-hi doncs. Deixem enllestida la qüestió dels diners.

Es va treure una lletra de canvi, gairebé tan doblegada com un avió de paper, de manera que no vaig veure el que li costava: aquell codi, aquella contrasenya, aquella combinació de caixa forta, aquella fórmula secreta, aquella clau del forat de Symmes.

–I així, quan hi anirem? –vaig preguntar.

–De seguida que arribi l'equip de filmació –va dir en Manfred–. Dijous? –Es va mostrar d'allò més calmat, d'allò més contingut, d'allò més eslau, mentre es ficava la lletra del banc en una butxaca del pit.

La porta es va obrir. Era en Jon que ens venia a dir que no ens fiquéssim dins del Hagglund –ni tan sols al furgó de darrere– sense demanar permís. (Encara ens confonia amb simples turistes, enteneu?)

En Manfred va aixecar les mans per fer-li veure que ja estàvem a punt de marxar. El paperet on hi havia apuntades les coordenades va aixecar el vol amb el corrent d'aire que havia entrat per la porta oberta i se'n va anar aire amunt. Els guants d'en Víctor, balancejant-se, em van picar a la cara mentre ell em passava pel costat bruscament, fent gestos per agafar el retalló blanc. Va anar planant fins al terra del furgó i es va acostar rodolant al llindar de la porta cap a la nuesa antàrtica de més enllà. Després es va quedar atrapat sota la vora de la bota d'en Jon. En Víctor, boterut dins del vestit d'esquí, es va posar de quatre grapes i feia esforços per pescar-lo, i ventant patacades a la punta de la bota d'en Jon. Va agafar el paperet; movia els llavis mentre llegia les coordenades, les memoritzava i es ficava el bocí de paper a la butxaca.

En Manfred no s'havia mogut del seient en tota aquella estona. Ara es mirava en Víctor, que estava de quatre grapes, i em va semblar (només per un segon de res) que l'arc de la seva cella mostrava acontentament; com si fins i tot un planeta ou de pasqua ple de mons de confit d'ametlla no es meresqués la indignitat de posar-se de quatre grapes.

Ningú es trobava gaire bé. El grup d'expedicionaris de Pengwings en ple havia perdut el color de manera evident. En Jon ja ens havia advertit prou sovint que potser ens trobaríem piocs durant un temps, però la gent estava molt molesta de veure fins a quin punt de piocs es referia. El periodista americà, per exemple, feia unes vomitades molt aparatoses a qualsevol lloc i pertot arreu.

Tenia el personal fastiguejat. No ho podien dir, naturalment, perquè l'home havia pagat un munt de diners per anar allà, però era evident que n'estaven tips. Ja era prou empipador haver d'empaquetar el contingut del vàter i emportar-se'l a l'Amèrica del Sud, que només faltava haver de fer un paquet amb el contingut de l'estómac del periodista. I de la senyora Adolphus. I d'en Clough.

El senyor Pogsbaum, d'altra banda, es queixava que ja era prou martiri haver de compartir la tenda, haver de prescindir d'un llit com cal i haver de beure whisky japonès, com per acabar-ho d'adobar anant fluix de ventre. Madame Dormissons-Pelmètre havia perdut la Musa creativa, foragitada per un mal de cap permanent, i no podia continuar la novel·la.

En Jon seguia insistint que els nostres cossos aviat s'hi adaptarien, i aleshores ell també es va posar malalt i va reconèixer que allò no era ben bé el que volia dir quan parlava d'adaptació. La Hue Fah, amoïnada per l'estat de salut del seu marit, va començar a preguntar, amb el seu xiuxiueig suau: «Què passaria si... si passés alguna cosa?»

En Mike estava animat, ple de confiança. Els bacteris no podien sobreviure allà, o sigui que no podia ser un virus. Allà, fins i tot el refredat comú el fa fora aquell fred tan poc comú. (Es veu que l'Antàrtida és més lliure de microbis que el nostre vàter dels convidats, que cap convidat no fa servir.) A més, el doctor Hugh era metge resident; per tant, estava més acostumat a tractar fractures d'ossos, insomni i casos de congelació menors, és cert, però estava perfectament qualificat per tractar la nàusea, la diarrea i els mals de cap.

–El doctor Hugh es troba bastant malament en aquests moments, però està perfectament qualificat... –va dir en Mike.

Fins i tot des del seu llit, convalescent, el doctor Hugh podia fer un diagnòstic. Què podia ser sinó una intoxicació alimentària? Els d'Alaska van començar a murmurar que volien que els tornessin els diners. El senyor Pogsbaum va dir que tant per tant se'n podria haver anat a Bali, si volia agafar una intoxicació. El coronel Oliver va recordar haver vist com morien homes per haver menjat marisc en mal estat a Bombai. Madame Boomerang-CentPeus ens va entretenir amb una història de Cèsar August, enverinat amb les figues de la seva figuera, perquè la seva dona les havia pintat amb verí. No em va semblar que servís gaire per animar, allò.

Jo, però, estava fresca com una rosa. No dormia gaire millor que els altres, el meu cervell estava destarotat amb la llum perpètua. Però no em trobava malament. I a mi no em feia res no dormir. Mai no m'ha fet res no dormir. Era una oportunitat de voltar pel campament sense que em molestessin, arrossegant el Gran Secret com si fos un trineu mal carregat. Era una oportunitat per pensar.

Però una cosa la tenia claríssima. I aquesta cosa, aquesta cosa concreta, no parava de burxar-me el cervell. «Ho he d'explicar a la mare.» Abans que emprenguéssim el camí per passar a la història, abans que topéssim amb l'alienígena subterrani i el seu gos alienígena, *Spot*; abans que ens aventuréssim a anar on cap home no havia anat mai (tret, potser, d'en Titus); abans que entréssim al submón d'Odisseu i Enees, «ho he d'explicar a la mare». Estic segura que a Odisseu i a Enees no els va passar mai pel cap, però tampoc no tenien catorze anys. En Víctor em va dir que ho havia explicat tot a la mare quan li va enviar un missatge per correu electrònic (o hi va trucar?) des de París. Però i si només li havia dit «l'Antàrtida»? O que ens n'anàvem al sud un parell de setmanetes? Quedar-se uns quants dies més a França era una cosa. Anar al sud era comprensible. Fins i tot anar a l'Antàrtida era perdonable. Però esmunyir-se per la porta d'un planeta buit i penetrar en un món desconegut no era una cosa per mantenir en secret per la teva mare. Ni tampoc era material per escriure'n postals:

M'ho estic passant bomba.
Voldria que també fossis aquí.
Avui hem reescrit la ciència.
I la història.
Ens hem topat amb un monstre subterrani i uns quants exploradors morts.
Espero que et vagi tot bé.
Aquí continua fent frescota.
Petons, ...

Vaig mirar a la llunyania fins que em van fer mal els ulls: provava de distingir formes blanques en un fons blanc; buscava l'aparició de l'autèntica foscor en un país on la nit s'amaga durant tot l'estiu. Després em vaig estirar d'esquena i em vaig posar a mirar un cel rosat. Les corones solars esquitxaven el rosa, com si Déu hagués esquinçat un arc de Sant Martí i hagués escampat els bocins al vent. A prop hi havia una gruta de glaç en forma de violoncel gegant, amb cordes de caramells lluents; l'interior canviava contínuament de color mentre la posta de sol mandrejava i mandrejava. Fins i tot la mare hauria hagut de reconèixer que aquestes coses valen un milió de lliures per cada aclucada d'ulls... Però ella no les veuria mai. Ni el director de l'agència del banc tampoc. No sols li havíem negat tot això enredant-la, a la mare, sinó que no hi hauria –no hi podia haver– ni un cèntim per alleujar-la de les seves preocupacions econòmiques quan tornéssim a casa. Com s'ho havia fet l'oncle Víctor per esgarrapar tants diners? I no hauria pogut donar uns quants diners a la mare per al lloguer abans d'accedir a finançar una pel·lícula?

–No em puc permetre el luxe de disgustar tant la mare, Titus. A ella també, no.

«Per l'experiència que tinc amb les mares, em sembla que puc afirmar que...»

Però abans que l'home que tenia al cap em pogués tranquil·litzar, em vaig trobar en Sigurd Bruch davant.

–Arcs de Sant Martí! A les dues de la matinada! –va dir.

–Creus que és veritat, Sigurd? –li vaig preguntar; cosa realment estranya, perquè fins aquell precís moment no n'havia tingut el més mínim dubte.

–És veritat –va dir en Sigurd amb aplom–. Sense cap dubte. El teu oncle és un home molt brillant. És un geni.

La seva fe em va fer avergonyir.

–Però per què s'ha de portar com un gran secret? Per què

no ho podem explicar a en Jon i a tots els altres? I tampoc no hi podrem arribar sense la seva ajuda, oi que no?

Se'm va asseure al costat, repenjant-se a les mans enguantades.

–Quan aquest secret es destapi, tothom vindrà! Amb càmeres i amb armes. Els exèrcits hi posaran una tanca al voltant i diran «Top Secret». El americans diran que ells en són els amos, o vés a saber què!, potser ho bombardejaran: pfxxxxnyeeeu! Després hi haurà guerra per decidir qui és el rei del soterrani. Les Nacions Unides diran: «No ho ha de saber ningú: hi haurà un gran pànic. Que no hi entrin les càmeres. Que no hi entri la gent corrent. Tanquem els forats.» És silenci absolut. Però nosaltres... ho diem a tothom! Els ho fem veure amb els propis ulls! La nostra pel·lícula posarà *El senyor dels anells* a l'alçada del Mickey Mouse. Fins que no arribi l'equip de rodatge no ho hem de dir a ningú, oi?

Hi vaig rumiar. Tenia sentit. Però no va canviar la meva decisió de dir-ho a la mare. O sigui que també ho vaig confessar. (Em va fer sentir una mica incòmoda parlar de mares, quan s'acabava de separar de la seva, i ell va semblar que tingués moltes esgarrifances quan ho vaig dir.)

–Li he de telefonar, Sigurd. Em sembla el més oportú. Potser serà perillós.

En Sigurd es va estar una estona callat. Després va dir, amb la seva cantarella escandinava:

–Tu expliques a la teva mare totes les coses? Sempre?

–Es pensa que sóc... No sé si sap que sóc...

–Li dius tots els teus secrets? Quan coneixes un noi? Segur que no!

–Però és que no...

Es va decantar cap a mi doblegant el colze i em va mirar als ulls; l'única part de la cara que se'm veia, perquè portava els cordons de la caputxa tibats al màxim. Els seus ulls eren molt blaus, blavíssims, amb un voraviu gris al voltant de l'iris.

–Li parles de mi? Segur que no!

–Oi que volies anar amb moto de neu? –vaig dir de cop i volta i em vaig incorporar bruscament–. Anem amb moto.

–A les dues de la matinada?

–Per què no? Encara és de dia.

I això és el que vam fer. En Sigurd conduïa i jo anava de paquet; vorejàvem les tendes, fèiem xiular la neu lleugera, serpentejàvem entre les banderoles de seguretat i després vam sortir disparats cap al zastrugui. Damunt de les ondulacions de la duna, dures com el ciment, la màquina s'encabritava i trontollava, es ficava de morro a les parts fondes i en sortia a batzegades i s'enlairava a la cresta. Aleshores el motor feia un xiscle d'excitació, i nosaltres també. Jo vaig haver d'estrènyer amb els braços la cintura d'en Sigurd i agafar-m'hi amb totes les forces, perquè el seient s'aixecava i es tornava a abaixar clavant una patacada.

Els cascs ens petaven l'un contra l'altre. Els cabells se'ns enredaven amb les tanques de Velcro, les cremalleres i les sivelles de l'altre.

De tornada, vam veure el personal del camp, tots plantats davant les tendes, fent-nos gestos perquè hi anéssim, però en Sigurd va virar fent un arc molt ample i va fer que entréssim per la pista d'aterratge. Les bandes de conducció van fregar esgarrifosament damunt del gel blau, després van perdre adherència i vinga a fer tombs i més tombs, descontrolats, lliscant, patinant, giravoltant, xisclant.

Va ser sensacional.

Després que en Jon i en Vicenzo ens clavessin una bronca i abans d'anar-nos-en a les respectives tendes, en Sigurd em va mirar fixament als ulls. Els rínxols daurats li feien una corona solar al voltant del cap.

–Recorda-ho, Sym, el teu oncle és un home molt brillant.

Després em va fer un petó a la boca i em va tornar a dir que no ho digués a la meva mare.

Allò del petó?

Allò del forat de Symmes?

No ho sé: veia les dues coses borroses.

I no podia dir a en Titus allò del petó. Per alguna raó aquella nit no hi era. O em vaig descuidar de buscar-lo. És una llàstima. Li hauria pogut preguntar si era veritat que, en comptes d'anar a buscar la mort de quatre grapes, havia trobat el forat de Symmes. Però és clar, com m'ho podria haver dit?

En Titus mai no em diu res que, en el fons del cor, jo ja no sàpiga.

Al final vaig deixar per a massa tard trucar a la mare des de la ràdio del campament. L'endemà al matí ja no funcionava. En Bob va dir que feia l'efecte que algú hi havia abocat un got de whisky japonès pel damunt i que el whisky s'hagués escolat per darrere cap al circuit. Es van sentir una bona colla d'expressions d'hostilitat envers la persona que ho havia fet, però ningú en va reconèixer l'autoria. Vaig pensar de demanar a Madame Dormière-St.Pierre o en Jon si em deixarien fer servir els seus telèfons per satèl·lit tan sofisticats, però l'oncle Víctor diu que mai no s'han de demanar favors als desconeguts perquè això et col·loca en una posició d'obligació respecte d'ells.

Però és que igualment sóc massa tímida.

10 *Un lleuger canvi de pla*

HOLA, NIKKI!

Al final no sóc a París, ja ho deus haver endevinat per la foto del pingüí que hi ha a l'altra cara. L'Antàrtida, eh? Potser fins i tot la Maxine quedarà glaçada! L'oncle V. està fent una descoberta científica i volia que l'acompanyés. Segurament en sentiràs a parlar abans que torni. Els pingüins fan una pudor horrorosa, i els óssos marins encara pitjor. Tota la resta és massa grossa per ficar-la aquí; els icebergs, el cel, les glaceres. Tot menys la gent. Ahir a la nit vaig anar amb moto de neu amb en Sigurd, que té 16 anys i porta els cabells llargs. Fins i tot la Maxine voldria etc., etc. El seu pare està filmant la descoberta d'en V. Si em moro et miraràs la pel·lícula, eh que sí? I vés a veure la mare. Deu estar escandalosament fastiguejada.

Petonets,

Sym

Hi ha segells de correus de l'Antàrtida. No hi ha ni bústies ni carters, però hi ha segells. (Crec que el disseny hauria de ser neu blanca damunt d'un fons blanc, envoltat de perforacions blanques: posaria a prova l'enginy dels filatelistes.) En Jon va repartir postals gratis i ens va animar a tenir-les a punt per a l'avioneta setmanal: una demostració per als nostres amics que havíem estat de debò al final de la Terra. I jo vaig escriure a la mare i a la Nikki. Les postals trigarien setmanes a arribar a casa, però servirien de prova. De mentides, ni paraula.

Estava dins el sac de dormir, mig incorporada, abans de l'albada (si l'albada existís, que no), pensant que tothom del meu voltant encara dormia. Aleshores vaig sentir soroll de plors a fora; no uns laments esgarrifosos, sinó com uns sanglots ofegats. Vaig passejar la mirada per la tenda de les dones i, sí senyora, Madame Dormière-St.Pierre havia sortit a fora.

Era al vàter (un tancat en forma de G sense teulada) i semblava una persona empresonada al centre d'un laberint, desesperada per sortir. Si passes del metre i mig, el cap et surt per damunt de la paret mentre estàs al vàter, o sigui que li veia la punta de la gorra banyuda balancejant-se amunt i avall. No tenia cap intenció de molestar-la, però ella em va veure dreta allà i va fer un esgarip: «Ai, reina!» amb tanta desesperació que hi vaig entrar. Ja havia acabat de fer servir el vàter, però la cremallera de la granota d'esquí se li havia encallat amb la roba que portava a sota. Em vaig ajupir per provar de desencallar-la i ella continuava plorant desconsoladament. Els llagrimots em degotaven a les mans.

–No hauria de plorar, de veritat –vaig dir-li–. Se li poden congelar els ulls.

–Ai, és aquest lloc, reina! És aquest lloc! Et buida a cullerades, com si diguéssim. Com la carn del cranc de dins la closca! Et fa sentir tan petita, oi que sí?

–Com diu?

–Et fa sentir tan petita, tan insignificant. Jo sóc bona. Vull dir, en la meva feina. No em malinterpretis, però sóc boníssima. Vaig guanyar vuitanta-set mil lliures amb el meu últim llibre, i tot en un any! Però aquí? No sóc res. No sóc ningú. Un gra de sorra a l'Himàlaia. Em moriré aviat. Vist i no vist. I les botigues! On són les botigues?

–Esperava trobar-hi botigues, aquí?

–No! Que et penses que sóc burra? Quan sóc a casa, a Florida, et penses que enyoro les botigues de Nova York? És clar que no! Que penso: «I els meus amics? Vull tornar a veure els meus amics!»? I la meva mare? Si no ens podem ni veure! Però aquí! Aquest lloc fa que m'enyori de tot i de tothom com si m'hagués de tornar ximple si no els veig ara mateix.

–Doncs per què no els telefona? Jo ho faria, si tingués un telèfon guapíssim com...

–Justament, per això, reina! He perdut el telèfon! El devia deixar en algun lloc per fer una fotografia, o potser en aquella barca de les balenes! I el telèfon del campament està espatllat! Imagina't que et trobessis aquí i no ho sabés ningú i no poguessis trucar a ningú... –continuava asseguda allà, en aquell vàter portàtil, enyorant Manhattan i els seus amics: –Ai, Déu meu, el que donaria per un arbre! –plorant a llàgrima viva, i els picarols del seu barret dringant rabiosament. I aleshores la vaig abraçar, perquè no se m'acudia altra cosa, i ella va repenjar el cap a la meva espatlla i em va untar amb maquillatge l'anorac blanc de neoprè, i em va dir que a partir d'aleshores li digués Mimi.

–A tu no sembla que t'afecti de la mateixa manera, reina.

–Sap que aquí hi ha uns éssers com de molsa anomenats lleons perquè són el màxim de grans que pot fer-se aquí la natura? Fan deu mil·límetres d'alçada.

–Em porten avantatge, reina. Jo m'estic encongint per moments des que vaig fotre els peus aquí –va dir la Mimi.

–Doncs se n'hauria de tornar cap a casa. Amb l'avió. Demà.

Em va llançar una mirada de desesperat descrèdit.

–Vols dir? Vols dir que puc? Figurava que m'havia d'estar aquí tres setmanes!

–Un avió ben espaiós i buit. Qui l'hi ha d'impedir?

Hauríeu dit que l'acabava de rescatar personalment del corredor de la mort.

–I em sembla que no serà l'única. Hi ha molta gent que està feta una misèria.

Em va acariciar la pell de la vora de la caputxa amb un índex tremolós.

–Tu no, per això.

Vaig fer que no amb el cap. No em va semblar que fos el moment de començar a donar explicacions.

–És guapet, aquest Sigurd.

–Ah, no volia dir que...

–Ho sabies?, el seu pare té previst fer una pel·lícula del meu últim llibre: *Les sabatilles carmí*. Col·laborarem, tots dos junts. Eh, et puc convidar durant el rodatge! Podràs estar amb el rosset. En Manfred també està bo, no ho trobes? –es va posar a riure com una nena.

Vaig fer anar amunt i avall la cremallera arreglada unes quantes vegades, i la Mimi em va fer un petó al front amb els seus llavis brillants de protector labial.

–Aquest Sigurd va de cap per tu, nena.

–Ui, em sembla que...

–Tu assegura't que us veieu en un lloc amb un clima més agradable, la propera vegada. Aquesta nevera refreda l'ardor de qualsevol mascle.

–M'ENCANTA! –vaig dir, amb més entusiasme del que pretenia.

La Mimi es va tirar enrere i després va brandar el cap, amb incredulitat.

–I no et fa sentir insignificant com un granet de terra?

Té raó.

Aquest lloc et buida per dins. Com la carn d'un cranc. Com una gamba fora de la closca. Com les llàgrimes poades del fons dels pulmons. Com les rialles sortides dels genolls. Però com que amb les paraules no hi tinc gaire traça, només vaig poder dir:

–Aquí em sento més gran.

Però com que m'abraçava per donar-me les gràcies per

haver-li arreglat la cremallera, li vaig ficar les postals a la butxaca del darrere de la seva granota d'esquí.

–Per cert, aquell periodista americà tan simpàtic té un telèfon per satèl·lit, em sembla. I en Jon també. Els el pot demanar demà.

–És veritat, Titus? Creus que aquest lloc és prou màgic? Creus que podria créixer per dins? I tornar a casa nova? Més gran?

«La gent canvia», va dir en Titus amb aire cansat. «Mira'm.»

–Tu no, Titus. Precisament tu no, aquest és el cas. Sempre sé com seràs.

Va arronsar les cames fins a tenir els genolls a tocar de la barbeta; els ulls li feien espurnes a la llum de la llanterna, rient-se de mi.

«A vegades m'espanto de veure com he arribat a canviar d'ençà que em vas començar a fer anar recte.»

No m'agrada que la meva pròpia imaginació es burli de mi.

–Mai no t'he impedit que fumis amb pipa!

«Només els cigarrets.»

–Els cigarrets escurcen la vida.

«No pas si ja ets mort. I ja sé que la memòria juga males passades, però no recordo que fos abstemi, tampoc, en la meva vida anterior. De fet, el dia que vaig fer vint-i-un anys, em trobava a l'estranger, estirat en un llit i amb una bala a la cuixa. I recordo que vaig somiar cervesa de barril anglesa i em vaig despertar plorant.»

–Però de què serveix beure? Per què ha de voler beure, la gent? Ja ho vas veure, com es posava el pare, quan bevia! –vaig protestar.

Però no. No ho havia vist. És clar que no ho havia vist. Parlant amb propietat. L'ordre en el temps dels dos fets (la mort del pare, l'arribada d'Oates al meu cap) de sobte em va fer dubtar, la concentració em va fallar, vaig perdre en Titus de vista i em vaig trobar sola... Em vaig trobar en una tenda plena de gent dormint i roncant, amb el cap ple de moments que no volia recordar. El pare emborratxant-se amb el vi del dia de Nadal, els bombons de licor, el vinagre de sidra. Intentar ofegar les rates que deia que feien niu al seu crani.

Dins de la granota d'esquí, dins de la dessuadora, dins de la roba interior de teixit tèrmic, sota la trena, els pèls curts del clatell se'm van eriçar.

«La gent canvia. Només volia dir això», va dir en Titus, fent-los tornar a la seva posició.

–Fins i tot jo?

«Gosaria dir que sí. No voldria de cap de les maneres causar la mort prematura de cap fada, però jo no hi crec, en el País de Mai Més.»

–Però tu no has de canviar, Titus. No t'és permès canviar. Aquí no, sisplau! Tot està bé. Fes que tot es quedi tal com és.

«Ja ho veurem», va dir, com si fos anys llum més vell que jo, en comptes dels noranta-i-una-mica-més que ens portàvem.

Així és com vaig trobar-hi el sentit. El que en Sigurd admirava en realitat era la genialitat de l'oncle Víctor. Però com que en Víctor intimida la gent, en Sigurd dirigia la seva simpatia cap a mi. Admiració per la via de l'associació, o una cosa semblant. Res de perdre el cap. Seguríssim que no. Això seria ridícul.

Però en fi, pel motiu que fos, feia tota la impressió que en Sigurd tenia ganes d'estar amb mi, de cop i volta. Cada vegada que mirava al meu voltant, me'l trobava allà. S'ha de reconèixer que no hi havia ningú més d'una edat ni remotament semblant a la seva en aquell viatge, però hauria pogut anar amb en Mike i en Bob, en Jon, o amb el seu pare, tan esportista. Però en canvi, s'asseia al meu costat a les hores dels àpats. Es va posar al seient del meu costat quan vam fer una sortida amb el bimotor per veure una colònia d'óssos marins, i volia que sortís a totes les fotos. Em va començar a ensenyar a derrapar amb els esquís.

I no era que la faldilla i el cosset de seda el despistessin, perquè no tenia cap oportunitat de lluir-los. Anàvem permanentment enfundats amb vestits d'esquí.

Vull dir... no em sabia gens de greu. No era això. Però és que era estrany. Era com si el llum flexo de la Pixar se m'hagués acostat botant per il·luminar-me la cara. Era una sensació molt... rara.

Em va fer pensar, no sé per què, en la broma pesada de la Maxine.

Un dia, sortint d'escola, un noi se'm va acostar a les portes de l'escola. Només m'arribava a l'aixella i portava uns punys de cuiro tatxonat a cada canell, però això no és un motiu suficient per ser descortès amb una persona, i em vaig aturar per veure què volia.

–La Maxine diu que et va la marxa –em va dir–. Doncs què, tia, ho vols fer? El meu germà té cotxe.

Em vaig girar tan bruscament que li vaig clavar un cop de cartera que el va fer saltar de la vorera i una de les bicicletes que sortien de l'escola el va atropellar una mica. O sigui que encara vaig haver de demanar disculpes a aquell ximple.

No era culpa seva, m'imagino. La Maxine l'hi havia embolicat. Només per veure com jo sortia disparada. L'espectacle de torturar els óssos portat als nostres dies per distreure el públic actual.

Què em passa? Que no tinc curiositat? M'hauria d'interessar aquesta cosa de què la Maxine no es cansa mai de parlar? Figura que m'he de morir de ganes de tocar galtes plenes d'acne? Figura que a les nits m'he d'estar estirada al llit àvida de carícies d'uns dits enganxosos amb les ungles rosegades? La Maxine opina que sí. La Nikki també. Però jo... no puc. Per a mi és com aquell joc a què es juga a les festes, que has de ficar els dits en diferents bosses plenes de coses fastigoses i has d'endevinar què toques. Si el sexe hi té alguna cosa a veure... amb aquella cosa que li agrada tant a la Maxine (la parauleta aquella que comença amb f) ja s'ho pot confitar. Ha de ser violent, agressiu, horrible i fastigós. Ja ho faran aquestes ties, les que en parlen a crits pel carrer. I, a més a més, què hi tenia a veure el cotxe del seu germà?

Tampoc no és que en Sigurd fos com aquell noi, evidentment. Senzillament... inesperat. De fet, estava molt contenta de tenir algú amb qui parlar de la Gran Recerca. Com hi arribaríem? Què passaria si en Vicenzo no ens portava fins a les coordenades secretes del mapa a l'altiplà polar? I si resultava que era perillós, arriscat, un lloc on l'avió no pogués aterrar? Voldrien baixar pel forat, els dos homes, quan hi arribéssim? I si el temps canviés i no poguéssim començar l'aventura fins que ja fos el moment de tornar?

Tampoc no és que en Sigurd em pogués respondre a aquestes preguntes, però em treia un pes de sobre només plantejar-les. Semblava que gairebé sabia tan poques coses com jo. De l'únic que estava segur era que no havia de trucar a la meva mare. De fet, cada vegada que comentava que tenia ganes de parlar amb ella, canviava de tema, que normalment implicava fer-se petons. He de reconèixer que era una manera molt eficaç de canviar de tema: la mare desapareixia completament del meu pensament. I a més a més era molt agradable; excepte la vaga sensació que en Sigurd es mostrava complaent, que em feia un favor, com un veí que s'ofereix a ensenyar-te a conduir gratis. I mentre ens besàvem, no podia evitar pensar: «Bé, ja tinc aprovada l'assignatura de morrejologia» i «Ara ja m'hauré tret de sobre la Maxine» i «Si ara em poguessin veure les meves amigues», i tot plegat em semblava bastant baix, per part meva.

No em sembla que fer-se petons hagi de ser una activitat per pensar.

Ingènuament, jo encara tenia esperances que la Recerca del forat de Symmes no interferiria amb la sortida programada per travessar la plataforma glacial cap a l'oest, per veure el refugi de Scott a la badia de Terra Nova. Ja ho sé: tot això només és història, aigua passada, mentre que el forat de Symmes és aquí i ara i està a punt de transformar completament el futur del món. Però tot i així... Haver vist on tots dormien, menjaven, guardaven els ponis, llegien llibres, jugaven a la bagatel·la i cantaven amb la música d'una pianola... haver volat al lloc precís on va morir en Titus...

«A aquesta jo no t'hi acompanyaré, si no et fa res», va dir en Titus, amb una cortesia pròpia de catequesi, «ja hi vaig anar una vegada i no em va acabar de fer el pes.»

El vent va afluixar una mica l'endemà. Feia un sol brillant. En Sigurd i jo anàvem amb samarreta, ben untats amb crema solar, fent el burro dalt dels esquís, amb les granotes d'esquí arromangades fins al maluc, com papallones esquàlides sortint de les crisàlides. En Manfred i en Víctor resseguien el perímetre del camp. Ja no hi havia cap necessitat que fessin veure que no es coneixien. (Jo no veia per què mai n'hi havia d'haver hagut cap necessitat). D'altra banda, ningú no hi tenia el mínim interès.

Perquè tots els altres, a Camp Aurora, estaven malalts. La sortida programada a la base de Byrn es va haver d'anul·lar. Com que la ràdio estava espatllada, hi havia una sensació palpable d'incomoditat entre els membres de la força expedicionària de Pengwings. El periodista de Maine tenia un telèfon per satèl·lit i en Jon també en tenia un, però com que tothom demanava per fer-los servir, les bateries s'estaven gastant. I la costa de Siple no era el lloc per posar-se malalt. Aquell matí, ben d'hora, la gent va començar a vigilar el cel i a estar pendent de qualsevol soroll per si sentien acostar-se el DC-6 setmanal. Hi havia la sensació general que tothom es trobaria bé només d'arribar l'avió, amb la promesa d'una via d'escapada; només pel fet de no trobar-se sols a l'últim racó de món.

Jo havia endevinat correctament que la Mimi no era l'única que volia escurçar el viatge. Els Pogsbaum, el periodista, els casats de nou: el coronel i la Hue Fah, i la senyora Adolphus, tots tenien les bosses apilades al costat de la pista d'aterratge de gel blau. Les converses sobre demandes judicials i reembossaments s'havien diluït; ja no els quedaven forces per a la ràbia.

El soroll viatja distàncies enormes a través de l'aire súper fred. Vam sentir l'avió deu minuts abans de poder-lo veure. Mentre en Clough l'observava a través dels prismàtics de mirar ocells, li vaig veure la mateixa expressió de felicitat a la cara que la primera vegada que va descobrir un albatros viatger.

Es va acostar, amb una ala endavant, lluitant contra els vents en alçada, petit i fràgil des de lluny, però guanyant volum a mesura que s'apropava per executar un aterratge matusser, patinant sense parar. Els membres piocs de la força expedicionària de Pengwings, amb les mans aixecades per protegir-se la cara de les ràfegues de neu, semblaven pelegrins devots a qui les seves pregàries haguéssin portat alleujament i un gran carro gris alat d'acer, vingut del cel. El metge del campament va sortir arrossegant-se del llit per disposar com més aviat millor dels medicaments que havia encarregat. El periodista de Maine es va allunyar una mica per tornar a vomitar, però amb l'actitud d'un home que sap que les seves sofrences aviat seran recompensades, en un lloc millor.

En Manfred i l'oncle Víctor eren allà, preparats per donar la benvinguda a l'equip de rodatge. El contingut del vàter i dels cubells del rebuig els van ficar en unes bosses per endur-se'ls: com si l'Antàrtida fos una estora de pell de be immaculada que s'hagués de mantenir incòlume.

–La pol·lució està prohibida, ho veus, Titus? Actualment hi ha un lema que diu: «Mantingues neta l'Antàrtida.» Res de llençar per terra els embolcalls de les xocolatines, o els cartrons dels sucs o els mocadors de paper... Res de fer pipí a la neu, ni de vomitar... Res de...

«I res més?», va fer en Titus. «Doncs mira que nosaltres en vam fer, d'escampalls! Les deixalles de menjar que vam llençar! Tot l'equipament que vam abandonar! I els ponis escorxats! I els gossos! I els exploradors morts!»

–No, exploradors morts no! Segons l'oncle Víctor no! –vaig dir sondejant-lo, esperant que em donés alguna pista–. Tu no, almenys. En Víctor diu que vas trobar el forat de Symmes. En Víctor diu que vas trobar ajuda.

«Ah, sí?», va dir en Titus amb aquella inflexió lleument sardònica a la veu. Es va treure un bri de tabac de la punta de la llengua. «Ah, doncs així ja va bé.» En Manfred i en Víctor van ajudar a col·locar l'escala perquè els passatgers desembarquessin. En va baixar un grup de quatre alpinistes, que havien vingut a aclimatar-se abans d'anar a escalar a les muntanyes de Victòria. També hi havia un pilot per a l'avioneta Otter, que havia vingut a rellevar en Vicenzo. No hi havia ningú més.

Bombones de butà per als fogonets. Diaris. Però de càmeres, res. Pots de gambes en conserva i salmó fumat. Però res d'equip de filmació. En Manfred fins i tot va pujar a l'avió per assegurar-se'n, com si haguessin d'estar massa marejats per sortir, o fossin massa tímids i no gosessin; però a dalt de l'aparell no hi havia ni un rotlle de pel·lícula.

–No m'ho explico... –va fer en Manfred, picant de peus, esgarrapant-se els cabells, renegant al cel. –Em sap molt greu, Víctor! No puc entendre el que ha passat!

L'oncle Víctor, si estava disgustat, ho dissimulava molt bé.

–Me'n torno amb l'avió a Punta Arenas per veure el que ha passat –va insistir en Bruch.

–Tu mateix –va dir en Víctor arronsant-se d'espatlles. Semblava que li importava ben poc que fes el que fes.

–Hem perdut tota una setmana! Perduda! Em fastigueja profundament –va exclamar en Manfred Bruch–. Però què hi podem fer?

En Víctor va arronsar les espatlles.

–Ja m'atraparàs –va dir, allunyant-se amb el seu caminar rodoladís característic, xiulant i desafinant. El seu nas, vermell com un tomàquet pel sol i el fred, feia una impressió de jovialitat errònia. Tot i així, no crec que estigués empipat; senzillament, no tenia lloc al cervell, ni temps per pensar, per dedicar-los a canvis de pla insignificants.

En Manfred li va córrer al darrere:

–Com? No et posaràs en marxa sense mi, suposo? T'esperaràs una setmana? Jo marxo però torno amb l'avió de la setmana que ve. Una setmana és poc temps per esperar!

Em sembla que en Víctor ni tan sols el va sentir. El que és segur és que no va sentir com en Jon anunciava una reunió a la Cúpula de l'Oci. Vaig haver d'empaitar-lo i fer-lo tornar, com a algú que tingués Alzheimer i hagués marxat tot passejant. Igual que un vell.

–Oncle Víctor! Que hi ha una reunió!

A dins de la Cúpula de l'Oci, l'oncle Víctor va ocupar una cadira prop de la porta, però jo vaig buscar en Sigurd amb la mirada, per asseure'm al seu costat. No hi era i me'n vaig anar a la tenda dels homes a buscar-lo.

Feia una olor bastant diferent de la tenda de les dones: menys de perfum i més de suor. A Aurora, a més a més, a tot arreu se sentia una pudor difusa de malaltia. Els ulls se'm va acostumar a la foscor i aleshores el vaig veure, plegant el sac de dormir.

–Saps què? Hi ha una reunió –va aixecar els ulls, em va mirar fixament i va gemegar; per un moment angoixós em va semblar que gemegava en veure'm, però devia ser davant la perspectiva d'haver d'assistir a una altra reunió. Aviat em vaig adonar que no tenia intenció d'anar-hi; no es podia molestar a assistir-hi.

–Què hi ha que sigui més important, Sigurd?

–Ja ens ho explicaran.

L'interior fosc de la tenda cònica va quedar immòbil durant uns instants, gairebé no feia gens de vent per sacsejar-la. Una llanterna amb suspensió de Cardan penjava de l'àpex. Feia una llum somorta que contribuïa a crear una atmosfera sagrada en aquella capella de mitjons, roba interior tèrmica, guies de viatge i càmeres. No costava gens veure on dormia l'oncle Víctor: la forma allargada del seu sac de dormir era completament immaculada, decorada amb línies atapeïdes d'objectes personals: un quadern, llapis, vitamines, tres passaports... em va emocionar veure una dotzena de paquets de piles per al meu audiòfon. Però quantes es pensava que en gastava al llarg d'un mes? Vaig obrir el quadern per veure si hi havia una llista dels seus somnis («Faig columnes: en blanc i negre o en color, agradables o no. I l'escenari. Només et cal això»), però estava atapeït de pàgines i més pàgines de càlculs matemàtics: gràfics, fórmules, cosinus, formes geomètriques i asteriscs, logaritmes, fraccions i equacions. La lletra, que al principi era solta, es va anar fent més i més petita i junta a cada pàgina, com si en Víctor s'hagués adonat que se li acabaria l'espai. També hi havia un retall de diari sobre la descoberta del primer dinosaure complet a l'Antàrtida.

Hi havia massa poc espai per posar-se dret i nosaltres dos semblaven criatures de pàrvuls, anant de quatre grapes. Semblava que estiguéssim jugant a dinosaures. Em va passar pel cap si estaria bé o no dir-li a en Sigurd que Madame D.-St.P. trobava que estava bo, encara que li semblava que el seu pare encara estava més bo. Els dinosaures es van acostar més. Una setmana més d'espera i el seu pare hauria tornat a Punta Arenas i nosaltres seríem allà, a l'últim racó de món. El sac de dormir plegat d'en Sigurd es va descargolar lentament entre tots dos com una llengua vermella viva.

Aleshores em vaig fixar en la seva motxilla repenjada a la paret de la tenda.

–Has fet la motxilla!

–És clar. El pare i jo ens en tornem a Punta Arenas a buscar l'equip de filmació.

–Però per què te n'has d'anar, tu?

Per un moment va fer una cara com un actor que s'hagués quedat en blanc.

–El pare i jo no viatgem separats. Mai.

–Et sents molt defraudat?

–Què?

–Amb això de l'equip de rodatge.

–Ah. Sí. Naturalment. Però només és un petit retard. No val la pena preocupar-se.

–Ets ràpid fent l'equipatge –vaig dir. No podien haver passat més de deu minuts d'ençà que en Manfred havia baixat de l'avió traient foc pels queixals i disculpant-se. I ara en Sigurd ja havia fet la bossa, només li calia ficar-hi el sac de dormir. I per què s'havia d'endur l'equip sencer si tenia previst tornar la setmana següent?

Com diplodocus bessons, ens vam quedar agenollats mirant-nos, jo esperant que ell digués alguna cosa i ell sense dir-la. De fet, no va dir ni una paraula. Simplement va avançar; les malles de niló li feien xiulets en fregar el terra de la tenda. Jo vaig tirar enrere i vaig desordenar l'espai endreçat d'en Víctor amb les botes.

Vés-te'n del meu cap, Maxine, amb les teves marranades i els teus acudits porcs. Marxeu del meu cap, cosinus i coordenades. Vés-te'n del meu cap, Nats, amb els teus consells assenyats. Marxeu del meu cap, preguntes espinoses sobre motxilles i eBay i *Les sabatilles carmí.* Jo vull tornar totes les meves pilotes eliminades i tornar-les a tirar tantes vegades com calgui fins que...

En Sigurd es va acostar més, somrient, estirant el coll i decantant el cap.

De sobte, els faldons es van obrir amb un espetec i l'escarola rossa de cabells d'en Manfred va irrompre a la tenda. Va entrar amb l'espatlla per davant dient alguna cosa que devia ser en noruec, tot i que s'assemblava moltíssim a la paraulota preferida de la Maxine. Com que els seus ulls encara no s'havien acostumat a la foscor, va dir dues vegades el nom d'en Sigurd en veu alta abans de veure'ns de quatre grapes i amb els nassos a tocar l'un de l'altre. Aleshores, quan em va reconèixer, la cara se li va transformar de genet víking a director de cinema.

–És hora de marxar –va dir, i en Sigurd va anar a agafar la motxilla gairebé amb ganes–. Tothom se n'ha d'anar –va afegir en Manfred amb presses–. A la reunió s'ha dit que tothom ha de marxar. Per la malaltia. Has d'anar a preparar l'equipatge, senyoreta Sym.

Un petit canvi de plans. Molt lamentable, però què s'hi podia fer. Pengwings havia decidit escurçar el nostre viatge per qüestions de salut i de seguretat. En qüestió d'hores volaríem tots de Camp Aurora a bord del DC-6.

Una setmana en comptes de tres. D'allò més lamentable.

Albatros en comptes d'éssers extraterrestres. D'allò més desafortunat.

La salut abans que les heroïcitats. Quina llàstima.

Un petit canvi de plans.

En comptes de forat de Symmes la Sym és cuca de forat.

Igual com els focs d'artifici furtius, l'alleujament i la decepció m'estiraven en direccions contràries: alleujament i decepció davant del retorn sobtat d'en Manfred Bruch;

alleujament i decepció davant del pensament de tornar a casa i abandonar aquell lloc; alleujament i decepció davant del col·lapse dels plans d'en Víctor.

Vaig provar d'imaginar-me el terrible viatge de tornada al seu costat, les seves esperances fetes a miques gràcies a una intoxicació col·lectiva. Em vaig posar a buscar-lo per dir-li el greu que em sabia. El buscava per preguntar-li on havia ficat la maleta grossa. El buscava per preguntar-li si seria possible tornar aviat. El buscava per dir-li que hi havia una festa de comiat que començava a la Cúpula de l'Oci.

–Mimi, que ha vist el meu oncle?

–He vist que marxava de la reunió abans que s'acabés però... perdona, reina, però no.

Finalment el vaig avistar, fora dels límits de les banderoles de seguretat: una figura diminuta en l'immens paisatge blanc, movent-se com un pingüí emperador en la seva llarga i àrdua travessa entre el mar abarrotat i el bec badat de la seva cria afamada.

–Ja ho he sentit –es va limitar a dir quan li vaig explicar que s'havien acabat les vacances. Però quan vaig intentar consolar-lo, només va riure (afectuosament) i em va passar un braç pel coll.

–No pateixis, mosseta. No pateixis gens. Tot segueix el seu curs.

Tenia les mans nues glaçades. Li vaig posar les meves manyoples i, com que anaven enganxades al meu vestit d'esquí, vam haver de tornar al campament com si balléssim el Gay Gordons, la dansa escocesa, passejant pel zastrugui.

En aquell precís moment es va sentir una detonació enorme. La terra es va moure sota els nostres peus. A prop nostre, una cornisa de neu acumulada es va desprendre i esmicolar, com una onada trencant-se contra la costa. La neu de tot al voltant va canviar de color, absorbint el fulgor de les explosions que aleshores estaven esbocinant el DC-6.

Dins de la cortina transparent de flames roges, la silueta immensa de l'aparell es va començar a moure, enfonsant-se, trontollant, sotsobrant damunt del glaç que anava fonent-se, fins que la pista es va tornar massa líquida per sostenir-ne el pes. Llavors es va desplomar i només en sobresortia la punta d'una ala.

Tot de petites explosions van anar expulsant foc en forma de projectils que s'empassaven les piles dels equipatges, les bosses de les deixalles, una filera de banderoles de seguretat i una moto de neu. El bidó del combustible de la moto de neu també va explotar i va enviar la màquina pels aires, que es va estavellar contra la tenda de la cuina. Amb la calor del foc, el mur que envoltava el vàter, construït amb blocs de gel, es va decantar i va caure. Una pota de la torre de la ràdio es va fondre, es va desplomar i, amb una velocitat de malson, va anar a petar damunt de l'Otter, l'avioneta de neu que estava aparcada. Les tendes es van omplir amb la pressió de l'aire calent: es van inflar, bufades, fent tensar les cordes que les ancoraven a terra. El plàstic vermell de la Cúpula de l'Oci, tot i que estava a vuitanta metres de distància, va perdre la brillantor i va adquirir unes taques marronoses, com una poma podrida.

El vent, que havia deixat Camp Aurora en pau durant mig dia, va triar aquell moment per tornar a bufar. Va xiular un murmuri d'interès i es va esmunyir pel campament, atiant les flames, fuetejant la neu pols, fent córrer i arremolinar el fum negre entre les figures que corrien, estiregassant la roba dels que estaven massa consternats per córrer.

Només va morir una persona. El periodista americà de Maine, que evitava les reunions i les festes, havia anat al punt de recollida d'equipatge que hi havia a recer, al costat de la pista, per deixar-hi l'ordinador portàtil, i allà el va atrapar la primera explosió.

Potser un fragment de gel llançat pel vent, potser el desgast del metall, va foradar l'ala i això va fer que el fuel degotés dels dipòsits. Potser alguna espurna o algun defecte en la xarxa complexa de cables elèctrics el va encendre. Era un aparell vell. Però haurien de ser els experts en aviació els qui determinessin exactament què havia passat. Mentrestant, els membres de la Força Expedicionària Pengwings estaven drets, bocabadats, davant les restes calcinades del carro que havia vingut per emportar-se'ls cap a casa i que només havia aconseguit tornar un sol home al seu Creador.

Deu minuts després, la Mimi encara estava histèrica. La senyora Adolphus s'havia desmaiat dues vegades. El coronel Oliver estava prostrat a la tenda, mentre el senyor Pogsbaum seia a la neu com si es trobés en una platja de Florida i anava picant a terra amb un piolet sense pensar, fins que va haver fet una bona rasa. La Tillie i la Brenda estaven tapant les restes del periodista fent servir dues bosses d'escombraries de color taronja intens; el seu telèfon per satèl·lit havia aterrat per allà a la vora, fos en un pa de quitrà. En Bob intentava contactar amb la base de McMurdo amb el telèfon d'en Jon, però s'havia quedat sense bateria. En Jon anava caminant amunt i avall, amb els braços al voltant de l'estómac adolorit, plorant com un nen petit. Les banderoles d'alerta encara cremaven per la punta, com espelmes esgarrifoses.

El silenci va assetjar Camp Aurora: un exèrcit de silenci implacable que amenaçava, s'acostava massa, es repenjava amb massa força contra el recinte, respirant amenaça. Un fum negre de petroli, que encara emanava del cadàver del DC-6, escampava taques negres pel paisatge blanc, ofenent els horitzons serpentejants, que fugien ràpidament arrossegant-se. El color es va escolar del cel i els detalls es van difuminar. Aviat el gris es va estendre en totes direccions; un gris que els ulls s'esforçaven a distingir, però fracassaven. Només les siluetes de les tendes, com puntes de fletxa, al fons del decorat, deien: AMUNT. La meteorologia feia tants esforços com nosaltres per esborrar el que havia passat. O tal vegada intentava expurgar-nos: a nosaltres, intrusos febles, sorollosos, molestos i destructius?

Vaig abraçar l'oncle Víctor i ell em va abraçar a mi.

–Tot s'acabarà bé, oncle, ja ho veuràs com sí –vaig dir, pensant en el que diria la meva mare per consolar algú, mentre pensava: «Ell no té en Titus, com jo. Només em té a mi.»

Va sospirar profundament i em va regalar un somriure de pura felicitat.

–Fantàstic, mosseta, serà fantàstic. Vinga, anem a preparar te per a tothom!

La por deu ser molt fatigant. Al cap d'un parell d'hores, la gent, histèrica de la por, aïllada i incapaç de fugir d'una natura solitària i hostil, dormien tots com uns socs. Les llargues hores rosades van tenyir la tela de les tendes i les van fer lluir. El vent sacsejava l'esquelet de l'avió mort, n'arrencava barres de metall, trossos de planxa i revestiments que queien repicant entremig de les restes. I malgrat tot, tothom dormia. No s'havia establert contacte per ràdio amb McMurdo Sound, la base de Scott, Patriot Hills, ni amb el món exterior. No arribava ajuda. I en canvi tothom dormia.

Tothom menys jo. La tenda de les dones, que poc temps abans semblava una escena de *Les troianes* –totes somicant i gemegant– ara era una bassa d'oli. Fins i tot la Mimi estava cargolada dins del sac de dormir, aferrant fort la bossa amb els dos braços i els ulls fent-li pampallugues sota les parpelles. (Aquí els somnis deuen ser en blanc i negre, creieu?) Les tasses de te reconfortant estaven buides al costat de cada llit. Potser n'hauria hagut de prendre una, però en Víctor no me la va oferir. Em prohibeix de prendre te;

diu que sobreestimula l'hipotàlem. A mi m'hauria anat bé prendre alguna cosa reconfortant, em penso. Per primera vegada d'ençà que vaig arribar a l'Antàrtida, tenia por.

Ah, segur que ens en sortiríem la mar de bé: no era això. Que un grup de turistes es trobés amb problemes al Glaç no passaria desapercebut. En Mike, en Bob i en Jon van dir que el fet mateix que no es pogués establir contacte per ràdio aviat faria que enviessin avionetes de neu des de la base de Byrd per veure com estàvem. No, no era això. La meva por no tenia ni nom ni forma. La felicitat musical i exaltada que tenia a dins, tota la bellesa ferotge d'aquell lloc, s'havia escolat, i jo m'agradava més quan era la persona que no tenia por.

A casa, hauria tancat el llibre i l'hauria retornat a la prestatgeria. I ara, d'alguna manera, l'Antàrtida s'havia escampat fora del relligat, havia traspassat les fronteres de la seguretat. (Semblava que s'hagués infiltrat a la tenda, perquè hi feia un fred insòlit. No hauries dit que l'estufa estigués engegada.)

Vaig reposar el cap sobre el coixí i em vaig cobrir el cap amb una imatge farcida de plomes. En Sigurd.

No! En Sigurd no! Em vaig tornar a asseure de cop, suant a pesar del fred i encara més espantada –amb una por sense nom– que abans. Què em passa, que el fet de pensar en en Sigurd-fill-de-Beowulf em fa disparar les alarmes de l'estupidesa damunt del cap?

Em vaig tornar a estirar, vaig tancar els ulls i vaig cridar en Titus; li vaig demanar perdó per haver-lo deixat arraconat. No semblava que se n'hagués adonat: ell sempre podia agafar i deixar la companyia de les dones. Amb un home com en Titus, sempre saps on estàs.

–Per què vas venir? –li vaig demanar.

«M'has fet venir tu», va dir tot animat.

–La primera vegada, volia dir. Fa noranta anys. Per què et vas oferir a aventurar-te al pol sud?

«Promoció assegurada», va dir, passant la pàgina del llibre sense aixecar el cap.

–No et crec.

Va aixecar els ulls per damunt de la pàgina i em vaig negar a deixar-los-hi abaixar.

«L'Índia ja em començava a embafar, entre la verola i el peix en conserva de mala qualitat.»

–No et crec.

«El clima és molt saludable, malgrat que tendeix a ser fred».

–Això potser convenceria la teva mare. Torna-ho a provar.

«Doncs... que va captivar la meva imaginació. Nous horitzons. Un home com jo no hi veu més enllà del proper horitzó. M'avorreixo amb facilitat.»

–Vas pensar mai que et podries morir?

«Moltíssimes vegades. A l'Índia, a Sud-àfrica...»

–No siguis obtús. Aquí, vull dir. Vas pensar mai: «Aquest viatge em matarà. Aquest és el lloc on potser moriré.»?

En Titus va arronsar les espatlles, tenia una expressió als ulls elusiva, evasiva. Em podria haver llegit tots els llibres que s'haguessin escrit sobre ell i continuaria sense saber amb quina resposta em sortiria. Perquè no ho va saber mai ningú. Ningú ho ha sabut mai. O sigui que quan em va llançar el seu llibre em vaig negar a parpellejar per renunciar al marró carregat de fum dels seus ulls: *La Guerra Peninsular* simplement es va fondre a mig aire.

«Ja n'hi ha prou de la poca-soltada absurda aquesta de l'heroi!», va exclamar. «Sí, sóc el gran supervivent, jo! Pensa-hi una mica!» I va començar a comptar amb els dits. «Era un nen de salut delicada, però vaig arribar a l'edat adulta, mira! A Sud-àfrica vaig agafar la febre entèrica. Unes altres febres a Turquia. Els meus propis homes van disparar contra mi (un error comprensible: era fosc). Els bòers em van disparar a la cuixa. Interessant. Vaig agafar la febre groga, la verola i una intoxicació alimentària a l'Índia. Vaig encallar un iot a la costa belga i per poc no ofego tota la tripulació. Vaig caure d'uns quants cavalls, una pila de vegades. Em vaig estavellar amb la moto... És sorprenent que arribés fins als trenta-dos anys, pensant-hi bé. Més que coneguts ja érem saludats, la Mort i jo».

Va mirar per sobre la meva espatlla, més enllà de mi, va arrufar les celles momentàniament, va fer un sol gest amb el cap, després va mirar cap avall, i tota la tossuderia se li'n va anar de la boca:

«Igualment espanta, però. Al final. Quan la Mort no admet un no per resposta. Quan te la trobes davant de...»

Vaig obrir les parpelles i, a uns quants centímetres dels meus ulls, hi havia una cara escarlata, rebregada com un paper i grotesca, amb forats per ulls i una ratlla per boca. Les galtes li penjaven sacsejant i per nas no tenia més que una protuberància obscena que distorsionava totes les altres faccions. Vaig voler cridar, però l'aire que em vaig empassar era tan fred que em va quedar travat a la gola i em va ofegar.

–És hora de marxar –va dir la cara, i els seus llavis fibrosos es van apartar força de les dents blanques com un os. Una cara escorxada? Una cara cremada? Una màscara de la mort?

Una màscara.

L'oncle Víctor portava una de les màscares que fan servir els tècnics si han de sortir quan hi ha una tempesta de neu. Sense rostre. Sense faccions. Era impossible saber quina expressió hi havia al darrere.

–On anem?

La veu li va patinar des d'un crit baix a un esgarip agut, al límit de la histèria.

–A buscar el forat de Symmes, evidentment!

Quantes vegades devia haver practicat aquelles paraules: «A buscar el forat de Symmes, evidentment!»

11 *El cor de la Barrera*

ESTIMADA NIKKI,

Avui hem robat un vehicle amfibi, hem sortit d'Aurora i viatgem cap a la plataforma glacial. Anem a la recerca d'un forat a l'escorça terrestre i si el trobem diu l'oncle Víctor que a ningú no li importarà que ens hàgim endut una furgoneta. Em penso que estic dormint. O potser m'he tornat boja. Moltes vegades m'ho he preguntat: és hereditària la bogeria? O se't pot encomanar seient en un vàter públic? Ja sé que no em creuràs. Jo tampoc no em crec. No pateixis. Ens vindran a buscar. No es pot perdre de vista una furgoneta grossa vermella i articulada en un país blanc. I en Sigurd i el seu pare també viatgen amb nosaltres. O sigui que mentre algú ens persegueixi i ens atrapi, ens en sortirem bé.

Molts petons a la mare,

Sym

–Has deixat un avís, oncle? Has deixat dit on anàvem? –vaig cridar per sobre de la remor del motor.

–Ho pots repetir?

Vaig provar d'imaginar-nos vistos des de dalt. Una marieta damunt d'un full de paper blanc. Una rodanxa de tomàquet damunt d'unes tovalles blanques. El Hagglund té una tracció d'eruga que deixa unes marques damunt del gel com les dents d'una cremallera. Per força ens haurien de trobar.

Però la neu, com una interferència a la televisió, anava caient al nostre pas i picant contra les finestretes amb tanta espessor i rapidesa, que no podia ni veure els retrovisors; encara menys si deixàvem rastres darrere nostre. Dúiem el sostre vermell cobert de llaunes grises de gasoil fins al capdamunt; al cap d'una estona, hi dúiem un bon gruix de neu, a més a més. Per tant, seria gaire fàcil detectar-nos des de l'aire? I quin avió ens vindria a rescatar? No pas l'avioneta bimotor Otter, aixafada sota l'antena de ràdio a Camp Aurora.

Dins del Hagglund anàvem tan atapeïts que gairebé em podia convèncer que era l'atracció d'un parc temàtic, un simulador de vol, amb imatges generades per ordinador en comptes de finestres. Al cap de deu minuts, les portes s'obririen, penetraria la llum de dia somorta d'Anglaterra i un empleat desmenjat ens recordaria que ens emportéssim tots els objectes personals. Però passava el temps i no s'acabaven els sotracs i les sacsades brusques del Hagglund enfilant-se per carenes de gel altes com rompents. La multitud de cables cargolats que penjaven del sostre fuetejaven endavant i endarrere; un llapis que hi havia a terra no parava de rodolar, amunt i avall. De primer hi havia corredors de banderoles, draps vermells que brandaven a tocar de les finestretes en passar i que de tant en tant picaven contra els flancs de la furgoneta. Semblava que correguéssim en una cursa frenètica d'eslàlom. Més endavant les banderoles van ser més escasses i més separades. I després es van acabar. El Hagglund va continuar a tota velocitat, però amb el morro cap avall. Havíem trampejat el descens precipitós cap a una blancor immensa, desèrtica, opaca com un plat de fum. Em sentia empesa cap endavant contra el cinturó de seguretat, amb el cap a dos dits del parabrisa. Després ens vam anivellar, perquè ja no travessàvem la unió entre la terra ferma i el mar. Ens trobàvem ben bé a...

No, jo no coneixia aquell lloc. I no volia saber el que sabia. Sóc estúpida i víctima d'una educació de pa sucat amb oli, i l'oncle Víctor té un QI de 184. Si ell ho havia planificat tot, segur que sabia el que es feia.

Ens estava portant per sobre el mar.

Això ho sabia del cert, perquè hi havia un sistema de navegació per satèl·lit GPS situat entre en Víctor i jo, que registrava fidelment el nostre progrés en un mapa esplèndid, i el punt que ens representava a nosaltres havia travessat la silueta de l'illa d'Aurora i anava avançant cap a la plataforma glacial.

Sempre havia desitjat fer-ho. La plataforma glacial de Ross. Sabíeu que hi ha llocs on el gel fa un quilòmetre de gruix?

Menys allà on no el fa.

És una bona queixalada arrencada a la costa. És l'escantell a la vora del plat de Déu que Ell va adobar amb un bocí de la mida de França. Seria una badia gegant, però el gel que s'expandia des de la plataforma de glaç va arribar a la badia de Ross i va continuar estenent-se, empenyent una tapadora per damunt de l'aigua de mil metres de gruix.

Menys allà on els fa.

Les orelleres que duia enganxades al cap m'aïllaven de qualsevol soroll. I com que la realimentació acústica m'impedia de fer servir l'audiòfon, estava encapsulada dins del meu silenci personal, a més a més. L'única veu que sentia era la de l'oncle Víctor, que portava uns auriculars amb un micròfon incorporat. Hi havia un radiocasset al davantal de la furgoneta i algú s'hi havia deixat un casset, i clarament el conductor l'escoltava perquè, tant si m'agradava com si no, tenia al centre del cervell en Víctor cantant juntament amb en Lee Konitz «*I love Paris in the winter, when it's snowing...*» mentre ens conduïa cap al mar.

Havia introduït les coordenades a l'ordinador i l'ordinador no s'hi havia oposat. La ruta que havia dissenyat era completament dreturera, recta com traçada amb un regle, o sigui que potser, com la Dorothy dins del tornado al màgic d'Oz, seríem transportats per damunt de tots els obstacles (glaç de pressió, clivella, muntanya i glacera) fins al país dels Munchkins. Si no era que ens quedàvem sense combustible.

–Que és gaire lluny, oncle?

No em sentia, evidentment. Jo no portava micròfon als auriculars. Jo el sentia, però ell no em sentia a mi. Almenys això m'era una sensació coneguda.

Fins i tot hi havia televisor (tots els luxes), un sistema de circuit tancat per mostrar al conductor què passava al furgó de darrere. Així va ser com em vaig adonar, finalment, que en Manfred i en Sigurd viatjaven amb nosaltres. Ja érem a vuit quilòmetres de distància d'Aurora quan en Víctor el va engegar i els vaig veure, ben lligats, a la part de darrere del Hagglund articulat. En Manfred s'aguantava fort, amb posat greu, amb una de les corretges que pengen del sostre, intentant mantenir l'equilibri enmig del vaivé de la furgoneta. Però en Sigurd estava clarament inconscient. Cada sotrac esgarrifós del vehicle l'encastava contra el cinturó de seguretat i li feia ballar el cap endavant i endarrere. Les conques dels ulls se li veien massa profundes, la cara massa blanca i els llavis massa entreoberts. En un moment donat va xocar de cap contra la finestra i un dolor em va resseguir el crani, sentint el cop per ell. En Manfred es va estirar cap endavant i va apujar la caputxa a en Sigurd perquè li protegís el cap, però tenia una actitud estranyament distanciada, com un home que tornés a col·locar millor l'equipatge perquè anés més protegit.

No volia pensar en els altres, jaient a les tendes, a Camp Aurora, però no podia evitar de recordar les hores horroroses passades carregant el Hagglund enmig del silenci anguniós, poc natural, d'un grup de persones adormides artificialment.

Mentre em movia entre elles de quatre grapes, passant-los per damunt, cap dels meus moviments maldestres va despertar les dones que tenien els sacs al meu voltant. Furtivament, mentre en Víctor transportava equipatges i provisions cap a la furgoneta, vaig estirar la màniga de Madame D.-St.P.: –Mimi! Mimi!–, provant de despertar-la per poder-li dir a cau d'orella on anàvem, per deixar dit on anàvem. Però només va rodolar i va quedar de cara amunt, amb la boca oberta, les parpelles entreobertes, com una criatureta adormida al bressol. Doncs sí que eren inofensives les herbetes de l'anglès excèntric! Les bossetes de te casolanes de l'oncle Víctor no tenien res a veure amb el beuratge de les cinc que s'acompanya amb pastetes.

Aleshores en Víctor va tornar i jo tornava a ser la seva ajudant lleial: part de la Gran Expedició; a mi em tocava fer rodolar bidons de combustible i omplir els dipòsits d'aigua.

Mentre carregàvem l'enorme maleta al seient del darrere, desmuntàvem una tenda de campanya i també l'embotíem a la furgoneta, jo m'esperava que d'un moment a l'altre en Jon, en Mike, en Bob o algú altre sortissin disparats de la tenda dels homes o del despatx per escridassar-nos i estirar-nos de les mans els objectes robats. Però tot el campament estava en silenci, excepte la fregadissa de les banderoles, els gemecs de l'avió incendiat, els espetecs de la neu arrossegada pel vent contra el Hagglund. El petar de les portes de la furgoneta i l'acceleració del motor no van despertar ningú.

«DROGAT??» vaig escriure en la condensació damunt del parabrisa, però en Víctor va dir que no portava les ulleres de llegir i va continuar conduint. Estava molt content. Contentíssim.

Al cap d'una hora, més o menys, en Sigurd es va començar a deixondir, grogui i espantat. Jo me'l mirava, magnetitzada. Tan aviat com va haver obert els ulls, en Manfred Bruch es va posar a parlar-li. Bé, no a ell, però parlava; mirant cap endavant, mirant per la finestreta, sense mirar en Sigurd a la cara.

Primer en Sigurd es va posar a cridar, gesticulant, enfurismat amb ell; però és clar, jo no sentia la discussió. Peixos vermells indignats en una peixera que s'anava vessant. Almenys estava despert. Potser en aquells moments els altres també ho estaven. Aviat descobririen qui faltava, què havia desaparegut i vindrien a buscar-nos.

Dalt de què? Amb què? I desitjava de debò que ens atrapessin?

Darrere el Hagglund robat, remolcats amb una corda robada, hi havia un trineu Nansen robat i dues motos de neu robades. Una de les motos feia estona que havia caigut i anava picant de costat, deixant un rastre de combustible, pedals, dials, bugies, vinclant-se i abonyegant-se, solcant la neu com una àncora que no pogués clavar-se al fons del mar. Al final, en Víctor va baixar per deslligar-la. No era qüestió de malgastar el consum de combustible, va dir.

Vaig aprofitar l'ocasió per obrir la porta del meu costat, saltar, i anar fent tentines fins al darrere de la furgoneta. La llum de fora em va fulminar com si m'hagués atropellat un tren i em vaig adonar que els vidres de les finestretes devien ser tenyits i mantenien aquella blancor agressiva a ratlla. Els flocs de neu se'm posaven al damunt, grossos com fulles. Mentre jo estava allà dreta, estirant les manetes de les portes, la cara d'en Sigurd va aparèixer a l'altre costat de la finestra, amb un pòmul magolat i ensenyant les dents amb ràbia. La porta se'm va obrir a la cara i en Sigurd es va llançar damunt del gel. Va caure des d'una bona distància.

–Això és una bogeria –va dir, incapaç d'alçar-se. (Tots teníem dificultats per mantenir-nos drets després dels sotracs de la furgoneta.)

–Això és una bogeria –anava repetint en Sigurd sense parar. El seu pare el va agafar per darrere la granota d'esquiar per ajudar-lo a alçar-se; el va agafar amb tanta força que el va arribar a aixecar un parell de pams de terra.

–Au, au, xicot meu –va dir el víking entre les dents serrades–. Recorda que anem a buscar la vuitena Meravella del Món! –i va tornar a deixar en Sigurd a terra, igual com un treballador enfonsa la post d'una tanca. Amb una mà continuava agafant la granota. Se li va arrugar contra el cos, sobretot tibant a l'entrecuix. Potser a en Sigurd li estaven donant una lliçó de maneres.

Va semblar que s'ho repensava. La seva veu va recuperar aquella inflexió, com una cantarella:

–No m'hauria de quedar al campament, vull dir? I esperar l'equip de filmació? Sí! Me'n tornaré a Camp Aurora! –no li van fer cap cas.

–És gaire llarg, el nostre viatge? –va dir en Manfred, com si només tingués una vaga curiositat per saber-ho.

–Aah! Prop de cinc-cents quilòmetres, si fa no fa –va dir en Víctor animadament–. No és res. Un passeget! Ja has vist les coordenades! No és res! Un passejadeta pel parc.

–Ah, sí, les coordenades –en Manfred va fer una riallada que semblava un lladruc estrany–. Quin cop de sort. És el destí, segur, que sigui tan a la vora.

L'oncle Víctor no hi creu gaire en el Destí. És més aviat un home que es treu ell sol les castanyes del foc, però per sort no va optar per discutir aquella qüestió. Si et quedes dret massa estona aquí, el fred se t'arrapa com una cortina de dutxa mullada en un cos nu. La roba em ventava per tot el voltant; cotó, seda i neoprè. Els conductes de les orelles se'm contreien al voltant de cada auricular de l'audiòfon en espasmes dolorosos que s'unien en un mal perpetu mentre mirava com en Víctor posava combustible en el dipòsit. Feia servir un embut de plàstic, com una versió més gran del sistema de seguretat del telèfon mòbil i en el meu estrany estat d'ànim em feia l'efecte com si m'estigués abocant dolor a les orelles.

–Ara aniré amb tu al darrere–vaig dir a en Sigurd, mentre en Víctor es desempallegava de la llauna buida.

–No. No, jo no vinc. Això és una bogeria.

Ja veia a venir el cop de puny i per tant no sé per què vaig triar aquell moment per ficar-me entremig d'en Sigurd i el seu pare i empènye'l perquè pugés a la furgoneta. El cop de puny em va tocar a mi, de ple a l'esquena, i em va deixar sense respiració. Però ja anava bé, perquè em va servir per despertar-me. No et pots permetre el luxe de somiar truites, per aquests barris. En fi, la mare i jo ens vam acostumar a aguantar els cops de puny del pare cap al final. Has de prendre paciència quan la gent està espantada, deia la mare. Tot i això, feia un efecte molt estrany que et clavés un cop de puny algú tan tranquil, contingut i amable com en Manfred.

No era un víking tan encantador, doncs. Posa ordre als fets, Sym.

En Manfred no semblava que sabés què fer després d'haver-me clavat un cop de puny per error. Quan va veure que jo no diria res, ell tampoc no en va parlar. Sense dir res, va tancar les portes de la furgoneta, va passar un braç per l'espatlla d'en Víctor i el va acompanyar cap a la part de davant de la furgoneta, preguntant-li amb una veu d'allò més melosa si estava completament segur que teníem tot el que necessitaríem per a un viatge d'aquelles característiques.

En Sigurd se'ls va mirar quan passaven per davant de les finestretes, i després va córrer cap a la porta.

–No pots tornar –vaig dir-li. No em va fer ni cas i no parava de debatre's amb la palanca de la porta, que era complicada d'obrir, i encara més amb els guants que duia sota les manyoples.

–El teu pare l'ha tancat. El pany està travat. I a més, no

pots tornar enrere –vaig dir-li–. Has estat dormint. Ens hem allunyat molt, moltíssim! Tens idea de la xamba que hem tingut, d'haver arribat fins aquí?!

En realitat, segurament li convenia més no saber quina mena de terreny havíem estat trampejant i vorejant per deixar enrere Camp Aurora; com havia estat de perillós i arriscat el nostre camí després que les banderoles guia s'havien anat reduint gradualment. Jo tampoc no ho volia saber. En aquell moment hauria volgut desaprendre tot el que sabia sobre plataformes glacials i arraulir-me dins el meu cap amb en Titus i una visualització. Anar a Glasstown. Però hi havia aquell noi tan maco que havia estat tan amable amb mi. I quan algú és amable amb tu, li has de tornar el favor; fer-li companyia; dir-li alguna cosa útil.

–Saps la història de Hansel i Gretel? –li vaig dir.

–Evapora't –va dir en Sigurd picant amb la mà contra la porta tancada. Potser es pensava que tenia la intenció d'explicar-li rondalles per passar l'estona.

La furgoneta va tornar a arrencar. En Sigurd es va tornar a enfonsar al seient i va tancar els ulls. Va fer un parell de respiracions fondes. Després feia la impressió que estigués pregant, movent els llavis molt subtilment. O potser també s'havia retret en la seva imaginació. Ho fan els nois, això? No hi havia pensat mai.

–Hauríem d'intentar deixar un rastre d'alguna mena, és l'únic que volia dir –vaig dir amb tenacitat–. Com en Hansel i la Gretel, saps? Perquè ens puguin trobar!

Quan finalment va obrir els ulls, tornava a ser Sigurd l'Encantador, tranquil i animat i disposat a qualsevol cosa.

–Ah! –va fer–. Molt llesta.

–No ha estat idea meva, saps? Jo no he tingut mai la intenció d'anar a buscar aquest ridícul forat de Symmes!

Just en aquell moment, la veu espetegadissa de l'oncle Víctor es va sentir pels altaveus:

–La gent no es fa càrrec de...

Era com si fos allà amb nosaltres, al darrere de la furgoneta. I si m'havia sentit? Suava davant la possibilitat que la meva traïdoria s'hagués pogut sentir; esperava que la veu espetegadissa de l'oncle Víctor em reprengués. Lentament, però, em va venir al cap que havia observat al circuit tancat de televisió la pantomima irada entre pare i fill. No. En Víctor no podia haver sentit la meva terrible deslleialtat. En alguna banda hi havia d'haver un intercomunicador que ens havia de permetre parlar amb els homes de davant, però com que la furgoneta anava tan plena de llaunes de combustible, estava fora de l'abast i de la vista.

Se sentia una fortor marejadora de gasoil. Les llaunes de combustible tapaven totes les parets i estaven apilades fins al sostre. Durant la cursa trepidant en aquell trencacolls pel tobogan de glaç, les llaunes estaven massa encaixades per poder-se bellugar. Però ara que n'havia desaparegut una, les altres ballaven i rodaven com persones que no poguessin agafar el son, suant gasoil per allà on els taps no acabaven d'ajustar. El terra estava ocupat per piles de capses amb tapadores transparents; provisions preparades per al consum dels exploradors amb trineu. En Víctor i en Manfred devien haver treballat de valent per carregar tant de material, mentre els habitants de Camp Aurora jeien dins els seus capolls, adormits en el seu son induït per les drogues.

A fora, la plataforma era una esfera buida d'un món bastant digne de John Cleeves Symmes. No hi havia horitzó, només núvols i ombres de núvols sense res que marqués on acabaven els uns i on començaven els altres. El terra era una mostra geomètrica en lila, gris i blanc. Algunes línies eren grumolls i sécs de la superfície. D'altres eren ombres de núvols. De tant en tant, en Víctor pegava estrebades al volant per evitar de topar amb obstacles que no hi eren. Viatjàvem enmig d'un quadre d'Escher, d'un vestíbul de miralls glaçats. Jo ho observava tot per la finestreta fins que tot es va tornar com un disseny: dues dimensions, pla, il·legible.

El sol era un disc de plata brunyit, com un botó que havies de prémer si volies que et tornessin els diners.

–Que té un telèfon per satèl·lit, el teu pare? –vaig preguntar a en Sigurd.

–Però què dius! Prop de 3000 lliures, costen!

Vaig pensar en en Víctor empassant-se la targeta SIM del seu mòbil i mastegant el seu circuit fràgil. Tampoc no és que em pogués ser d'una gran utilitat, allà. Però sempre hauria pogut trucar a la mare des de París, o des de l'Amèrica del Sud. Suposo que és per això que ho va fer. Ara bé, mai no...

La furgoneta va començar a serpentejar i a sacsejar-se. En Manfred devia acostar el cap al micròfon d'en Víctor, perquè li podíem sentir una mica la veu per l'intercomunicador:

–T'estàs adormint, amic meu –va dir la veu, tranquil·litzadora–. Permet-me que condueixi una estona.

En el millor dels casos la uniformitat interminable de la plataforma és hipnòtica. A més a més, dubto que en Víctor hagués dormit dues hores seguides d'ençà que vam sortir de París. La seva veu, encara que distorsionada pel brunzit radioelèctric, se sentia arrossegada i confusa.

–Jo puc dormir segons la conveniència –va dir–. El son és un estat mental. Un costum. Apaga els llums, fica't al llit: evidentment que dorms. La majoria de gent dorm per costum. Un estat mental. No tenen res millor a fer a les nits. Jo, jo m'he entrenat per...

I vam continuar endavant, durant les hores que haurien d'haver estat fosques però no ho eren, enmig de l'atmosfera malsana, lletosa i tremolosa de la Barrera.

De sobte, sense cap motiu aparent, la superfície es transformava en zastrugui o en una merenga de neu glaçada. Hi podia haver esglaons ascendents molt costeruts, o a vegades un costat de la furgoneta patinava damunt d'una panna de glaç solidificada. La major part era un llac brillant de platí esquitxat de clapes lluents com mirallets de volves de neu; com si haguessin escampat milions de lluentons damunt del gel. A vegades (les vegades pitjors) hi havia baixades molt pronunciades, i els meus òrgans interns se m'apilotaven sota la caixa toràcica com bens en un escorxador, aterrits.

Un parell de vegades, l'oncle Víctor, que s'havia endormiscat al volant, es despertava de sobte i clavava els frens, com a acte reflex. Aleshores els dos cossos de la furgoneta s'ajuntaven, el combustible es vessava, el trineu xocava violentament contra l'esglaó de darrere, la moto de neu topava amb gran estrèpit contra el trineu. En Sigurd i jo vam parar de mirar per la finestra i ens vam posar a mirar les llaunes de combustible apilades com una exposició de supermercat gegant que començava a moure's. Qualsevol d'aquelles llaunes pesava prou per esclafar-nos si ens queia a sobre. Ens vam posar drets, intentant apuntalar les llaunes perquè no es moguessin, mentre el combustible ens rajava braços avall. Desprenien uns vapors marejadors; aviat em va fer l'efecte que em voleiaven davant dels ulls tires de roba negra. El cap em va començar a martellejar. «PAREU! PAREU, SISPLAU!», cridàvem. Un dels bidons del capdamunt va sortir disparat per damunt del meu cap i va anar a parar damunt de la banqueta on havíem estat asseguts.

Finalment en Manfred devia veure pel circuit tancat la situació desesperada en què ens trobàvem, perquè ens va arribar la seva veu ofegada a través de l'intercomunicador demanant a en Víctor que parés, explicant-li que la càrrega es movia. Una altra frenada brusca. Les caixes de les provisions van patinar dins el furgó i ens van anar a petar a les cames, fent-nos mal amb els cantells aguts.

–Que hem bolcat? –va dir la veu d'en Víctor, intrigada, desconcertada, adormida. La vacil·lació hipnotitzant de les ombres, els remolins de neu, l'absència d'horitzó finalment l'havien vençut. Com més t'esforces a mirar per on vas, menys sentit hi veus, en aquest terbolí de llum que gira dins d'una canonada a mesura que corre pendent avall. Vertical i horitzontal perden tot el sentit en un lloc sense horitzons.

En Manfred va obrir les portes del darrere i va deixar entrar el Fred com un piolet esmolat. Mentre anava posant drets els bidons de combustible, remugava entre dents, avisant a en Sigurd que tingués present el que li havia dit. (Què li havia dit, em vaig preguntar? Que tractés la senyoreta amb cortesia?) En Sigurd i jo vam saltar de la furgoneta i ens vam quedar drets, amb el cap tirat enrere, deixant que el vent se'ns fiqués al nas, que els flocs de neu ens omplissin la boca. Quan vaig anar a veure'l, en Víctor estava adormit damunt del volant; els ulls li bategaven sota les parpelles al fons de les conques, profundes com conquilles. Em vaig quedar dreta al costat de la furgoneta mirant com dormia, pensant què devia somiar i si la mare o jo havíem aparegut mai als seus somnis.

Sym, la sorda, no va ser la primera a sentir-ho, evidentment. En Manfred de sobte va aparèixer darrere meu fent tentines, va allargar els braços cap a l'interior de la furgoneta i va treure el contacte. El Hagglund va fer un sospir esgarrifós. Tant per tant, hauria pogut apagar un camp de forces, perquè el Silenci se'ns va tirar al damunt com una ràfega, ens va fer xiular les orelles, ens va envoltar amb una cridòria, com un eixam d'abelles escandalós: silenci. Va passar una estona abans que m'adonés que en Sigurd i en Manfred sentien alguna cosa més. Sentien un altre motor.

Un avió.

Al meu poble no et pots estar enlloc (la placeta, el parc, el carrer major) que no sentis el brunzit d'un avió. Però allà a l'Antàrtida era un so d'allò més rar.

Ens vam col·locar bé les ulleres de protectores i vam inspeccionar el cel. De quina direcció venia? Ens vam posar les mans al voltant de les orelles, fent cassoleta i ens vam girar cap als quatre punts cardinals, però el so omplia el cel com una gasa absorbint sang. Per tot el cel buit ressonava el soroll del motor.

Em vaig mirar el Hagglund sota la seva lona blanca de neu. Em vaig mirar els nostres vestits, tots pàl·lids, de tons pastel. Com ens arribarien a veure mai? Em vaig mirar en Víctor, desplomat damunt del volant. Hauria de voler que ens distingissin?

Era un vol rutinari o un avió de recerca? Una avioneta de neu que pogués aterrar al nostre costat, damunt del gel? O bé un avió de línia regular que volava a 15.000 metres fent via cap a Austràlia? Era un avió militar que transportava personal cap a la base de Scott-Amundsen? O les autoritats, que perseguien els que havien drogat un campament sencer de gent i havien emprès la fuga amb un vehicle que valia mig milió de dòlars?

En Sigurd va deixar una capsa vermella de provisions a terra i en va aixecar la tapadora de plàstic. En va fer caure el contingut damunt la neu sacsejant la capsa.

–Què busques?

–Una bengala! Una bengala! –va dir en Sigurd–. Una bengala sí que la veuran!

–Això és menjar –li vaig dir, i va clavar una puntada a la capsa amb el costat del peu. Va anar a parar increïblement lluny, patinant i patinant, giravoltant lentament. La vam seguir amb els ulls hipnòticament.

–Igualment, tampoc no podríem llançar una bengala –vaig dir–. L'aire és ple de combustible. La furgoneta petaria pels aires. Salt enrere. Conflagració sobtada. Respiració de l'incendi. O com se'n digui...

Se'm va quedar mirant embadocat, pestanyejant.

–Sigurd, portes la roba xopa de gasoil: cremaries com una torxa!

Però malgrat el que acabava de dir –i en veu prou alta– el víking es va ficar la mà a la butxaca del pit i en va treure un encenedor daurat i gros; tenia el polze damunt de la rodeta. Va girar la cara (mig coberta amb les ulleres) com si fos un autòmat, mentre amb els ulls resseguia tota la llargada de la furgoneta, des de les portes badades del darrere, passant per la línia del sostre on arribaven els bidons apilats de combustible, fins a la part del davant, on en Víctor jeia damunt del volant, profundament adormit. En veure l'encenedor, en Sigurd va deixar anar un udol de terror:

–No! –va dir–. No, sisplau!

El víking no el devia entendre perquè es va donar un truquet al pit:

–Està segur –i anava passant el polze per la rodeta.

En Sigurd anava mirant ara l'encenedor, ara les mànigues xopes del seu anorac, tacades de gasoil.

–No, sisplau...

Es va aixecar per agafar neu i fregar-se-la per les mànigues, provant de netejar-les.

Jo sé perfectament quan no cal molestar-se a parlar. Sé quan la gent no s'avé a raons. El pare a vegades encenia fogueres per espantar els xacals que deia que ens miraven des de les finestres... Em vaig enfilar als esglaons de la furgoneta i vaig començar a estirar en Víctor pel braç, provant d'arrossegar-lo del seient. El cinturó de seguretat l'ancorava al seu lloc.

–Sisplau, senyor Bruch! Sisplau! –li pregava en Sigurd–. No ho faci!

–I el forat què? –vaig cridar, mentre descordava el cinturó de seguretat–. No vols trobar el forat de Symmes?

L'oncle Víctor es va deixondir i em va mirar arrufant el front i amb els ulls plorosos.

–Ara t'escolto! –va dir–. Ja no som gaire lluny.

I el seu cos, que s'havia estovat amb el son, va començar a resistir els meus esforços de treure'l de la furgoneta. S'aferrava al volant amb els punys tancats. És molt fort, l'oncle Víctor. Ja sabia que no estava a l'altura de les seves forces quan es despertés. El tuf del combustible era pertot, igual com el soroll de l'avió.

–Oncle, que podries baixar...?

–Ho pots repetir? –com més estirava jo, més es despertava i més se'm resistia.

En Manfred Bruch s'estava plantat mirant al cel, amb l'encenedor aixecat.

–Senyor Bruch! Senyor Bruch, escolti, sisplau! –li suplicava en Sigurd, sortint de l'aixopluc de la furgoneta i exposant-se al ric-rec constant del vent. Però l'avió no es va materialitzar. A l'Antàrtida el so recorre unes distàncies immenses. Potser era a cent quilòmetres lluny o més. No hi havia manera de saber-ho. Tampoc hi havia manera de saber quina una en portava de cap en Manfred Bruch. El pare deia que els xacals l'observaven des de l'altra banda de les finestres; no serveix de res preguntar què passa pel cap d'una altra persona.

De mica en mica, la fortor del gasoil es va anar dissipant. I el soroll del motor també. El víking es va guardar el seu encenedor; però ben pensat, l'última vegada que el vaig veure, aquell obelisc daurat contundent, estava en mans de Mimi Dormière-St.Pierre.

–Vinga, prepara un mos, mossa –va dir en Víctor, despertant-se del tot–. Fes alguna cosa de profit i prepara'ns alguna coseta per menjar, sents? A què som, avui? Dijous? Pensa-hi. Avui em toca peix.

Vaig saltar de la furgoneta i vaig caminar a poc a poc fins on hi havia la capsa vermella de provisions, damunt del gel. Tenia un costat abonyegat, de la puntada de peu d'en Sigurd. La vaig agafar per una de les nanses de corda i la vaig arrossegar cap al Hagglund; que de sobte semblava diminut. Fins i tot la curta distància que hi havia entre nosaltres, feia veure aquella furgoneta de dues tones tan petitona com si fos un cotxet de joguina. Un camionet de joguina perdut en una gran extensió de linòleum blanc sota el llit de Déu.

«El dijous sempre va ser un dia festiu a l'Índia», va dir en Titus, que em venia a ajudar.

–Som on Jesucrist va perdre l'espardenya. És on hem anat a parar.

«No pots convertir una orella de porc en un melodrama», va dir en Titus. I va repetir: «El dijous sempre era festa a l'Índia», i va tancar la mà damunt la meva per ajudarme a arrossegar la capsa de provisions. No pesava gens, quan ell es va posar a arrossegar-la.

–Au, expliqui'm què fèiem els dijous, Titus. A l'Índia.

«Anàvem a caçar xacals. Sortia a fer un volt amb la moto. Em cuidava dels gossos. Anàvem a fer un pícnic.»

De sobte em vaig imaginar què hauria passat si en Manfred hagués fet córrer la rodeta de l'encenedor i les cames, inexplicablement, es van negar a portar-me. Per això em vaig ajupir i vaig regirar la capsa vermella fins que vaig trobar un pot d'una cosa sueca que semblava que podia ser peix: ja aniria bé per al sopar d'en Víctor; de seguida que les cames em paressin de tremolar i el pogués portar cap a la furgoneta.

–Que podria venir el dijous vinent, Titus?

«Em sembla esplèndid, Florence.»

Hi ha vegades que jo no sóc jo, sabeu? A vegades, necessito anar més lluny de l'habitual i sóc la Florence Chambers.

Oates va voler sortir amb ella quan tenia vint-i-dos anys (va signar una carta posant-hi «El vostre ardent admirador»), però la mare de la noia va dir que no, que no hi podia anar i aleshores es van veure en secret un parell de vegades i ell li va fer una fotografia i aquí es va acabar. Deu anys després, a l'Antàrtida, encara parlava d'ella.

Per això, a vegades, quan necessito anar-me'n més lluny, no sóc jo. Sóc la Florence Chambers. I en Titus i jo ens trobem i canviem la història fugint en secret i jo el vaig seguint de destinació en destinació: Sud-àfrica, Egipte, l'Índia, Irlanda... vivint d'incògnit prop de les casernes, i ell només confia als seus millors amics que estem enamoradíssims; en Deighton, per exemple, el seu encarregat de gossera, mecànic, ajudant de cambra i company lleial. En Deighton té tot un argument secundari.

Com?

I jo vaig de paquet dalt de la moto d'en Titus, i em cuido del seu cérvol, i munto dalt del seu cavall als matins frescos i boirosos, i després li netegem la suor del llom, el cavall en parèntesi entre nosaltres dos, els moviments dels nostres braços són com una imatge de mirall, l'un de l'altre, mentre raspallem, i la cua ens esquitxa, ara l'un ara l'altre, enmig de l'olor de sabó i de palla, perquè si en Titus s'havia d'enamorar mai d'una dona no seria d'algú inútil o d'una bleda que ploraria perquè volia un avió o per por o perquè no pogués evitar que les cames li tremolessin, ni mantenir la calma, ni organitzar-se en una situació de tensió; no seria ningú així; no seria ningú així; no seria gens així.

Com?

Les germanes Brontë es van inventar tota una població plena de gent, oi que sí?: Glasstown, i van escriure'n històries en una cal·ligrafia microscòpica. Qualsevol cosa abans de quedar-se recloses en una rectoria tètrica al mig d'un ermot espantós. Glasstown.

Qualsevol cosa abans de fer un trajecte amb l'autobús escolar amb la Maxine i el seu repertori inacabable d'acudits porcs. Glasstown.

Qualsevol cosa abans que recordar el pare encenent fogueres amb els meus llibres per mantenir xacals imaginaris allunyats de les finestres de casa. Glasstown.

Qualsevol cosa abans que travessar un oceà glaçat, amb gent que no és el que aparenta, cap a un forat obert a la Terra.

–Només vostè i jo, un dijous a Glasstown, eh, Titus?

«Només vostè i jo, Florence», va dir en Titus. «Tot i que goso observar: Sigurd, el Daurat, anomena son pare senyor Bruch?»

–Es pensa que no me n'he adonat?

«Si és així, fem un pícnic.»

–Què és això del *sild*?

«Ah, una *specialité de la Maison Amundsen, ma chère*. Sardines en formol. Més li valdria optar pel pinso dels ponis, em sembla a mi.»

12 *Glasstown*

LA PLATAFORMA no té res a veure amb la bella. No és res de res. És com un magatzem de moquetes on es pot comprar No res a metres quadrats. No res de teler ample. Però el no res era tan millor que el que s'acostava, que vaig començar a considerar la Plataforma com una cosa bella; una avantsala buida i bella de l'endemà, on no hi havia res més a fer que dormir i menjar i imaginar. Una mena de Glasstown sobre gel.

–Fa temps algú va construir un poblat de gel a la plataforma glacial, Titus. Es pensava que copsaria l'essència sublim de la Vida, vivint al límit.

«"Només hi ha un pas del sublim al ridícul", tal com va dir Napoleó, el meu heroi. I què va copsar exactament, aquest bon senyor?»

–Va agafar una depressió. La vida no tenia sentit. Déu havia mort, aquesta mena d'idees, em sembla. No va ser un èxit, l'experiment.

«Em sorprèn que només fos Déu qui es morís, al final», va dir en Titus.

De mica en mica, l'enorme mur de bidons de gasoil es va anar reduint fins que hi va haver lloc per a nosaltres al darrere. Vam trobar l'intercomunicador per comunicar-nos amb la cabina de la furgoneta, però no vam trobar cap motiu per fer-lo servir. En Sigurd i jo podíem seure amb prou comoditat per dormir, i en Manfred i en Víctor van arribar a un acord per fer torns per conduir. Al víking semblava que li agradava aquell pla. Potser es pensava que si jo tenia permís per anar al davant a seure al costat del meu oncle, li comentaria allò del cop de puny o l'incident de l'encenedor. Però a mesura que passaven les hores i els esclats de calidoscopi de cel i glaç ens absorbien dins el seu túnel giratori de llum sense contorns, cada vegada estava menys segura del que realment havia vist abans.

Aquell no era un lloc on poguessis confiar en el que els ulls et deien. Potser en Manfred simplement havia trigat un parell de minuts a fer-se càrrec del perill d'una flama nua. O potser ens gastava una broma. Vaig pensar que preguntaria a en Sigurd si el seu pare tenia un sentit de l'humor francament curiós.

Vaig pensar que li preguntaria per què li deia senyor Bruch.

Vaig estar a punt d'explicar-li coses del meu pare i preguntar-li si ell també tenia por del seu... Però ell ja tenia una actitud com si no hagués passat res. Res. Tornava a estar serè, tranquil i encantador, dient coses assenyades. Era increïble.

–Deu tenir uns nervis d'acer –em vaig dir a mi mateixa, humiliada pel seu coratge. Tots tres eren valentíssims, en Víctor, en Manfred i en Sigurd! No semblava que estiguessin gens espantats, mentre que jo... quina gallina mullada! Quina gamba sense tripes, envasada...

Vaig provar d'oblidar-me de tot el que havia llegit sobre la plataforma glacial de Ross; sobre l'Antàrtida. No volia mirar; no pensava mirar, havia decidit. Miraria cap endins i estaria amb en Titus. Era el millor. Desperteu-me quan ja hagi passat tot. Però tenia la imaginació rígida per la por. Tenia problemes per conjurar el rostre d'en Titus.

O sigui que em vaig concentrar en el rastre d'en Hansel

i la Gretel; totes aquelles llaunes buides de gasoil, les marques de la tracció d'eruga, les taques verdes de combustible, els pots de sardines en conserva, un pot buit de crema de cacauet, taques d'orina tan taronges com si fossin de taronjada. En mantenia una llista a la meva ment, afegint-hi coses, memoritzant una vista aèria de totes les pistes que havíem anat deixant al nostre pas.

En Víctor, quan era petita i em feia fer exercicis per exercitar el cervell, em posava dos objectes en una safata, després tres, en acabat quatre, cinc i després els tapava i jo els havia de recordar. Deia que feia treballar els músculs del pensament. Al final podia recordar fins a trenta-dos objectes. Pel que deia, el rècord d'en Víctor eren vuitanta-vuit coses, tot i que mai no vaig veure-l'hi fer; deia que seria fatxendejar i que a més a més em descoratjaria, ja que jo només arribava a trenta-dos. Recordo que el pare va entrar i jo li volia ensenyar el que sabia fer, però ell tenia pressa per sortir a fer una feina.

–Ah, pelmanisme! –va dir. Això i prou. «Pelmanisme.»

Vaig haver de preguntar a en Víctor què volia dir «pelmanisme». Només de recordar-ho se m'encongeix el cor.

–Perdre el temps –va dir en Víctor, traduint el desdeny del pare en paraules que jo pogués entendre–. Vol dir perdre el temps.

Potser el Coratge és com la Memòria; un múscul que cal exercitar per enfortir-lo. Per això vaig decidir que potser, si començava de mica en mica, podria anar progressant fins a ser valenta com els altres. En aquest paisatge el color és l'única cosa que importa; no cal que sigui gros per ser visible. Una pila de fems des de deu metres lluny pot semblar una tenda des de deu quilòmetres de distància. De manera que em vaig decidir a fer alguna cosa de profit per variar, i afegir més material al nostre rastre de Hansel i Gretel.

Per fer-ho t'has de treure les manyoples, després la parca, després els pantalons de peto, després arromangar-te el folre polar i treure'tels guants, trobar la cintura dels pantalons de xandall i després la dels pantalons tèrmics. La màscara, el paraneu del coll i el protector del pit fan molt difícil mirar cap avall; i aleshores ja tens les mans tan fredes que no notes ni les cremalleres, ni els gafets, ni els clecs. El fred mossega com un gos i fa que els músculs se't tornin rígids. L'acte d'anar de ventre és en gran part un hàbit, però els reflexos automàtics deixen de funcionar amb el fred. És com ficar-se dins d'aigua glaçada fins a la cintura. Ets una canonada de metall doblegada en forma de manillar, gemegant, cantant i recitant la taula periòdica dels elements o *La dama de Shalott* (el poema de Tennyson) per distreure't del fred que s'esmuny entre la roba i la pell, fent-te venir espasmes musculars. Aleshores tens les mans massa fredes per tornar a trobar les puntes de la roba.

Em deia a mi mateixa que em buidava de por.

Em deia a mi mateixa que el capità Scott i els seus homes ho feien cada dia, abans que mostrar-se poc decorosos dins la tenda, a la vista els uns dels altres. I si en Titus ho podia fer, també ho puc fer jo ara. No és pas una bandera britànica o algun banderí espellifat voleiant damunt d'una fita heroica. Però una pila de caca damunt la neu es veu d'un quilòmetre lluny i, francament, tinc ganes que ens trobin si ens quedem sense combustible. (No crec que passi, és clar, perquè l'oncle Víctor ho té tot planificat fins a l'últim detall.)

La primera vegada, en tornar, vaig provar d'explicar a en Sigurd el que feia. Però cantar, gemegar i recitar fa que deixis anar molt d'aire humit i la condensació m'havia congelat la bufanda a la boca amb espaguetis de gel. Ell se'm va quedar mirant i va dir:

–De bojos!

Quina manera d'impressionar un noi, eh? L'hi he d'explicar a la Maxine quan torni. Començar una moda. El conserge de l'escola potser no ho agrairia.

En Sigurd no faria les seves necessitats a fora; ni tan sols per mantenir el prestigi masculí i col·laborar amb el rastre. El màxim que va fer va ser llençar mitja dotzena de gots de plàstic a la neu quan tornàvem a pujar a la furgoneta després d'una parada per omplir el dipòsit de gasoil. Van dansar fent un cercle a terra i després van sortir corrent tot fent tombarelles a càmera lenta, allunyant-se més, més i més. Era un gest tan fútil; una idea tan absurda, inútil i estúpida, que em vaig posar a riure fort. El meu riure es va fondre, igual com els gots de plàstic. Aquest lloc ho pot fer això; robar-te la vida directe de la boca.

«Ai, Titus! Titus! És dijous! Vagi a buscar un parell de cavalls! Enviï criats nadius a comprovar que no hi hagi serps a la terrassa i a preparar-nos el bungalow! Desamarri el *Saunterer* i sortim a navegar! Enviï en Deighton amb una paletada de valor i un mapa a buscar Glasstown!»

Però cada vegada que em pensava que havia aconseguit portar a la memòria el bell rostre del meu estimat (la pell pàl·lida de sota els ulls, les arrugues de somriure radiant, les temples torrades pel sol i la neu) en Sigurd Bruch iniciava una conversa de cortesia. I jo no podia fer veure que no el sentia. I tampoc podia deixar d'interessar-me per la xocolata que treia de totes les capses vermelles de provisions i anava deixant en filera al terra de la furgoneta perquè ens la mengéssim. I també em feia preguntes sobre mi. Ah, ja sé que és el que fa la gent només per ser amable, i realment no és que els importi gens. Però igualment era un gest d'amabilitat. A aquelles alçades, la Nikki hauria preguntat a en Sigurd el seu grup sanguini, el signe del zodíac i si portava calçotets bòxers o eslips amb bragueta. La Maxine li hauria demanat per sortir junts. Jo, jo li vaig preguntar si fumava.

–Fumar? No, i ara! I tu?

–Què?

–I tu, que fumes?

–Jo? No, per favor! Tinc un amic que fuma amb pipa... Que fuma el teu pare?

–No, no. Tampoc no fuma. Oh, és que... –vaig veure com ensopegava amb la pregunta trampa i es tornava a aixecar amb habilitat–. Ahà, ja ho entenc! Aquell encenedor... l'hi va regalar una amiga. Van tenir... ja m'entens –i va gronxar el cap sobre les espatlles i va posar els peus sobre el seient del davant, somrient amb desdeny.

–La Mimi, sí. Va dir que estava bo.

Va dissimular molt bé la sufocació d'alarma. L'únic indici va ser la manera com es va acostar dos dits als llavis i va fer veure que fumava un cigarret inexistent.

–Va dir alguna cosa més? –va preguntar amb aire despreocupat.

Jo vaig triar i remenar:

–Va dir que tu també estaves bo.

En Sigurd va somriure amb plaer i es va tornar a relaxar. Es va posar en posició horitzontal, recolzant-se sobre els talons i els colzes, i va aixecar els malucs per tornar-los a situar damunt de l'equipatge tou que hi havia apilat entre els seients.

–Ja m'agradaria que aquestes paraules les haguessis dit tu –va dir, i em va oferir un dels seus somriures de doscents watts.

I va afegir:

–Ah, però m'imagino que hi ha aquest amic teu que fuma amb pipa. No tinc possibilitats.

–Sí... vull dir que no... jo... sí que hi és ell –era com si sentís el ronquet burleta de la Maxine i el seu retolador fent nyic-nyic damunt de la meva carpeta:

Sym Wates, Verge del Ridícul

Té raó, sóc una covarda. Amb aquest lloc. Amb els nois. Amb tot.

–Doncs què, Sym l'espavilada, en saps molt de l'Antàrtida, oi? –va dir en Sigurd-. El Forat, el trobarem aviat, creus?

–Jo només sé el que he llegit, pràcticament res de res. No. En aquesta banda de les muntanyes no.

–Hi ha muntanyes? –va mirar per la finestra–. A quina distància?

–Que no saps...? Mira, els quilòmetres no ens serveixen de res, aquí. Es tracta, més aviat, de dies.

–Així, quants dies?

–O de sort.

«Com si diguéssim "Quant de temps els va durar la sort", per entendre'ns», va dir l'amic de la pipa.

–Calla, Titus. No el vull espantar.

«Espantar el jove Lochinvar? No! Amb què em surts, ara!», va dir en Titus amb sarcasme.

–Escolta'm, el senyor Bruch... –vaig començar.

–Així, on vius d'Anglaterra, Sym? –em va interrompre en Sigurd.

–A Croxley Green. Escolta'm, Sigurd, el teu pare...

–Vaig viure molt temps a Norfolk. Coneixes Norfolk, oi?

«Molt pla, Norfolk.»

–Calla, Titus, no enredis tu, ara.

–M'agradaria ensenyar-te algun dia; és un país molt bonic. Noruega.

–Moltes gràcies. Escolta, Sigurd...

–Sí?

Però el meu coratge dèbil em va fallar.

–Ah, és que volia dir... que l'oncle Víctor... Em sap molt greu. Per allò del te. Per haver-te drogat. Ho sento. Per drogar tothom. Em sembla que el foc... ja m'entens, em sembla que devia... ja m'entens... devia estar en estat de xoc. Ho sento.

En Sigurd em va mirar amb un somriure de tanta comprensió i tant de seny que semblava que tingués quaranta-cinc anys.

–És molt natural.

«Com el iogurt!», va fer en Titus amb incredulitat. «"Natural"?»

–Doncs, de fet, jo penso que estava bastant fora de lloc –vaig dir a en Sigurd.

–Ah, però el teu oncle és un home enamorat de la Gran Idea! Amb el meu pare és el mateix. Tot es fa per la Gran Idea. Però i tu? La teva passió no és per la Gran Idea. Per què és, doncs? Per aquest amic teu, oi? L'amic de la pipa.

«Això em temo», va dir en Titus, mentre plegava una corda d'alpinista enèrgicament, fent un vuit de la mà al bíceps.

–A la meva escola hi ha una noia, la Maxine, que surt amb un home de trenta anys que es diu Waldron. És estrany, no?

En Sigurd es va esgarrifar amb la meva riallada nerviosa, però no va deixar de somriure ni un moment.

–És ric, potser, aquest Waldron. Igual que tu.

La curiosa inexactitud d'aquest comentari pràcticament em va esquivar, perquè en Sigurd es va acostar per seure més a prop meu. La furgoneta va topar amb un esglaó de gel i vam picar d'espatlles. Ell em va passar un braç pel voltant i va apuntar cap a la boca.

–En saps molt –vaig dir-li, després del petó. Em referia al seu domini de l'anglès! Al seu vocabulari en anglès! Per què no l'hi vaig dir així, doncs? –Quin es el teu?

«Frases completes, Sym. Rumia bé.»

–Ai, Titus, calla sisplau.

–Quin és el teu somni, Sigurd? Quin seria el teu súper... ja m'entens...

En Sigurd em va dirigir una mirada bastant diferent. Va fer semblar els petons una mena de xiclet gastat que hagués anat mastegant fins que va arribar el repartidor de pizzes.

–Sortiré en pel·lícules! –va dir.

–Ostres! Tens sort que el teu pare sigui de l'ofici.

En Sigurd es va ofendre:

–Ei, jo sóc bo. No necessito que m'ajudin! Sóc un bon actor –va afirmar, empipat.

«Si no tens en compte una certa discontinuïtat dialectal», va dir en Titus, però jo vaig fer com si sentís ploure. En aquell moment en Sigurd tenia una vivesa i una sinceritat a la cara (la tenia prou a prop per veure-ho, més a prop impossible) i «sincer» era millor que «encantador.»

«Me n'aniré», va dir en Titus, «clarament, no faig cap servei».

–No! No te'n vagis, Titus, sisplau!–, però no em podia concentrar prou per retenir-lo al meu costat.

–Sigurd, i això d'aquest viatge... –vaig començar a dir.

–Per a tu la vida és com unes grans vacances, m'imagino –em va tornar a interrompre en Sigurd–. Ser ric és bona cosa, oi? Algun dia jo també seré ric.

–Oh, però jo no en sóc...

Les portes de darrere es van obrir. No m'havia ni adonat que el Hagglund s'hagués aturat. En Sigurd es va apartar bruscament de mi mentre en Víctor s'enfilava a dins per agafar un altre bidó de gasoil. Portava la màscara vermella. Vaig agafar l'embut i vaig sortir a ajudar-lo.

–Puc seure amb tu al davant una estona, oncle? –vaig demanar-li, mentre aguantava l'embut dret dins de la boca del dipòsit.

Va respondre:

–Veig que us aneu agafant confiança.

El circuit tancat. És clar. Havia vist el petó. No podia veure si estava gaire enfadat amb mi, darrere la màscara. Sóc com una filla per a en Víctor. I ben mirat, mentre sóc aquí, ell és com si fos el meu pare, suposo; compromès per l'honor a vigilar-me, a evitar que les coses surtin de mare. Recordo que va omplir un formulari per als de Pengwins...

«pare, mare o tutor». Ja em sembla bé. No em fa res. A la Maxine sí que l'hi faria. La Maxine diu que els pares fan el mateix efecte que un bull terrieren un campament nudista. Però jo m'alegro que hi hagi un ull paternal vigilant-me. A la gent li agrada pensar en Déu mirant-se'ls des de dalt, eh que sí?, encara que Ell tingui tendència a la crítica.

–Està molt bé. És fabulós! –va dir l'oncle Víctor estirant-se la màscara fins a dalt del cap–. Tu i el xicot comenceu a intimar! Vull dir... de debò, no us n'estigueu. Aquí no hi ha normes, mosseta! Deixa't estar de formalitats! Divertiu-vos! Aprofiteu-ho al màxim!

Maldestra com sempre, vaig sacsejar l'embut, que va sortir del broc de la boca del dipòsit i va anar rodolant cap a sota de la furgoneta. Una part del preciós fluid verd es va vessar damunt la neu. Vaig provar d'agafar-lo de sota la furgoneta, però els braços no m'hi arribaven. El va haver d'agafar en Víctor, panteixant i esbufegant, inundant un rostre cremat pel sol amb una nova foguerada de vermellor. La vaig notar a les meves galtes.

A més a més va fregar el terra amb el cap i se li van enganxar plaquetes de neu en un costat de la cara, com si fossin lluentons, en aixecar-se. Li hauria d'haver allargat el braç i espolsar-les-hi: el cremarien. A part d'això, li donaven un aspecte allangardaixat, metàl·lic. Com si s'estigués convertint en un androide.

Però no les hi vaig espolsar. Els vaig deixar estar, aquells lluentons com mirallets de gel. Posar-me dreta em va fer rodar el cap. I de sobte veia en Víctor tan lluny com m'havia semblat el Hagglund quan me n'havia allunyat a través del Glaç. Quina classe d'oncle...

Aquest lloc et desbarata els sentits. Hi ha il·lusions òptiques a tot arreu. Potser m'ho vaig imaginar o ho vaig entendre malament. Figura que tant Déu com els pares t'han de vigilar amb un ull paternal; figura que s'han de desentendre paternalment de tu.

–Que puc anar al davant, oncle Víctor? –vaig tornar a dir, fent un esforç especial per parlar clarament–. Sisplau.

–No. Perquè et consti, mossa: tu i en Sigurd us quedeu al darrere. Coneixeu-vos més a fons. Íntimament, com si diguéssim –i fins i tot em va fer l'ullet, perquè no pogués quedar cap dubte del que volia dir.

No hauria d'haver menjat tanta xocolata. O potser eren els vapors del combustible que em marejaven.

Jo no era l'única que es trobava malament. En Víctor estava cargolant la tapa del dipòsit del combustible i de sobte en Manfred Bruch (que aprofitava aquella estona per estirar les cames) es va posar una mà damunt de la panxa i amb l'altra es disposava a repenjar-se damunt de la furgoneta.

–NO HO FACI! –vaig cridar–. No porta guants!

Les dues mans desmanyoplades van a anar a reposar damunt del seu abdomen i em va dirigir un breu gest de cap germànic, reconeixent l'avís. Es va mirar el rellotge per mil·lèsima vegada i després va repassar amb la mirada l'equipatge que hi havia dalt de la baca de la furgoneta.

Llavors el bidó buit de gasoil va quedar abandonat al camí ("Planifica el pes, incrementa els quilòmetres pel litre. Fes servir el cap, Sym") i la nostra odissea interminable va continuar. Mentre el vehicle gegant reprenia vida tot vibrant, en Sigurd i jo van sentir a través de l'intercomunicador com en Manfred preguntava:

–Escolta'm, Víctor, ja estàs del tot segur que tens prou combustible per fer el viatge de tornada?

–No cal que pateixis per aquest aspecte –va ser la resposta d'en Víctor, i va començar a xiular entre dents. El llumet vermell de la càmera del circuit tancat s'havia apagat; en Víctor l'havia apagat per garantir-nos intimitat a en Sigurd i a mi. Quina consideració!

Res de barreres de seguretat a la Barrera; ni una en cent quilòmetres a la rodona; res on agafar-se quan el món gira massa de pressa. Controla't Sym. En Víctor vol que maduris. Que no veus els avisos escrits a les parets de l'Antàrtida?: NENS NO

En Sigurd es va tornar a asseure al seient del meu costat, fent el seu somriure de dos-cents watts. Jo em vaig apartar i vaig agafar el manual del fabricant del Hagglund com si tingués la intenció d'estudiar els vehicles amfibis a la universitat. En Sigurd va salvar l'obstacle, i els nostres neoprens van fregar l'un amb l'altre per produir una mena de xiulet greu.

–El meu amic... el de la pipa... Som... ja m'entens –vaig dir, brandant el cap d'una manera insinuant, tal com ell havia fet abans.

–Ah, ja t'entenc –va dir en Sigurd. I aquell noi tan, tan maco, maquíssim, em va creure immediatament. Voleu res més excel·lent?

O sigui que ara som mentiders i tot.

Què em passa? Que em falla alguna cosa? En Sigurd està molt bé. En Sigurd de veritat que... ja m'enteneu. Quan ens fèiem un petó, ja m'enteneu, era molt... M'agradava bastant d'una manera semblant a un puzle xinès: quina peça va on? En quina sala de jocs infantils estic tancada, que no en puc sortir, baixar al pis de sota, i participar en els jocs dels adults? És que no puc voler-hi participar? Que potser sóc com aquella pobra canalla que esperen i esperen a fer l'estirada que no arriba mai? Què em passa, Titus? Alguna cosa en sé, de l'Amor, oi que sí? Per què Leandre va travessar l'Hel·lespont?; per què la gent comet crims passionals? Sé que una paraula; una parauleta inofensiva com *–cavalleria–* o *–Napoleó–* o *–Antàrtida–*, pot fer trontollar el món de tal manera que t'has d'aturar i repenjar-te en una paret fins que et recordis de com es respira... però potser ho tinc tot mal entès. Potser «fer l'amor» és senzillament el que diu que és: una artesania. Potser l'has de fer abans de poder-lo donar a algú, com una sopa o uns estalvis de ràfia.

«No puc parlar per experiència d'aquests temps, com comprendràs», va dir en Titus, ficant pessics de tabac a la cassoleta de la pipa, petita i blanca. «A l'exèrcit, no es comptava que els oficials es casessin fins passats els trenta anys. Dirigíem l'energia a altres passatemps. Les curses. La guerra. L'exploració polar. A fer-te matar... A la meva època, aquestes paraules volien dir... doncs, festejar, fer la cort. Rondar. Un concepte que era ben diferent del que implica la intimitat marital. Interpreto que "fer l'amor" ha passat a significar una altra cosa.»

–Sí. De fet, encara hem anat més enllà –vaig dir-li–. Ara la gent ja no fa l'amor, fa sexe.

«La gent sempre ha tingut sexe», va dir en Titus, despacientat. «És un accident del naixement. Com el color dels cabells. Data de naixement: març del 1880. Lloc de naixement: Putney, Anglaterra. Sexe: home.»

–Doncs ara és més aviat com menjar peix amb patates fregides– però els nusos que tenia a l'estómac se m'havien començat a desfer. Allò era el que volia: la castedat exòtica i cavalleresca del meu adorat eduardià...

«Ah, si vols dir cardar, això també ho teníem, naturalment», va dir en Titus, clavant-me un ensurt. «Però cardar està a un continent de distància de fer l'amor. I és completament perjudicial per a la carrera d'un oficial. Jo no hi vaig recórrer mai. Llevat, potser, per dir una paraulota. Deploro haver renegat en alguna ocasió escadussera. A diferència dels altres: tots senyors cristians de soca-rel, nets de pensament, paraula i obra. Els mariners s'hi referien com al meu «vocabulari d'emergència». Però l'anglosaxó és una llengua antiga i molt útil, quan el poni et clava una coça al garró. Malgrat les aparences, Sym, l'Amor no és cap paraula gruixuda.»

Pel que es veia, aquell era un dia perquè tothom es comportés d'una manera estranya, fins i tot aquell home que vivia al meu cap. Però almenys per fi era allà, i ben enfocat, amb la seva jaqueta de pell gastada i els pantalons atrotinats. La meva visió perifèrica es va anar esmorteint fins que només li veia la cara, l'arruga alegre que li alçava les parpelles de sota, els plecs que li sostenien la boca en parèntesi, els contorns de l'arrel dels cabells semblant a l'Amèrica del Sud disminuint cap al sud en la foscor de la barba de l'endemà. Finalment segura. Aleshores, només que em pogués agafar, només que em pogués escapar dins la meva ment i estar amb en Titus, anar a Glasstown, cordar la tenda...

–Com és que no tenies por, Titus? –vaig dir–. En aquell temps.

«Qui diu que no en tenia?»

–I així com vas aprendre a ser valent?

«A l'escola de valentia.»

–On és, això? A Eton? A la guerra dels Bòers? A Eduardilàndia?

En Titus em va mirar amb el cap decantat, va treure fum i el va tornar a inspirar per la boca quan va prendre alè per parlar.

«Aquí, Sym, sóc aquí.»

I de sobte em vaig adonar d'una cosa en què no m'havia fixat fins aquell moment. Ja sabia per què en Sigurd i en Manfred no tenien por. No tenia res a veure amb el coratge. No tenien por perquè no sabien res de l'Antàrtida. No sabien què ens esperava.

Es pensaven que tornaríem a casa vius.

13 *Gel de diamant*

QUAN va arribar la boira, em vaig pensar que en Titus l'havia enviat; perquè va aparèixer de vés a saber on i a més a més era una solució perfecta. Havíem travessat cinc-cents quilòmetres de mar congelat sense cap mena de contratemps, havíem consumit la meitat del combustible i de sobte, amb el temps just, no podíem seguir endavant. Com pots anar endavant quan no veus res davant teu?

El moviment rotatori es va aturar. La remor del Hagglund va anar minvant fins al punt mort i en acabat, al cap d'uns quants minuts, es va tornar silenci i tot estava tan quiet que hauríem pogut ser al fons d'un got de llet. Curiosament, feia la impressió que avancéssim, com en un somni quan et trobes conduint un cotxe i tens les cames paralitzades i no pots fer anar els pedals encara que sabessis conduir, que no en saps. Però només era la boira, que em passava rodolant pel costat de la finestreta prenent unes formes semihumanes que feien capgirells. Groga com la icterícia, s'acostava a les finestres fent ganyotes i després s'allunyava giravoltant. Enmig de la boira ningú ens podria trobar, però almenys el nostre viatge interminable cap a la foscor blanca s'havia aturat. Encegats per aquell miasma lletós, ensordits pel silenci, en Sigurd i jo sèiem estupefactes, sense parlar. Vaig deixar de banda el manual del fabricant.

–Així ja està, no? –vaig dir–. En aquestes condicions no

podem continuar, oi que no? –per dins jo deia: «Ah, gràcies, gràcies, moltíssimes gràcies per aquesta boira.» Ara, no tenia ni idea de si era a en Titus, a Déu o als fantasmes riallers de la boira, a qui en donava les gràcies.

Pobre oncle Víctor: havia posat tot el peix a la graella i s'havia quedat sense res. Una cosa és tornar amb fotografies, amb un botí, amb un ble de cabells d'un alienígena, amb Proves. Però tornar amb les mans buides; haver d'explicar petiteses com el robatori d'un vehicle o les bosses de te narcòtiques, quan hauria hagut de parlar de mons dins d'altres mons! Ara ell i en Manfred Bruch gairebé segur que haurien de compartir la glòria de la descoberta amb uns geòlegs nord-americans i uns guies turístics sud-americans. O, si es reservaven el secret per ells, haurien d'abandonar l'Antàrtida, sense ni un ral, i s'haurien de posar a estalviar per fer un altre viatge. I això si s'escapaven d'anar a la presó.

Potser podríem dir que havíem agafat el Hagglund per anar a buscar ajuda, després de veure que tothom a Camp Aurora s'havia quedat adormit misteriosament.

En Víctor i en Manfred van entrar al nostre furgó per fer un mos i, malgrat que el víking estava fet una misèria, l'oncle Víctor va tirar pel dret i va preparar un te. Es reservava gelosament la tasca de servir-nos la beguda que li semblava que ens convenia: llet amb cacau, te, refresc.

–Beu! Beu! –ens deia–. La deshidratació és el gran perill que correm, aquí baix! És el lloc més sec de la Terra! La gent no n'és conscient!

Li vaig anar a fer un petó a la galta (perquè per dins segur que estava regirat per la decepció) però estava massa enfeinat arrenglerant pastilles de vitamines damunt de la tauleta, a més del seu refresc de fruita, i em va apartar cap a un cantó.

–Beu! El que la gent no té present –va dir, fent una pausa entre les paraules per empassar-se una altra lletra de l'alfabet: vitamines C, E, B12– és que aquest lloc està categoritzat com a «desert»... el cicle de l'aigua triga deu mil anys... «Aigua, aigua pertot arreu, i ni una sola gota... Pren-t'ho! Beu!

–És una llàstima, però ja es veu... –va començar en Manfred, amb tota la cara suada.

–És un bon amagatall, aquesta boira –va dir en Víctor.

–...que hem gastat la meitat del combustible –va dir en Manfred, descordant-se la cremallera de la parca, tot i que estava tremolant–. Lamentablement, hem de girar cua i tornar.

Em vaig adonar que s'havia desfet el cinturó de dins, que s'havia descordat els pantalons com si hagués fet un àpat molt copiós i se sentís incòmode.

–La tornada serà tota en baixada –va dir en Víctor–. I a més a més, ara viatgem més lleugers. No necessitem tant de combustible.

I es va espolsar els genolls i es va posar dret, amb una panxa exagerada pels gruixos de roba i el vestit d'esquí voluminós. Tots quatre omplíem l'espai de tal manera que, des de fora, la furgoneta devia semblar una assecadora de roba atapeïda de teletubbies.

–Però amb aquesta boira no podem moure'ns –vaig dir sense pensar. No era cap amotinament. Era senzillament un fet.

–Amb GPS? –va dir en Víctor–. Qui ens ho pot impedir?

–Doncs el cisallament!

–Què és el cisallament? –va preguntar en Sigurd.

En Víctor va fer un ronc burleta enorme que li va fer vibrar el nas.

–Escolta la veu de la ignorància, eh, Sym? Pregunta que és el cisallament!

–I les provisions també, n'hem gastat la meitat –va dir en Manfred, comptant les capses vermelles amb les tapes transparents–. Més de la meitat.

–En trobarem més a Nansen –va dir en Víctor.

–Però com ens ho farem per veure les clivelles? O el glaç de pressió? –vaig dir-li.

L'alegria d'en Víctor no es va apagar gens ni mica.

–Aquest ferro ens portarà allà on sigui. Actualment, són millors que un tractor Sherman, aquests trastets!

–Clivelles? –va fer en Sigurd, i es va empassar saliva.

–Com ens ho farem per trobar una glacera enmig de la boira? –vaig dir–. Almenys esperem-nos que s'aixequi la boira!

–Un xic menys de negativitat, sisplau, Sym –va respondre en Víctor secament–. Què t'ensenyo, sempre? El pensament positiu porta resultats positius. Ara no és el moment de corglaçar-se.

Dins el meu cap, en Titus va esclatar a riure. El ressò de la seva rialla acompanyava la histèria creixent.

–Glacera? –va preguntar en Sigurd–. Quina glacera?

–Digue-li, Sym –va dir en Víctor, tancant els ulls amb una paciència com de Buda–. Digue-ho al xicot.

Els dos noruecs em van mirar. Jo em sentia com el cangur Skippy quan li demanaven que comptés fent bots amunt i avall sobre el mateix lloc. En Titus s'estava trencant de riure, tant que es va haver d'asseure a terra.

–Per pujar a l'altiplà –vaig dir entre dents–, per travessar les muntanyes, ens cal trobar una glacera. És com agafar la rampa per a les cadires de rodes en comptes de les escales.

En Titus encara reia més fort, sense respirar, gemegant i sospirant amb hilaritat.

En Víctor va fer un somriure d'orella a orella.

–La ruta està perfectament traçada. No hi ha millor moment que el moment present! Ja ho diuen: el bon temps no té espera! Apa, prou de xerrameca, amunt! Tothom a bord! Mariners a coberta!

I va obrir la porta i va tornar a baixar escampant crits mariners com si fossin neu. Li vaig anar al darrere. La boira havia deixat una capa lletosa de gel damunt dels tres esglaons metàl·lics i jo vaig anar a parar a terra de cop.

–Però i el cisallament, oncle? Sisplau, no et fiquis al cisallament. Amb aquesta boira, no veiem res!

Un cop vaig saber on tenia els peus i em vaig haver posat dreta, em vaig girar i el Hagglund s'havia tornat una silueta fosca, mancada de color, com la porta del celler d'una casa plena de fum. Sabia que si el perdia de vista, que si feia una passa més boira endins, no hi hauria tot terreny, ni gravetat, ni dia de la setmana, ni geometria, ni notícies, ni Sym.

El motor es va engegar. Les cintes balderes de la tracció d'eruga es van acoblar amb les rodes de davant i van prendre vida mentre se'n desprenien blocs de neu compacta. Les mans nues, Sym, vas amb les mans nues! Esverada, em vaig posar la manyopla del revés (sense el polze) i vaig anar trobant el camí tocant el costat de la furgoneta. La sentia vibrar sota la meva mà. L'enllaç hidràulic que unia els dos furgons va deixar anar un sospir exasperat en passar-hi pel costat. Em vaig girar la manyopla i em vaig enfilar pels esglaons relliscosos del furgó del davant, just quan les cintes d'eruga es començaven a moure. Mentre m'agafava a la porta oberta, vaig sentir com la de darrere es tancava amb un cop. Suposo que el trineu Nansen i la moto de neu tornaven a prendre vida a l'extrem de les cordes, seguint les traces deixades per les cintes de la tracció. Seguint les traces. No és que ho veiés. Al mirall del retrovisor del davant no es veia res més que la ceguera blanca de la boira quallant-se. L'oncle Víctor em va allargar una mà i em va estirar cap a dins, cap al seient del passatger, però sense aixecar el peu de l'accelerador ni parar de xiular fluixet.

Es va sentir la veu d'en Sigurd a través de l'intercomunicador:

–Què és el cisallament? –va dir. En Sigurd començava a semblar una cinta de lliçons per aprendre anglès:

What is this? This is a Hagglund.
What is that? That is a mistake.
How is the glacier? The glacier is cold.
Where are the crevasses? God alone knows.[1]

En Víctor no es va molestar a respondre-li. Em vaig cordar el cinturó de seguretat i vaig tancar la porta amb un cop. Els llums il·luminaven dos grans cons de boira i no ensenyaven res més del que teníem davant nostre. La nuesa, d'una brillantor ferotge, de la plataforma glacial ens havia fet mal als ulls; però i aquesta boira? Això era una cataracta al globus ocular! «Sisplau, feu que s'aixequi aquesta boira! Sisplau, feu que s'aixequi! Feu aixecar la boira», resava jo, i no tenia ni idea de si era a Déu, a en Titus o als fantasmes somrients de la boira. Al voltant dels cons es congriava un eixam de mosquits de flocs de gel. El parabrisa era ple de boira. Se'ns acostava com la pols del resultat d'una explosió: núvols i més núvols d'un fum impenetrable, o el vapor d'un tren de vapor que estigués a punt de tirarse'ns a sobre. Vaig forçar els ulls per mirar de veure-hi entremig; els forçava cada vegada més i no em podia estar de continuar esforçant-me per veure-hi. Notava com els nervis òptics se m'estiraven com filaments de xiclet.

Aleshores vaig engegar el circuit tancat de televisió, tal com m'havia dit en Sigurd. «Digue-li!», no ho vaig sentir, evidentment. Però «digue-li» és un moviment de llavis que s'entén prou bé, i en Sigurd ho va dir unes quantes vegades: «Digue-li! Digue-li! Digue-li, sisplau!» En Manfred Bruch va sacsejar el cap enèrgicament. És clar que aquells moviments de llavis devien voler dir una cosa completament di-

1. Què és això? Això és un Hagglund./ Què és allò? Allò és un error./ Com és la glacera? La glacera és freda./ On són les clivelles? Només ho sap Déu. (N. de la t.)

ferent en noruec, però pensant-hi bé, mai no vaig sentir ni una sola vegada que en Sigurd i en Manfred es parlessin en cap altra llengua que no fos l'anglès.

–Molt bé, digues, què fa tanta gràcia? –vaig dir a en Titus, que es trobava al seient de darrere meu. Feia servir el barret per eixugar-se la boira glaçada dels cabells i les llàgrimes de tant de riure de les galtes.

«Perdona. És el meu sentit de l'humor macabre, ha ha ha, perdona», deia, singlotant suaument. «Ara no és el moment de corglaçar-se. És això el que ha dit, no? Tota una frase digna de Scott. Ara no és el moment de corglaçar-se!» En aquell moment anava equipat per a la neu, vaig observar, i portava les botes xopes.

Amb una paciència inesgotable amb la nostra estupidesa, el punt del sistema de navegació GPS no parava de fer pampallugues, marcant el nostre progrés cap a la serralada Transcontinental i l'altiplà polar. Cap al forat de Symmes. Hauria estat lògic pensar que la por li hauria accelerat el cor electrònic. Però com que és britànic, amaga les emocions.

El pols es va mantenir estable fins i tot quan vam topar amb la cresta.

Hi vam topar anant a trenta quilòmetres per hora. Més aviat semblava que hagués topat ella amb nosaltres, apareixent d'entre la boira com Moby Dick atacant la nau *Pequod*, envestint-nos de cara. L'impacte va ser tan fort que estava convençuda que el Hagglund havia quedat destrossat. Les rodes de davant van xerricar dins de les cintes de goma de la tracció d'eruga. Els llums es van apagar tot fent pampallugues. Va aparèixer una esquerda de banda a banda del parabrisa, amb un espetec com el tret d'una pistola. El motor es va ofegar i es va parar.

Tot i que portàvem els cinturons de seguretat, en Víctor

va xocar amb la barbeta contra el volant i a mi les mans em van sortir disparades cap endavant com si fossin pedres llançades amb una fona. Per la pantalla del circuit tancat veia com en Manfred i en Sigurd badaven la boca buscant aire perquè l'impacte del cinturó de seguretat els havia tallat la respiració. Jo hauria respirat per ells, però jo també tenia els pulmons buits.

Enmig de la boira, la cresta contra la qual havíem xocat podia tenir qualsevol alçada (la mateixa de la furgoneta o vint vegades més alta); una petrificació de neu esbiaixada en forma d'onada, dura com el ciment. El tot terreny no hi podia passar per sobre, igual com una criatura no podria enfilar-se de quatre grapes per una paret de maons. Durant molta estona no hi va haver manera de tornar a engegar el motor, i després en Víctor no sabia canviar de marxa per posar la marxa enrere. (La marxa enrere no havia format part del seu pla en cap moment.) Finalment va fer maniobres per moure'ns d'allà i va seguir en el sentit de la cresta; va intentar conduir paral·lelament a la cresta, però era impossible de distingir-la de la boira i el retrovisor no parava de rascar i topar contra la paret de glaç fins que el mirall es va trencar i el braç es va deformar. En Manfred no parava de prémer el botó de l'intercomunicador, cridant a en Víctor que s'aturés, renegant, exigint saber què era tot allò i què passaria.

–No ha passat res. Són forts com tancs, aquests trastos! No cal gastar aquest llenguatge groller –va murmurar en Víctor dins el micròfon, jovial com un guia turístic d'un autobús descapotat que encara esperés guanyar-se una propina al final del trajecte.

Durant uns deu quilòmetres vam anar seguint la cresta de glaç, mentre la superfície de sota nostre s'anava fent més rústega, amb un garbuix de blocs angulars, i la boira bullia al voltant de les finestres. Aleshores la part de davant de la furgoneta es va aixecar i va anar arrossegant-se damunt d'una pila de fragments de gel que semblava la runa d'una paret enfonsada. Un tram de la cresta s'havia deteriorat i vam anar seguint el camí a cegues, rodant i envestint per l'esvoranc, fins que ens vam tornar a trobar sobre el gel pla. Els cons bessons de llum elèctrica groga ja no il·luminaven la boira, però era una pèrdua insignificant. De què li serveix una llanterna a un cec?

Al cap d'un quilòmetre vam tenir una altra topada, aquesta vegada contra un gran monòlit de neu glaçada que semblava la soca d'una sequoia gegant. Fent un viratge per esquivar-lo, en Víctor va xocar amb un altre bloc, encara més gros, i va abonyegar un costat de la carcassa del motor. Quan vam sortir a observar els desperfectes, vaig anar resseguint la corda de remolcar fins que vaig trobar la punta tota rosegada i vaig veure que la moto de neu havia desaparegut. El trineu s'havia bolcat i s'havia anat arrossegant de costat. El vam tornar a posar sobre el patí ("Els guants, oncle"), però els bidons de combustible que hi anaven lligats s'havien foradat i, tot i que el gasoil de dins estava completament congelat, s'escolaria tot de seguida que el descongeléssim per fer-lo servir.

–Tornem. Tornem ara –anava repetint en Manfred Bruch una vegada darrere l'altra–. Ho sento molt però...

L'oncle Víctor ni l'hi discutia ni hi estava d'acord, senzillament es limitava a continuar xiulant entre dents «*I love Paris in the summer when it sizzles*» intentant adobar a puntades de peu la maquinària abonyegada per evitar que s'enganxés amb les cintes de la tracció d'eruga. En Sigurd no deia res de res. Estava pàl·lid com la cera i s'havia mossegat el llavi amb la topada.

–Vinga, Sympàtica! –va dir en Víctor, clavant-me una manotada a l'esquena–. A veure si posem aquest tractor altre cop sobre les rodes.

–Que ja ens en podem tornar cap a casa? –li vaig demanar, com si al vespre s'hagués girat fresca i fos hora de tornar per seure calents davant de la llar de foc després de fer una caminada pel camp. El que jo volia dir era: «Ja hi ha prou combustible?», però en Víctor ja havia fet els seus càlculs, havia previst complicacions i retards, ho havia estat planificant de feia anys. Em va encarregar que vigilés el giroscopi de damunt del davantal ("Tu assegura't que anem sempre en direcció sud") mentre ell rectificava la trajectòria.

Ens van aparèixer entre la boira tres crestes i contorsions de glaç més. Ens havíem transformat en un cotxet de joguina que anava xocant contra les parets i les potes de les taules de l'Antàrtida, i que canviava de direcció amb cada impacte. Estàvem atrapats en un laberint de carrerons sense sortida. La boira també semblava que es transformés en ciment, i el ciment sedimentava al voltant nostre en forma de murs de presó. Entre la boira no podíem treure l'entrellat de la geologia dels murs, quin disseny seguien, cap a on havíem de virar per alliberar-nos del laberint.

Aleshores en Manfred, que mantenia la punta de la bota pitjant el botó de l'intercomunicador, fins i tot mentre feia esforços per mirar per la finestra, va deixar anar un crit d'autèntic terror en veure que el terra cedia. Senzillament el terra es va descordar per sota la furgoneta articulada: es va obrir per la nostra esquerra, passant-nos per sota de la tracció, i continuant enfora cap a la dreta, deixant caure neu compacta cap al no res que hi havia a sota. La terra que hi havia sota nostre no devia trigar gaire més de tres segons a enfondrar-se.

14

El que cadascú sent en el seu cor
només m'ho puc imaginar.

SCOTT

ENS VAM QUEDAR encavalcats sobre una clivella, amb el darrere del furgó de davant sobresortint i tot el furgó del darrere, excepte un metre, penjant en l'aire. En Manfred Bruch continuava cridant: jo el sentia per l'intercomunicador, pels auriculars de l'oncle Víctor, i fins i tot, n'estic segura, a través de les parets del tot terreny.

Les finestres suaven amb la condensació del nostre alè. La boira era un regal. Si hagués pogut veure el que hi havia fora (si hagués pogut veure el que hi havia avall, en la foscor) no crec que mai més hagués mogut el cap o les mans, no crec que mai hagués mirat lluny. Tal com estaven les coses, vaig aconseguir girar-me cap a en Víctor i mirarlo: ell sabria què calia fer. Ens trauria d'allà: l'infal·lible oncle Víctor, home de recursos, que havia alineat els àtoms del seu cervell per incrementar el quocient d'intel·ligència.

Les mans se li veien blanques damunt del volant. Es pessigava els llavis entre les dents. Tenia les ulleres una mica tortes a conseqüència de la primera topada.

–El que estem a punt de fer ara –va dir– és una evacuació ordenada. Escolta'm bé, Bruch. Vés cap a la porta del darrere. Si alleugerim el vehicle potser el podrem moure amb molt de compte...

–No! –vaig dir, estirant-li els auriculars del cap i cridant al micròfon–. No sortiu! Manfred! Sigurd! No sortiu! L'empremta del vehicle és més lleugera que la d'un home. No sortiu!

Quina expressió més estúpida: «L'empremta del vehicle». Però és que fins aleshores havia estat llegint el manual del fabricant, oi que sí? I deia textualment això! Jo no me n'invento, de paraules. Jo només... «l'empremta del vehicle». Què vol dir? Com pot ser que un vehicle amfibi de dues tones pesi menys que un home? Ni jo, m'ho crec, però això és el que deia al llibret. Això és el que hi posava. No són paraules meves. Són paraules creïbles, dignes de crèdit, paraules d'adult. No és poesia.

–No baixeu del furgó! Si l'escletxa fa menys de quatre metres d'ample en podrem sortir.

Quatre metres. Quatre metres. Quatre metres. Com creus que és d'ample, Titus?

«Obre la porta i guaita, reina.»

No podia agafar la maneta de la porta amb les meves manyoples enormes; me'n vaig arrencar una d'una revolada, vaig obrir la porta un parell de dits, només un parell de dits. La boira va entrar com un geni de l'Aràbia, passejant-se'm vaporosament per les cames i la cara. Veia els tres esglaons metàl·lics glaçats, per tant la boira es devia haver aclarit; potser la neu caiguda havia fet que la clivella l'engolís. Potser ja havia fet la seva feina, un cop havia aconseguit que ens perdéssim. Els esglaons tenien la meitat de la superfície penjant damunt de la clivella, i l'altra meitat per sobre de la neu. Si obria prou la porta segurament em podria deixar anar fins a la vora de la clivella abans que el Hagglund es precipités de cul cap a l'abisme. Com podia ser que un parell de peus pesessin més per no sé què quadrat que aquell tot terreny gros, vermell, desmanegat i de metall massís? Quina absurditat. Quina bestiesa. Que poc plausible. El que passa és que no tinc els peus petits. Jo sóc Sym la matussera, Sym la brusca; igual d'elegant que un cigne fora de l'aigua. El manual del fabricant diu que l'empremta del vehicle és menor que la d'un... No hi diu res dels cignes, al manual! I si les vores de la clivella encara estiguessin saturades de neu, podria estar trepitjant una capa fràgil de neu que pengés per damunt del no res insondable. Potser d'una profunditat de deu metres, potser de mil.

«Jo t'hi donaria un cop d'ull, Sym, però amb el sistema mètric que feu servir ara no m'hi aclareixo. Sóc un home que només coneix les mesures imperials, jo. Com és d'ampla la clivella, Sym?»

–No t'ho sabria dir! No m'hi veig! És la boira!

L'oncle Víctor va burxar amb el dit el botó del cinturó de seguretat. Estava a punt de sortir a fora.

–No paris de conduir, oncle! Saps què va dir en Jon, no? Que aquest vehicle passa per tot arreu, supera obstacles de tota mena, cobreix esvorancs de fins a deu metres! El que sigui!

El pensament positiu porta resultats positius. Jo no volia dir el que pensava de debò: si sortim i la furgoneta se'n va clivella avall igualment ens morirem.

En Víctor em va mirar. Tenia els llavis atrapats entre les dents i la pell vermella i escamosa perquè no li agrada posar-se protector solar. Semblava un peix d'alguna raça exòtica dins d'una peixera esquerdada: malparat i desconcertat.

Per tant, m'hi vaig acostar i vaig moure el canvi de marxes de la posició N a la D. Era un vehicle automàtic i es podia fer perfectament. Les cintes de la tracció d'eruga es van tensar. Al furgó de darrere, en Manfred Bruch va fer un udol de terror i es va moure cap a la porta. En Sigurd va lluitar amb ell en una mena de baralla maldestra, que es va acabar quan el seu pare va rebre un cop de puny a la panxa i va caure de quatre grapes per vomitar.

Es va desprendre una massa de neu de cada segment de les cintes de goma, que queia al buit fosc de sota. La boira s'entortolligava al voltant del Hagglund. El canvi de marxes gemegava. Totes les agulles que hi havia al plafó de comandament rodaven vertiginosament dins del dial; tret del giroscopi, que apuntava, estacionari, cap al sud. Una de les topades el devia haver deixat clavat. El tractor va avançar, desafiant la gravetat, desafiant la física, trobant suport a l'aire. Per la porta oberta podia veure com el soroll imponent del motor anava escrostonant la neu compacta en grànuls i els enviava degotant per damunt la vora cap a l'avenc que teníem a sota. Però nosaltres avançàvem, cosa que volia dir que almenys unes quantes osques de la cinta de l'eruga havien trobat suport a la terra ferma per una punta o l'altra del vehicle.

L'oncle Víctor va tornar a posar les mans sobre el volant. Es va inclinar cap endavant, dret, amb el cinturó de seguretat descordat, per intentar veure alguna cosa entre la boira.

–Què et deia, mossa? Què et deia? Aquest trasto passa per damunt de qualsevol lloc!

Jo m'esperava que el furgó de darrere es desplomés per la clivella i ens estirés avall. Però el tot terreny va continuar arrossegant-se, a pas de tortuga, transportant-nos amb molta cura, portant-nos amb diligència fins a l'altra banda de l'escletxa badada, a poc a poc, a poc a poc fins al mosaic confús de blocs de gel i cap a l'espiral marejadora de la boira movedissa. Les cintes de la tracció d'eruga van trobar terreny on arrapar-se i la furgoneta va recuperar el seu sotragueig familiar.

Just quan ens tornàvem a atrevir a respirar, una mà gegant, amb un grinyol espantós, va engrapar el Hagglund i el va estirar violentament cap endarrere. Tots els objectes de la cabina que no estaven clavats van volar cap endavant: bolígrafs i orelleres, la capsa del casset de Lee Konitz...

El trineu, penjant per la punta de la corda, acabava d'arribar a la vora de l'escletxa i s'hi havia precipitat, arrencant en part els suports dels rivets. Ara es gronxava i giravoltava, balancejant-se endavant i endarrere. Ens tenia estacats, com una àncora; aleshores en Víctor va accelerar i vam contrarestar-ne el pes i el vam remolcar, fora de l'escletxa. El trineu va reaparèixer com si fos un pacient en una llitera, amb la lona intacta i ben lligada encara de cap a cap. Jeia bocaterrosa damunt la neu al marge de la fissura, i sabia que s'estava refent de l'ensurt, resant per donar les gràcies, enfortint-se per si venia res pitjor.

En Manfred Bruch seia als esglaons de la furgoneta respirant profundament, amb el cap entre les mans i els dits entre la cabellera espessa, com de palla. En Sigurd va fer unes quantes passes endins la boira per orinar i en acabat, espantat, es va posar a cridar-nos per saber on érem:

–Crideu! Feu soroll! –cridava–. Crideu perquè us trobi!

Jo el vaig cridar; en Manfred no es va ni bellugar. Semblava exhaust, extenuat. Mirava el rellotge cada pocs segons, com si el Temps fos l'essència, com si el rellotge li pogués dir quan s'hauria passat el punt sense retorn. No va demanar a en Víctor que tornés enrere, perquè tornar enrere significava travessar aquella clivella, anar perduts endavant i endarrere entremig de les crestes de pressió en una zona verge plena de laberints i culs de sac.

–Hauríem d'acampar aquí –va dir, sacsejant les mans cap a terra–. Acampem aquí –però ho va dir per ell, tancat dins d'ell mateix. El conflicte li havia niat en els budells, se li havia instal·lat a l'abdomen.

El GPS va fer pampallugues, per dir-nos que estàvem estacionaris, però el mapa no mostrava res que expliqués el que acabàvem de passar. De fet, no ensenyava gran cosa: només un litoral, el contorn de la plataforma glacial de Ross, la punta de la Barrera. Els geògrafs no poden traçar un mapa del caos de la zona dels cisallaments; sempre està canviant. Aquí és on la plataforma glacial s'enganxa com una frontissa a la terra ferma, doblegant-se, embutllofant-se i obrint-se, com una ferida que no es tancarà mai.

–Au, som-hi! –va dir en Víctor, però ningú no es va moure. Tots pensàvem en les nostres coses, i au, som-hi amunt no figurava en cap d'elles. No va ser fins que en Víctor va ordenar a en Sigurd que caminés davant del tot terreny que es va guanyar totalment la nostra atenció. Tots ens el vam mirar.

–Què passa? És un reconeixement de clivelles! Anirà lligat, amb una corda a la cintura. Li posarem una corda de seguretat. Serà bufar i fer ampolles.

Va demanar a en Bruch que li fes costat. El víking va arronsar les espatlles, sense dir res. Tenia l'expressió d'un home fent càlcul mental durant un examen. En Sigurd, però, s'hi va negar a crits: res, però res, no el convenceria. En Víctor es va clavar a riure.

–Afanya't noi! Vols trobar el Portal, oi que sí? No et pots apuntar a aquestes aventures i després no posar-hi el coll! Sóc jo, l'únic que està per la feina, aquí?

Momentàniament vaig tenir el dubte de si en Víctor estava castigant en Sigurd per haver-me fet un petó. A les sèries de televisió els pares sempre tenen mania als xicots de les seves filles, oi que sí? I l'oncle Víctor sempre ha estat com un pare per a mi.

–Si la feina no t'agrada, dóna-n'hi la culpa a la Sym –va aclarir en Víctor en to de broma–. És ella qui va espatllar el giroscopi. Bah! Les mosses i la tecnologia, eh? És la seva navegació que ens ha portat fins aquí.

I va mirar al seu voltant cap a aquella conca fumejant d'aquell cul de món, on la meva estupidesa els havia portat.

–No hi ha cap mal, en això. Au, vinga, tira, noi. Tira, passa, au, au! Estàs lligat. Vas més segur que una caixa forta!

Va lligar el cap d'una corda llarguíssima als barrots del bastidor. En acabat es va acostar cap a en Sigurd amb l'altre cap de la corda. En Sigurd va ensenyar els punys.

«Oh, quina emoció! Un combat de boxa. Puc fer d'àrbitre», va dir en Titus. «És com a l'Índia, altra vegada!»

Vaig anar a deslligar la corda, la vaig fer passar pels barrots i em vaig lligar la punta al voltant de la cintura.

–Caminaré al teu costat, Sigurd –vaig dir. A vegades cal fer coses per enfortir els músculs del coratge.

En fi, mai no he pogut suportar les discussions. Sóc capaç de fer qualsevol cosa per evitar una escena.

En fi, no ens convé gens que l'oncle Víctor prengui mal; necessitem el seu enginy. La seva planificació. La seva ment. El seu coneixement sobre el càlcul del consum de combustible. La seva confiança.

En fi, en Manfred pot ser un excel·lent director de pel·lícules, però ha agafat el microbi de panxa aquest d'Aurora, i a més no en sap ni un borrall, de l'Antàrtida.

«En fi, que estàs empipada com una mona», va dir en Titus, tot divertit.

–Home, és que no he estat jo qui ens ha portat cap aquí! –vaig dir.

«I és clar que no.»

–I jo no vaig espatllar el giroscopi!

«És clar que no», va dir en Titus.

Vaig tenir una pensada d'última hora, me'n vaig tornar a la cabina i en vaig treure dos piolets. Si posàvem un peu en fals en una esllavissada de glaç o quèiem per la vora de... del que fos... potser els necessitaríem. I si, darrere nostre, el tot terreny es precipitava per... algun lloc... potser podríem tallar la corda abans que ens arrossegués avall a nosaltres i tot.

En Titus em va fitar amb el cap decantat, amb una mirada que no sabia interpretar.

–Què?

Una mirada intensa, clavada als ulls, que havia deixat de ser divertida, que havia deixat de ser l'àrbitre imparcial, ja no era en Titus, de fet; les seves faccions es transformaven en les d'en Sigurd aguantant el piolet que li acabava de donar.

–Quant peses, Sigurd? –vaig preguntar-li. (Oh, una bé ha de saber els detalls, em sembla a mi, i quan vas lligada amb una corda i a l'altre cap hi va una altra persona, és la mena de detall que et convé saber.)

Caminàvem agafats de la mà mentre buscàvem els senyals delators d'una depressió a la superfície, un canvi en el color de la neu. Absurd. La boira era tan espessa que amb prou feines ens vèiem l'un a l'altre, i això que anàvem agafats de la mà.

Estimada Nikki:

En Sigurd i jo ara anem junts, es podria dir. Aquí es pot anar i anar i anar més que en cap altre lloc. Porto tots els accessoris de moda imprescindibles per a una cita: piolet i ulleres d'esquí, manyoples, eixuganassos i un bastó d'esquí per burxar el terra, igual que un cec amb un bastó blanc. A les galtes hi porto el to ideal de blau. No parlem gaire; estem en comunió amb la natura i prou. La natura tampoc no diu gran cosa. Digue-li a la mare que no pateixi. Que no ha de tenir por de res. Que ens en sortirem.

Petons,

Sym

–Aquest lloc és «el cisallament»? –va preguntar en Sigurd al cap d'una bona estona.

Li vaig explicar que allà on la plataforma glacial es troba amb la terra no acaben de formar una unió perfecta;

que el mar, que està molt i molt avall, empeny el gel contínuament amunt i avall, amunt i avall de manera que s'esberla i es cargola tot sol formant grans cicatrius i plecs. No sabia si m'escoltava. S'havia posat una d'aquelles màscares vermelles grotesques i les ulleres d'esquí. Podria haver estat l'oncle Víctor. O una granota arborícola de l'Amazones.

–Els teus pares et van posar Sym en honor d'aquest tipus genial, John Cleeves Symmes? –va dir en Sigurd, una mica més tard.

–No, ui no! És una coincidència. No, jo em dic Symone i prou. És una coincidència.

Naturalment, no és res d'això. Els oncles no oficials no trien el nom d'una criatura. Això ho fan els pares. Doncs així, el pare també devia formar part d'aquesta recerca de tota una vida del forat de Symmes. Mirant enrere, ara hi ha un munt de coses que adquireixen sentit. Quan vam anar a Islàndia, l'únic lloc al qual el pare i en Víctor van anar de dret va ser Snaefellsnes. Em recordo de la cara d'emoció que feia el pare quan em va dir:

–Aquí és on comença, preciositat! En el llibre! A *Viatge al centre de la Terra!*

Potser es pensaven que Jules Verne sabia alguna cosa que el geòlegs no sabien, i que Islàndia realment contenia el portal del nord cap al planeta buit. Recordo com el viatge va perdre el seu aire de vacances. Snaefellsnes i Jules Verne els devien decebre. No van trobar cap Forat.

Ah, és clar!, el pare hi devia estar ficat des del començament. El pare ho sabia, això que la Terra era buida. I estava tan agraït a John Cleeves Symmes per aquest coneixement que va batejar la seva filleta en honor seu. Symone. Sym. Potser es feia la il·lusió que jo tindria un intel·lecte que hi faria joc. Sempre havia sabut que l'havia desil·lusionat; el que no sabia era fins a quin punt.

Bastant de sobte, la boira va canviar de consistència al nostre voltant. En qüestió de pocs instants, el vapor gris i carnós es va tornar una mena de rosada gebrada, una precipitació de cristalls, una càrrega de partícules de gel que queien de l'aire espurnejant, com arròs en un casament, i el sol les feia lluentejar amb tots els colors de l'arc de Sant Martí. Ens bombardejaven amb arcs de colors que queien des d'una altura infinita, que ens enlluernaven amb llances i dards iridiscents i cascades de raigs de colors. Hi havia partícules que eren tan esmolades que se'ns clavaven als vestits com fletxes de lil·liputencs. No sabia si havia d'estar espantada o admirada. La boira havia desaparegut com la tela d'un màgic enretirada hàbilment d'una taula de meravelles. Al cel, el sol era el centre d'una roda d'alumini apagat amb uns radis de llum, i al final de cada radi, un altre sol. Sols clonats.

–Déu meu! –va dir en Sigurd–. Mira tot això!

Brollaven unes clapes negres d'absència de llum que embrutaven el cel entremig dels sols; degotalls de melassa sempre canviants i que adquirien formes foranes: una arpa, una mà, una àguila, un dinosaure.

El tot terreny s'havia aturat, però no ens en vam adonar fins que les cordes a què anàvem lligats ens van començar a tibar. I quan ens vam girar, érem rens estupefactes que dibuixàvem un rastre de Nadal. El Hagglvnd havia dibuixat una figura decorativa; un duplicat fantasma d'ell mateix, de cap per avall, penjant a l'aire, cara a cara amb l'article genuí. Als nostres peus, els cristallets de mirall s'havien unit fent tires llargues brillants i la neu gebrada hi havia teixit mostres a sobre, brodats en blanc sobre blanc.

–Déu meu! –deia en Sigurd.

Per què és tan preciós? No pot ser especialment dedicat a nosaltres. No he entès mai això de la bellesa. Puc entendre que és bonic veure l'aigua quan corre, o una pomera carregada de pomes; coses que representaven coses bones per als nostres avantpassats, els homes de les cavernes. Però mai no he entès per què els lleons i els tigres, la belladona, les dunes de sorra i els llamps han de ser bells. O allò. Vam començar a girar i a girar, observant, amb les mans fent cassoleta al voltant dels ulls per parar la llum ferotge i urpejant.

–Ai, Déu meu! –sospirava en Sigurd.

La vegada següent que vam mirar cap a la furgoneta, en Manfred i en Víctor forcejaven al volant. En Manfred (que seia al seient del conductor) estava inclinat cap endavant assenyalant, amb la mà oberta contra el parabrisa com si volgués atrapar alguna cosa. Seguint-li la mirada, vam veure (era cert) una imatge que valia la pena de capturar; digna de *Les mil i una nits* més que no pas d'una terra salvatge i glaçada.

L'horitzó, per primera vegada, era agut com el filferro; agut com tres filferros, de fet, perquè l'horitzó s'havia triplicat. I flotant damunt seu, amb un cel de la llargada d'un pam com a fossat, hi havia un palau negre com l'ala d'un corb. Els merlets, les torres i els minarets, les estacades i les ondulacions es distingien amb tot detall.

–Visca! –va cridar en Sigurd, entusiasmat i alleujat.

En veure'l, en Manfred va avançar cap a ell; va treure el fre de mà i va engegar la marxa en posició de conduir. Perquè no ens tirés per terra, ens vam haver d'agafar amb els barrots de les cantonades quan el tot terreny ens va passar pel costat, i aferrar-nos-hi amb totes les nostres forces, estirant la corda perquè no s'enredés amb les rodes i no ens arrossegués sota les guies. Jo picava contra el metall amb el puny que tenia lliure (pam pam pam) suaument encoixinat dins la manyopla.

«És un miratge», va dir en Titus.

Però jo no volia que fos un miratge.

«És un miratge», va dir en Titus. «Són muntanyes a més de cent quilòmetres de distància.»

Però jo no volia que fossin muntanyes a més de cent quilòmetres de distància. Volia que hi hagués gent, sentinelles, marcians dalt d'una nau espacial que fos un palau volant; una base secreta dels Estats Units amb la qual havíem topat per casualitat. Volia que fos Eolus, la mansió emmurallada de llautó del rei dels vents, que va naufragar aquí en els temps dels mites. Tenia moltíssimes ganes que fos de veritat. En un lloc on la veritat et col·loca cinc sols al cel i llesca els arcs de Sant Martí com si fossin sushi, per què no hi podria haver un palau a la deriva en el Glaç?

–És un miratge! –vaig cridar a en Sigurd.

El triple horitzó es va convertir en un pentagrama de cinc línies amb un escampall de notes. El castell senyorejava des d'una altura prodigiosa i s'inclinava cap a nosaltres; les torretes arronsaven les espatlles perquè el cel era molt baix. El tanc, que anava sotraguejant per les terrasses de zastrugui, provava de desempallegar-se de nosaltres. L'esquerda del parabrisa s'anava fent més grossa.

–És un miratge! –cridava jo, com si no tingués aturador.

Però en Manfred Bruch, rosegat pel mal d'estómac i les visions fantasmagòriques, es creia que havia vist la seva redempció. Fins que el sol no va haver avançat i els cinc sols es van ajuntar com si fossin gotes de mercuri en una sola moneda d'argent encegadora, fins que el reflex no es va fragmentar i el castell es va eclipsar, no va enretirar el peu del pedal i va afluixar les mans que engrapaven el volant.

S'havia esfumat; una pintura robada d'una galeria, emblanquinada amb una capa de guix, un truc de la llum. Res de mannà enmig de la terra verge, sinó més terra verge. En Manfred va sortir de la cabina i es va asseure als esglaons amb el cap cot, els braços recolzats als genolls, les mans caigudes. Els llavis li penjaven, separats de les dents, mentre plorava.

En Sigurd i jo vam baixar del parafang del davant i ens

vam deslligar les cordes de seguretat. Com que els nusos que hi havia al voltant de les barres de metall havien quedat recoberts de gel, vam desfer els nusos que ens lligaven la corda a la cintura, vam cargolar les cordes i les vam penjar del radiador. Les cames em tremolaven sense control, tenia adolorides les espatlles i la pelvis de l'esforç que feia per no relliscar.

–Sigurd, ens hauríem d'escalfar. Ens hauríem d'escalfar de seguida.

En Sigurd es va treure la màscara d'una revolada i la va rebotre per terra de mala gana.

Vaig pensar per què en Sigurd no anava a consolar el seu pare.

–Vés-hi –li vaig dir. Però tot i que hi va anar i es va posar al costat de l'home que plorava, es va limitar a emetre un gruny incomprensible, a treure's una manyopla i fer-la servir per etzibar un calbot a en Bruch. Les punxes d'humitat gelada del mocador van rascar la cara d'en Bruch, que va tirar el cap enrere, però feia la impressió que gairebé ni se n'adonés.

De mica en mica, es va anar recuperant. Era com mirar un home sortir d'un pou, espolsar-se l'aigua del damunt, respirar fondo, comprovar la seva capacitat de flexionar els dits, parlar, somriure, guanyar.

–Em sap greu haver-t'ho de confessar, Víctor, company –va dir en veu alta, cridant des dels esglaons on estava assegut– però em temo que t'he estat amagant uns quants fets –no tenia ni el més mínim tret d'accent noruec–. Sento moltíssim haver-t'ho de dir, però el teu forat ditxós també és un miratge. Una enredada. Una aixecada de camisa.

–Un traguet ràpid –va dir l'oncle Víctor bruscament, empipat amb en Bruch per la seva estupidesa amb allò del miratge, però disposat a perdonar-lo–. Una tassa d'alguna coseta calenta.

–Com t'ho diré perquè m'entenguis, pallasso, cap de

trons? –va dir en Bruch–. Era un engany. Una estafa. Un frau.

–Una beguda ràpida. Això és el que ens convé. I després hem de tornar a la ruta.

–Tornar. Tornar, això mateix –va dir en Bruch, repetint només la paraula que tenia sentit–. M'has sentit, Briggs? Jo ja en tinc prou per avui. Ja et tornarem els diners. Mira, el cas és que et vaig prendre el pèl. Et vaig esquilar. Et vaig xuclar fins a l'últim cèntim que vaig poder. Aixeco les mans enlaire. N'hi ha que ens hem de guanyar la vida. No a tothom li sobren els milions, saps? És la meva vocació. És al que em dedico. I sóc bo. Busco algun obsessiu amb calés per llençar i li estalvio la feina prenent-los-hi dels dits. És al que em dedico, i sóc molt bo! Ja hauríem desaparegut d'aquí si l'avió no s'hagués incendiat, oi que sí, noi? –ho va dir a en Sigurd. (Em sembla que és el més semblant a una disculpa que va rebre mai en Sigurd.)

En Manfred va agafar furtivament un extintor de dins de la porta del tanc. Era evident que es pensava que quan en Víctor l'entengués l'atacaria, i no es trobava en el seu punt àlgid de força física víking.

Però, lluny d'atacar-lo, en Víctor va anar a donar el tomb al tot terreny, a rossegons, fins al furgó del darrere per preparar les begudes calentes. En Manfred el va haver de seguir, arrossegant l'extintor.

–Has sentit el que he dit, Briggs?

En Víctor estava enfeinat encenent el fogonet, va col·locar els termos per ordre de mida, les tasses per ordre alfabètic: Manfred, Sigurd, Sym, Víctor. Va organitzar els espais entre elles de manera que fossin exactament iguals. Va comprovar el nivell d'aigua del bullidor i n'hi va afegir una miqueta perquè l'eficiència fos màxima i es perdés el mínim de butà. (No suporta veure malgastar l'energia.)

–Que em sents, Víctor? –va dir en Bruch–. Aquell web, «Pensamentlliure», és el lloc ideal per pescar obsessos! No et pensis que ets el primer. Primer et vaig sondejar per veure si hi havia diners... Després et vaig enllaminir amb el que volies... Et vaig fer un home feliç, reconeix-ho, Briggs! Durant un bon temps et vaig fer feliç! Però, d'acord, estaves per damunt de les meves capacitats! Ets un convers de mil quilowatts a la teoria que la Terra és plana! Fora les fades!

L'oncle Víctor va posar una cullereta a cada tassa abans d'omplir-la per dispersar l'escalfor i allunyar-la del glacejat delicat de la porcellana. Però resultava que les tasses eren de melamina. Vaig pensar: «Si no li trec els ulls de sobre, veuré quan s'enfonsa; veuré el moment en què s'adonarà que tots els seus somnis han quedat en no res: que un estafador l'ha espremut fins a l'última gota i l'ha deixat sec.» Vaig pensar: «Per què no li engegaves un tret, víking? No calia que primer li arranquessis el cor de viu en viu.»

Atabalat amb el dring alegre de les tasses i les culleretes i el borbolleig del bullidor, en Manfred es va anar excitant cada vegada més:

–Tothom vol sortir a les pel·lícules! Tothom espera secretament que algun dia coneixerà un director de cinema i li dirà: «Deixa'm filmar-te! Jo et faré famós o famosa!»

Va deixar anar una riallada rogallosa:

–Aquella dona, la Mimi, no feia més que suplicar-me que agafés els seus diners. «Una aliança empresarial», dic a la gent. «Jo hi posaré fins a l'últim cèntim si tu també ho fas.» I això és el que els enganxa. Paguen perquè es pensen que tu també ho arrisques tot. I sí que és una aliança empresarial, ja ho crec! Tu pagues i jo gasto! Ei, i aquí no es mor ningú!

El somriure li va quedar clavat a la cara com si el tingués enganxat amb xinxetes. En certa manera, encara feia un paper: el marginat entranyable, el noi desviat, mala peça però llest, un servent incansable de la Lliure Empresa. La incapacitat de reaccionar d'en Víctor era una mica com el públic negant-se a xiular al llibertí malvat de la comèdia.

En Manfred es va regirar al seient. El mal de panxa el mortificava.

–Que no saps res? Et pots baixar fotos d'Internet per satèl·lit en qualsevol moment! Les que vulguis! Tria i remena! Amplia-les, retoca-les. Aquell forat que et vaig ensenyar, és una mina oberta a Sibèria. No res! Qualsevol cosa! A la gent li pots ensenyar el que sigui: veuen el que volen veure!

Potser devia ensenyar un aprenent en l'antiga i venerable professió d'estafador. Així devia haver entrenat en Sigurd.

–Mireu, us hauria pogut matar allà al campament –fatxendejava–. Tenia la lletra del banc, hi havia aquell avió sobrevolant-nos; us hauria pogut cremar vius a tots, però no ho vaig fer, oi que no? Oi que no? Les coses com siguin! No ho vaig fer!

En Víctor ens va posar les tasses a les mans.

–Moltes gràcies, senyor Briggs –va dir en Sigurd. Per ell la cortesia era tan automàtica com el parpellejar. Em sembla que jo no m'havia recordat de donar les gràcies.

Ja més relaxat, en Manfred va repassar l'auditori amb la mirada: com era que el públic no l'esbroncava?

–Aquell fòssil! –va riure–. No saps que hi ha tota una indústria a la Xina que produeix falsos fòssils? Cent lliures, en vaig pagar!

Va mirar en Sigurd com posant-lo per testimoni per confirmar el que deia. En Sigurd li va evitar la mirada.

–Vaig trobar no sé què anunciat en caràcters xinesos a eBay, vés a saber què rediantre era: un despertador o uns bastonets antics, o jo què sé! Com que tampoc no comprovaries què hi deia en realitat, oi que no? Per què ho havies de comprovar, si era el teu bon amic Bruch qui t'ho deia: és una mà fossilitzada de l'Antàrtida i és teva pel mòdic preu de deu mil lliures esterlines!

En Bruch havia fet un parlament tan llarg que vaig pensar si volia que l'aplaudíssim. Les molèsties que s'havia pres! L'enginy que havia demostrat! Aquella sangonera, aquell vividor, aquell paràsit!

Però l'odi que sentia per en Bruch no era res comparat amb el que sentia per mi mateixa. Des del començament havia tingut dubtes sobre uns fòssils de mans en miniatura que es venguessin per eBay. I què havia fet jo? Que no m'havia passat pel cap que la foto podia ser una ampliació de qualsevol cosa; un cau de toixons, un vàter a la francesa o un forat de minigolf? Però que ho havia dit en veu alta, potser? I com que tenia massa por de fer enfadar en Víctor, de perdre la seva bona opinió, vaig amagar tots els meus recels fora de la vista, com si fossin revistes marranes dalt d'un armari. Tot delicte com aquest es mereix que algú com jo miri cap a una altra banda i no digui res.

En Sigurd es repenjava en mi, incòmodament pesant, com un gos que demanés afecte. Jo no volia ni que se m'acostés, aquell còmplice, aquell conspirador. Vaig provar d'apartar-me, però en Sigurd em tenia acorralada contra la mampara. No havia tocat la beguda. Gairebé no gosava ni respirar per por del que pogués passar a continuació.

L'oncle Víctor va recollir totes les tasses com si tots haguéssim acabat i va buidar les restes per la porta.

–Què, doncs? –va dir amb entusiasme.

–Què de què? –va dir en Manfred aixecant-se. L'extintor se li va escapar de la mà i li va anar a parar damunt de la bota.

–Vinga, va, som-hi que no ha estat res –va dir en Víctor serenament–. No et refiïs mai de les teves dades, igualment, sent estranger. Sempre és millor ser autosuficient. No pateixis, que sempre he sabut on trepitjava –la veu li feia uns alts i baixos com la cançó d'una comèdia musical: «Apa, som-hi tots, nens i nenes, senyores i senyors!»

Jo em pensava que era una frase feta, però en Bruch va obrir realment una boca de pam. Es va quedar absolutament bocabadat de pura estupefacció. En Víctor no ho va veure: ja talonejava cap a la banda del conductor de la furgoneta, movent els colzes cap enfora des de l'alçada de l'espatlla per expandir els pulmons, fent rodar el cap per sobre el clatell per alleujar la tensió muscular. Al peu dels esglaons va flexionar els genolls un parell de vegades, preparant-se per una altra tirada al volant.

En Manfred li va anar al darrere:

–Que no ho entens, Briggs? Aquelles coordenades me les vaig inventar! Les vaig falsejar! Escolta'm, Briggs, les coordenades no existeixen! Em sap greu. Ho sento molt, Briggs, però ho has d'acceptar! Deixa-ho córrer! Has recuperat el teu milió! Treu-nos d'aquí abans que ens morim tots!

–No anaves desencaminat. Més o menys ja anaves bé, amb els teus números –va dir en Víctor generosament–. Ja anava per allà, la cosa. Jo ja havia fet els meus càlculs, evidentment. I tu no te'n vas allunyar gaire.

Modificant la regla de càlcul del seu raonament per donar cabuda a petits retocs posteriors, el meu oncle va tornar a la tasca que tenia entre mans. No tenia dubte que el Destí i el Geni el conduirien cap a les coordenades correctes.

En Manfred li corria al darrere, remenant per dins de la butxaca tancada amb Velcro i traient-ne la lletra del banc.

–Mira! Té, ja te la torno! Total què? Només són diners!

–Ah, això! –va fer en Víctor, i alguna cosa de la manera com ho va dir finalment va obrir els ulls del víking a la veritat. La lletra que li voletejava entre els dits, a nom de Manfred Bruch i per valor d'un milió de lliures esterlines, no valia res. L'estafador havia trobar sabata de son peu en una de les seves víctimes.

En Manfred va esclatar a riure. Li feia mal el costat, però reia igualment; un riure entre un miol i un grall d'autèntica admiració.

–Carai, encara ets més bo que jo! –va dir.

I en Víctor va riure amb ell (va somriure, almenys) i va preguntar al víking si seria tan amable de recuperar la màscara vermella d'en Sigurd abans que sortís volant definitivament.

El cercle vermell de tela fina anava rodolant suaument per sobre el gel, allunyant-se de la furgoneta, i en Manfred va fer un parell de pessigades a l'aire abans de poder-lo plegar. Parlava per ell entre dents, maleint-se per haver-se deixat passar la mà per la cara per un aficionadet. Quan es va girar, el tot terreny ja s'havia posat en moviment, fent tombs al voltant del punt on era ell, girant a poc a poc per resseguir les marques que havia deixat a la neu la cursa frenètica d'en Manfred cap al miratge.

Quan en Manfred va proferir el primer crit de protesta, nosaltres ja érem damunt de les marques, accelerant. Quan es va adonar del que estava fent en Víctor (quan jo me'n vaig adonar) ja ens movíem a quinze quilòmetres per hora. Les portes del darrere es van obrir de bat a bat. Recordo que una de les tasses va rodolar per terra, va sortir per la porta i va anar a parar damunt la neu. En Manfred va arrencar a córrer, cridant:

–Briggs! No! Espera't!

Corria i anava guanyant terreny. Me'l mirava com si fos el personatge d'una pel·lícula, irreal, el dolent que rebia el que es mereixia. En Sigurd, mentrestant, havia estat fent esforços per posar-se dret i anava penjat d'un agafador, cridant a en Bruch:

–Va! Va! Corre! Corre!

Després es va posar de quatre grapes per allargar-li una mà. En Manfred corria com un dimoni posseït.

En Víctor no va accelerar; almenys no més del que calia per continuar veient la imatge d'en Bruch al retrovisor, per anar-li un bon tros endavant. La superfície, de ser llisa va convertir-se en blocs fracturats de gel, com l'autopista del Diable, i en Bruch anava saltant de graó en graó, sense cridar ja, amb la cara contorsionada pel dolor, amb els ulls clavats en nosaltres.

Els seus ulls clavats en els meus.

–Vinga, Bruch! Vinga!

En Sigurd i jo ens agafàvem amb el que podíem i vam provar d'allargar-li les mans. El canvi de superfície va obligar el tot terreny a reduir la marxa. Però en aquell moment tombava la seva part posterior, llarga i articulada, fent-nos anar d'una banda a l'altra, de finestra a finestra, de banc a banc, feia petar les portes, obrint-les i tancant-les. Per un moment vaig perdre en Bruch de vista, i al cap d'un moment gairebé ja ens tenia, amb la mà estirada que per poc no fregava amb la nostra.

Per això quan es va torçar el turmell amb aquells blocs de gel traïdors va ser fàcil llegir-li l'expressió de la cara: què se sentia quan es trencava un os. Vaig veure com li petava a la cara, vaig fixar-me amb la inclinació poc natural del peu quan es va tornar a posar dret.

–PEL QUE SIGUI! –bramava–. PEL QUE SIGUI! –cridava la seva boca, oferint el món a canvi d'una plaça dalt de la furgoneta–. EL QUE SIGUI!

Però en Víctor ja tenia prou mons. En Víctor tenia la promesa de mons dins d'altres mons, amb diversos mons de més a més. Va mantenir la velocitat i va engegar el casset. En Víctor mai no havia pogut suportar els ximples de bona gana.

Durant una bona estona, a través de les portes obertes del darrere, vam observar aquella figureta arrossegant-se per damunt del collage de gel deformat. Durant una bona estona el vam anar sentint: els sons viatgen quilòmetres i quilòmetres a l'Antàrtida. I també duren, els sons, no em sé imaginar que mai els pugui oblidar, per més que visqui fins als cent anys.

I quina probabilitat hi ha, d'això?

15 *Mirant enrere*

MAI no vam parar de mirar enrere. Cada vegada que ens aturàvem, m'esperava que una figura, amb el cap nu i vestida amb un equip d'esquí de color blau cel, ens aparegués davant dels ulls. Tots dos ens ho esperàvem. En Sigurd havia dit «Bon vent», però continuava mirant, esperant que l'home del turmell trencat ens atrapés i que el grup el tornés a acollir.

–Li faré donar la volta, a en Víctor. El faré tornar per anar a buscar el teu pare –vaig prometre, agafant-li la mà una mica més fort. Tornàvem a caminar davant del tanc, hi anàvem lligats amb les cordes de seguretat i buscàvem escletxes al nostre pas.

–Italia Conti –va dir en Sigurd. Era com si un noble estranger expliqués els seus orígens. Però es referia a l'escola de teatre on havia estudiat interpretació. Resultava que no era fill d'en Bruch.

–Pel que es veu al teu oncle li feia gràcia la idea que en Bruch fos un home de família; sobretot que tingués un fill. O sigui que, com és normal, en Bruch es va buscar un fill! Va posar un anunci. Va fer un càsting. Em va donar el paper. No és el meu pare.

Després de la confessió d'en Bruch, no m'hauria sorprès que en Sigurd fos originari de Great Yarmouth en comptes de Noruega. I en canvi em costava una barbaritat separar-lo del tou de mentides amb el qual venia embolicat.

–Potser després que marxés la teva mare, va perdre tota noció del Bé i el Mal! –vaig aventurar, volent-ho entendre.

Però no n'hi havia, de mare. En Bruch era solter. No n'hi havia hagut, de deutes enormes ni de sacrificis personals: en Manfred havia fet que en Víctor ho pagués tot. Almenys feia dos anys ben bons que el munyia: despeses de recerca, suborns al seu amic inventat de la NASA, fòssils artificials, bitllets d'avió, el cost de muntar un equip de rodatge. No n'hi havia, d'equip de filmació, ni cap mena d'empresa cinematogràfica. I en canvi, tant l'home com el noi representaven els seus papers amb tanta convicció que costava més de creure la veritat que les mentides. Costava més de creure en el Sigurd anglès que en el que parlava un anglès una mica coix.

Tenia un altre nom (evidentment que sí) però no em va quedar. Quan estàs a vint sota zero hi ha un límit en els ajustaments mentals que pots fer.

–Ja ho deia jo que era un bluf! –vaig protestar a en Sigurd–. Com et podies pensar que era multimilionari?

–I ja em diràs qui sap què és, un bluf! –va replicar en Sigurd–. Per mi, podria ser una operació de borsa! Jo què sé! Va aconseguir convèncer en Bruch que tenia calés!

Vam tornar a mirar per damunt de l'espatlla. Vam tornar a convèncer-nos que en Manfred Bruch ens atraparia. Però l'única cosa que es movia en el paisatge que teníem darrere era el Hagglund rodolant amunt i avall, amb les finestres il·luminades pel sol tapant l'home que hi havia al volant. Podria ser el Gran Tamerlà i nosaltres els reis subjugats, obligats a estirar la seva carrossa. Més fàcil de creure que aquell era el meu oncle Víctor.

–Potser ha caigut per una clivella –vaig aventurar–. Almenys seria un final ràpid!

–Bon vent i barca nova –va dir en Sigurd, i no era la primera vegada. He de dir, en defensa seva, que estava fora de si de por.

Vam caminar agafats de la mà cap a la serralada Transantàrtica, que era clarament visible. I si haguéssim estat travessant un camp de mines no hauríem tingut pas més por. Cada passa anava en contra de tota raó. Avançàvem per un camp obert, quan hauríem d'haver retrocedit. Malgrat que burxàvem dèbilment amb els bastons d'esquí, en realitat buscàvem les clivelles amb el pes dels nostres cossos.

–Pel que es veu, la neu canvia de color i la superfície s'enfonsa, com si diguéssim –vaig dir, recordant els meus llibres sobre el Glaç, mentre les pupil·les se'ns tancaven davant d'un paisatge enlluernador i ondulant, modulat pel glaç de pressió, l'ombra dels núvols i les il·lusions òptiques.

Més endavant vaig dir:

–Com és que vas deixar que arribés tan lluny? Com és que et vas avenir a apuntar-te a aquesta...?

–En Briggs va dir a en Bruch que anul·laria la lletra del banc, si ens fèiem enrere. La idea era que marxéssim amb el DC-6. «Com, que no ha arribat l'equip de filmació? Quin desastre! On poden ser? Els he d'anar a buscar!» Assumpte resolt. *Finish. Kaput. Disparu.* I vosaltres podríeu anar esperant que tornéssim. Quan lligaríeu caps, nosaltres hauríem tingut set dies ben bons per cobrar els diners i desaparèixer. En Bruch fins i tot es va carregar la ràdio del campament, per si de cas en Víctor sentia la necessitat de telefonar al banc o provava d'anul·lar la lletra. Tot girava al voltant de la lletra. Tot. D'un miserable paperot que no valia res. I aleshores l'avió es va incendiar. Es va carregar el nostre pla de mig a mig. Jo em volia fugar, però ell no. Ui, no! En Bruch tenia un xec per valor d'un milió a la butxaca, eh que sí? I si el viatge es cancel·lava, en Víctor l'anul·laria, oi que sí? De manera que havia de continuar fent-se passar per un convençut. I quan en Víctor va dir «Salta», en Bruch va saltar.

–Un milió de lliures?!

–I què? Semblava autèntic. Sempre havia cobrat els xecs. En Manfred ja n'hi havia esgarrapat milers! Saps el que costa fer l'Antàrtida amb l'organització Pengwings? El teu oncle sí: va pagar perquè vinguéssim tots quatre. Es veu que en Manfred sempre els cargola per aconseguir unes vacances gratis cada vegada que fa un cop. Té observat que aquesta mena de viatges són perfectes per caçar la propera víctima; atrauen el tipus ideal. Buenos Aires? No es podia contenir! A tot arreu on mirava hi havia algun imbècil ric suplicant que el plomessin, suplicant d'invertir els diners en una pel·lícula sobre ells o les seves passions. Els anava posant en fila com si fossin bitlles. La Mimi i les seves novel·les romàntiques... En Clough i el seu espectacle de gavotins, la senyora Adolphus i els seus increïbles pingüins...

–No portava els guants, saps? –vaig dir.

–Qui?

–En Manfred. El teu pare.

I de sobte la manca de guants va fer que en Bruch tornés a ser de debò, de debò de carn i ossos, no un personatge d'una obra, no un objecte de menyspreu, sinó la persona que havia donat a en Sigurd la seva primera feina d'interpretació, el seu gran debut, el primer paper. Li va sortir de dins un enorme sanglot i es va aturar i es va posar les mans al cap i es va balancejar i es va inclinar cap endavant i va sanglotar:

–Fes-lo tornar, Sym! Fes-lo tornar! Fes-lo tornar! Fes-lo tornar, Sym! Fes que en Briggs el vagi a buscar!

Per això vaig demanar a en Víctor que girés cua: li ho vaig demanar per en Sigurd, per mi, per la llei, per la seva consciència, per no fer malbé la nostra sortida tan maca; sí, crec que segurament fins i tot això, vaig dir... no sé què vaig dir. Només recordo que el vaig abraçar molt fort i que vaig posar la galta contra la seva i vaig notar les escates de pell morta, esmolades com les d'una agulla, i el pols fort bategant-li al coll i jo dient-li: «T'estimo, t'estimo. T'estimo, oncle Víctor! Sisplau, no deixis el senyor Bruch tirat aquí al fred! Segur que se n'ha penedit! Estic segura que se'n deu penedir molt i molt!»

Va sentir el que deia. I tant! No va fer veure que no m'hagués sentit. No em va dir que tingués coratge ni que considerés els fets del cas. Senzillament em va agafar el cap amb els braços i em va fer un petó als ulls.

–Vinga, vinga! Ai, que en som, de tous! Tu et penses que el deixaria patir? Espero ser una engruna més humà que allò, que aquella cosa.

I ho era, ho sabia, perquè m'havia estimat quan el pare no, i s'havia cuidat de nosaltres, i havia vingut a viure a casa i havia pagat el funeral i segava l'herba del jardí i m'havia regalat els llibres sobre el Glaç i m'havia proposat una escapada a París.

–Aquella última beguda el deu haver rematat en un parell d'horetes –va continuar en Víctor–. No cal patir, en aquest sentit. L'he estat esborrant del mapa d'ençà que vam deixar el campament base! Una miqueta de substància tòxica a cada beguda calenta que es prenia. Però l'última l'he fet bastant més carregadeta.

No. Les bossetes d'herbes de l'oncle Víctor no tenien res a veure amb el te amb pastes.

–Mona de cacauets! –va continuar divagant en Víctor–. Es pensava que em passaria la mà per la cara, aquella cosa. Tot i així, va servir per a la causa. No és un mal epitafi per a la tomba d'un home, oi que no?: «Va servir la causa de la Ciència.»

–Valia la pena el pol sud, Titus? –vaig preguntar dins el meu cap–. Una clapa de neu com qualsevol altra. Valia la pena que morís algú?

En Titus va arronsar les espatlles: «No em preguntis si la mort és una tragèdia, Sym. No és la pregunta adequada.»

–Així que el motiu pel qual tota aquella gent es va posar malalta a Camp Aurora...? –vaig haver de dir a l'oncle Víctor, tot desfent-me dels seus braços–. També vas ser tu.

–No podia tenir un ramat de turistes seguint-nos, que no ho veus? Pensant-se que podien fer el que els donés la gana! Pensant-se que estaven de vacances! (I la meitat tous d'enteniment, per postres). Només calia persuadir-los perquè agafessin el primer avió de tornada, i prou. Perquè ens deixessin espai. Perquè ens deixessin tranquils.

–O sigui que els vas enverinar –vaig dir, intentant que semblés que la lògica de tot allò era evident per a tothom–. Eren tots morts, doncs, quan vam marxar...?

–Conills, nena, és clar que no! Drogats i prou! Només me'ls vaig apartar del camí un momentet! –va afegir, amb un to tallant, de militar–. Havia d'aconseguir tot l'equipament, no? Havia de deixar lliure el transport per a la Gran Travessa! Assegurar-me d'arribar-hi el primer.

Vaig recordar Camp Aurora adormit: els Pogsbaum, en Clough, la Tillie i la Brenda i tota la resta. No eren morts, doncs. La seva capacitat d'amoïnar no els havia fet mereixedors de la tassa fatal de Lapsang Souchong de l'oncle Víctor. Afortunats, ells!

–Naturalment, quan en Bruch va donar mostres de tenir la intenció de tornar amb tots els altres cap a Punta Arenas, vaig haver de reconsiderar la situació –va continuar l'oncle Víctor amb un to d'allò més raonable–. Vaig haver de tallar aquella idea de soca-rel. Resulta que ell hauria volgut cobrar aquella lletra i jo no hi tinc ni un cèntim, al banc. Tenia previst endur-se amb ell el teu Sigurd i això sí que de cap manera, oi? Eh? –m'anava burxant amb el colze sense parar–. Eh? Eh? O sigui que l'avió va haver de desaparèixer.

–Desaparèixer? L'avió? Què? Vols dir que tu hi vas calar f... ?

Aleshores vaig veure com el DC-6 es tornava a cremar: la llengua gruixuda i taronja de foc lliscant pel metall, tan lluent que es podien veure les siluetes dels seients fins i tot a través de les parets; el pas de les flames devorant l'equipatge que hi havia a terra.

No només l'equipatge...

L'avió havia hagut de desaparèixer. I per què? Per evitar que en Bruch intentés cobrar una lletra falsa.

–Vas prendre morfina, Titus? Abans de sortir a fora. Sempre m'ho he preguntat. En vas prendre?

Però en Titus va refusar respondre'm; va refusar, crec, d'estar a la mateixa habitació amb gent tan inútil com nosaltres, ja no diguem confessar les circumstàncies íntimes de la seva mort.

Li vaig explicar a en Sigurd allò dels emmetzinaments. De l'avió no n'hi vaig dir res, perquè la boca m'hauria cremat en parlar-ne. Però li vaig dir a en Sigurd que en Bruch segur que ja devia ser mort de feia estona, d'emmetzinament i de fred. Era l'única manera d'aconseguir que parés de mirar per damunt l'espatlla, vigilant si en Manfred apareixia ranquejant.

–M'ha semblat veure'l –va dir en Sigurd–. Ara mateix. Un home ranquejant.

Però em va creure, perquè havia après a no refiar-se del que li deien els ulls a l'Antàrtida. Llavors ja les teníem ben estudiades, aquelles ficcions de llum; els miratges que prometien palaus, els horitzons esdevinguts partitures, els halos immerescuts al voltant del sol. Ens començàvem a acostumar a aquell lloc, veritat?

–Et cuidaré –va dir en Sigurd resoludament–. Estaré al teu costat pel que calgui.

Tenia el nas verd i lluent perquè el buf polar l'hi havia envescat amb protecció solar. No em vaig clavar a riure descaradament davant d'aquell oferiment. M'heu d'entendre: en Sigurd estava fora de si de la por.

A peu hi havia superfícies que eren esgotadores. El Hagglung passava sense esforços per sobre els zastruguis, però a nosaltres dos, que caminàvem per davant del vehicle, buscant clivelles, ens feia la sensació que ens arrossegàvem per damunt d'una colònia de tortugues gegants, mortes i mortalment fredes. El fred era estupefaent. Només té una cosa bona, el fred: evita que pensis. Evita que pensis en la dona i els fills tan macos del periodista negre de Maine. Evita que pensis en les clivelles i en els bidons buits de combustible i en una lletra bancària per valor d'un milió de lliures esterlines i fòssils de mans en venda per mitjà d'eBay...

El Hagglund, amb persistència robòtica, ens anava estalonant, a vegades gairebé passant-nos pel damunt. L'oncle Víctor, quan es desconcentrava, deixava anar el peu amb massa força damunt del pedal de l'accelerador i ens encalçava, i nosaltres estàvem massa cansats per córrer, te-níem massa fred per córrer. Enfilant-nos per una cresta de glaç més alta que els nostres caps, ens vam posar al mateix nivell que en Víctor dalt de la cabina. Acompanyava cantant el casset que escoltava i li podia llegir els llavis: karaoke Konitz.

Whenever the skies look grey to me
And trouble begins to brew;
Whenever the winter winds begin to blow,
I concentrate on you!
When fortune cries nay, nay to me
And people declare 'You are through...[1]

1. Quan el cel em sembla gris/ i els problemes es comencen a congriar;/quan els vents hivernals comencen a bufar,/ em concentro en tu./Quan la fortuna em diu passi-ho bé/ i la gent afirma que estic acabat... (N. de la t.)

La neu de l'altre costat de la cresta almenys semblava tova; no hi havia risc per als nostres turmells. En Sigurd i jo vam saltar alhora.

No hi havia temps per agafar els piolets que ens penjaven del cinturó; no hi havia on enfonsar la fulla. No ens vam enfonsar de cop, però. Com si fossin arenes movedisses de neu, els cristalls solts primer se'ns van empassar les botes i després les cames. «Un color lleugerament diferent, sí, que el té», vaig pensar. Després, igual com l'arena passant pel coll d'un rellotge de sorra, obeint la gravetat, la neu que teníem sota els peus es va desprendre i nosaltres vam caure amb ella. Una capa de neu havia disfressat una esquerda en el glaç: pólvores facials per tapar una cicatriu. I llavors, amb un sospir fràgil curiós, la capa de neu es va enfonsar dins la fissura. Ens vam sentir com homes penjats traient mig cos per la trapa de la bastida, primer els peus, completament verticals, sortint de la lluentor encegadora i entrant en una penombra tan blava com l'aigua profunda o la Mort.

16 *Sota terra*

L'ESTREBADA va ser tan forta que em pensava que la corda m'havia segat per la meitat. El pes superior d'en Sigurd em va frenar la caiguda, em va començar a estirar a mi cap avall i a ell cap amunt, però vam xocar en l'aire: un embolic d'extremitats, cordes i xisclets, i ens vam aferrar l'un a l'altra, gronxant-nos vertiginosament endavant i endarrere. La neu de la tapa de la clivella se'ns va anar precipitant al damunt com el Niàgara: cascades sòlides i sufocants de pedretes de neu que ens comprimien amb fred. Em pensava que m'asfixiava. Em pensava que aquell pes tallaria les cordes. Em pensava que el tot terreny s'enfonsaria darrere nostre, damunt nostre. Em pensava que la plataforma de Ross s'havia esberlat com una pista de gel i que sota meu no hi havia res més que el mar de Ross, amb un quilòmetre i mig de profunditat.

Em pensava que havia recuperat el sentit de l'oïda al moment de la mort, perquè els meus propis xiscles els sentia fortíssims, però era en Sigurd, que tenia la barbeta damunt de la meva espatlla i m'esgaripava dintre l'orella. Aleshores va cometre l'error de mirar cap amunt i la boca i el nas se li van omplir amb la neu que queia i allò va ofegar el plany malastruc. Les conques dels ulls també se li van omplir de neu. Havia perdut la gorra; tenia el cap nu, tret d'una cresta de color blanc, com si li haguessin fet el malefici de la vellesa instantània. Aquella gàrgola se m'arrapava, blanca com una calavera, sense ulls i escopint neu per la boca. Al nostre voltant penjava un món blau. Cada vegada que la llum del sol entrava per la clivella, el glaç pur i antic brillava amb un blau iridiscent: el color de les piscines o del mar del Carib. Dels llavis de l'obertura penjaven finíssimes cortines de gel, com les làmines branquials d'una balena, encenalls de turquesa que lluïen amb la llum del sol.

En Sigurd no parava de bellugar-se i regirar-se, i això feia que ens tornéssim a balancejar. Li vaig bufar a la cara fins que almenys va poder tornar a obrir els ulls («La calma és l'oli que unta el... no sé què... no em recordo de què»), però no es va calmar gens. Tenia la gola i els narius embussats de neu i s'estava ofegant. Quan va tossir, em va anar a petar a la cara una glopada de neu, però dubto de si era conscient que se n'havia desprès, perquè li havia cremat l'esòfag i la llengua.

–Queda't quiet! No et moguis, sisplau!

Tenia la cara tan freda que no podia ni articular les paraules. Tenia el seu piolet clavat contra la panxa i em feia por que no m'estripés la roba o em segués la corda. En Sigurd continuava regirant-se, gemegant i fent esforços per desempallegar-se de mi. Potser es pensava que jo l'estirava cap a sota l'aigua; que flotaria a la superfície d'aquell fiord blau, si es pogués alliberar.

–No et belluguis! Queda't quiet! –vaig dir-li, sabent que no m'entendria. Mai no havia pogut i mai no sabré fer-me entendre. Un peix vermell dient coses sense solta ni volta, això era jo.

–Es desfaran els nusos, si no t'estàs quiet!

En Sigurd es va quedar paralitzat instantàniament, amb una quietud catatònica. Em tenia agafada tan fort amb els braços que no podia ni respirar bé. Per damunt nostre, el rugit del tot terreny va anar creixent més i més fins que ho va ofegar tot. Em podia imaginar en Víctor cantant amb la música, dirigint els pensaments molt lluny, a un regne d'alienígenes subterranis. Com que la cresta de glaç li barrava el pas, no veuria la clivella de l'altra banda; és a dir, no la veuria fins que baixés de la cresta. A cada metre que avançava, descendíem més i més, penjats a l'extrem de la corda, dins la gorja blava.

–Mira avall, Víctor! Sisplau, mira cap avall.

A la llesca de cel que teníem sobre el cap hi va aparèixer l'ombra del Hagglund: una interrupció de la llum del sol, un terrabastall prou gros per ensorrar la serralada Transantàrtica. I en acabat, de sobte... silenci. Ni el motor en repòs ni el remugueig del canvi de marxes, només una vibració com un sospir i una altra cascada de neu.

En clavar els frens, en Víctor havia ofegat el motor. M'imaginava els furgons bessons a banda i banda de la cresta de gel, el vapor sortint del capó, la fortor densa del gasoil a l'aire, el trineu penjant al darrere com una criatura cansada. Les nostres cordes lligades als barrots de la furgoneta eren els fils d'unes marionetes bessones. Un titellaire gegant, dues marionetes penjant. Les marionetes de l'oncle Víctor. Estira'ns cap amunt, oncle Víctor!

–Us trauré d'aquí de seguida, no patiu!

–De seguida –vaig dir a en Sigurd.

–De 'eguida –em va respondre, amb la boca encara rígida del fred. I ens vam quedar aguantant, amb unes cares tan inexpressives com jugadors de pòquer. Li vaig espolsar la neu dels cabells tan bé com vaig poder i li vaig bufar la de les galtes.

–El *Reader's Digest* –vaig dir-li–. Quan tornis podràs vendre la teva història al *Reader's Digest*. Et pagaran una morterada.

–Carai! –va dir, i una estona després vaig veure que movia la llengua darrere els llavis rígids d'aquella manera que havia confós per una pregària, però que en realitat era en Sigurd comptant diners imaginaris.

–Això li va passar al capità Scott, ho sabies? A ell i en

Taff Evans. En la primera expedició, el viatge de 1904. I se'n van sortir! Van trigar una mica a sortir i prou! Suposen que va ser per això que va fer que en Taffy fos un dels cinc, saps?

–'inc?

–Un dels cinc que van intentar anar al pol. Un dels cinc que...

«No acabis aquesta frase, Sym», em va aconsellar en Titus.

–Doncs, en fi, que suposen que passar una estona d'aquella manera, així, va fer que ells...

Però era una altra frase que no podia acabar. Creava una mena d'intimitat horrorosa el fet de penjar cara a cara, agafats l'un amb l'altre, però no volia que en Sigurd es fes una idea equivocada del que em passava pel cap... Si s'assemblava mínimament a la Maxine, pensaria que jo havia volgut dir que Scott era gai. Només hi ha dues classes d'amor, segons el vocabulari de la Maxine: normal i gai. L'amistat no hi figura.

Una altra ràfega de neu es va escórrer per la vora i en Sigurd va parar l'orella a un so que jo no sentia.

–Què és?

Primer em vaig pensar que devia ser en Víctor cantant, o en Lee Konitz. Però de mica en mica em vaig adonar que aquelles estalactites primes com un paper de fumar (les làmines rígides de gel blau ultramar que teníem damunt) ressonaven quan la neu els passava fregant per sobre. Vaig envoltar en Sigurd amb les cames, vaig allargar el cos al màxim i amb l'ajuda del bastó d'esquí vaig repicar la més grossa. Va fer una nota nítida com una campana, com el toc d'un rellotge. Les més altes estaven fora de l'abast de la meva oïda deficient; com la música que només senten els àngels. O els gossos.

En Sigurd va somriure, ja que hi sentia molt més bé (era un d'aquells àngels, òbviament). Em va agafar el bastó d'esquí de la mà i ho va provar ell. Els músculs dels braços se li movien a batzegades amb espasmes del fred; no els podia separar completament del cos a l'alçada de les aixelles. Però la confusió li va desaparèixer dels ulls, i l'esforç d'escoltar (malgrat que no ho pogués sentir) em va rescatar el cervell de l'obscuritat.

«Quan vaig tornar a casa, des de Sud-àfrica...»

–Sí, Titus? Què? No me'n recordo!

Recordava alguns dels objectes de la safata, damunt de la safata de l'oncle Víctor, sota la tovalleta brodada, quan m'entrenava la memòria: un xiulet, una forquilla, un bolígraf, una agulla d'estendre, pelmanisme, pèrdua de temps... però jo no en volia saber res. Jo volia recordar què havia passat a Gestingthorpe quan en Titus Oates va tornar a casa després de la Guerra dels Bòers. Perquè aleshores era al ple de l'estiu, i jo necessitava pensar en la calor.

En Sigurd feia repicar les campanes tubulars de glaç, intentant abastar una escala cada vegada més àmplia de notes. Em vaig fixar que tenia prou barba perquè la crema solar verda se li enganxés a cada pèl per separat. Tocava el glaç amb tota la delicadesa enèrgica d'un director d'orquestra fent passar els músics per l'adreçador.

–Jo toco el teclat –em va confessar, va estirar bastant els llavis per dir-ho, i li va sortir sang.

«Quan vaig tornar de Sud-àfrica», va dir en Titus, «es van reunir dues-centes vuitanta persones en un sopar de celebració al poble a base de carn de bou i xai, púding de pruna i cervesa bruna. I el berenar dels nens, no cal dir-ho: pa amb mantega i melmelada i te. Hi va haver un cercavila encapçalat per les meves germanes i uns cavallets de vapor i gronxadors; tir al coco i una banda de metall que tocava cançons patriòtiques. El diari local va publicar un article sobre mi que n'hi havia perquè se't rinxolessin els cabells de vergonya. El que és segur és que les meves germanes devien retallar el diari per fer canutets per arrissarse els tirabuixons, ja que la mamà em va fer posar dret i pronunciar tot de verborrea patriòtica de pa sucat amb oli, i el diari em va citar.»

I jo vaig passar tota aquesta informació a en Sigurd (frases senceres i tot) perquè a en Titus li semblava que ajudaria a passar l'estona.

–La seva mare va fer que arreglessin les campanes de l'església per donar les gràcies perquè el seu fill havia tornar sa i estalvi –vaig concloure.

Però malgrat que m'ho imaginava tot, per molt que m'hi vaig esforçar, no sentia les campanes de l'església que la senyora Oates havia fet restaurar, no sentia el cel estiuenc empatxat amb el clamor de les campanes, i m'omplia d'una ràbia completament irracional veure en Sigurd fent música; que les campanes de l'església em mostressin les seves boques badades però no sentir res, res, res...

–Qui és aquest personatge, aquest tal Oates? –va preguntar en Sigurd.

En un esforç per fer-me sentir els sons, va colpejar més fort els fulls delicats de gel que ens penjaven damunt del cap i una làmina es va escapçar i va caure: una espasa de Dàmocles. Vaig sentir com em passava fregant una cama en caure (avall, avall, avall) cap a la foscor sense color. La clivella era tan profunda que van passar segons sencers abans que sentíssim com s'esmicolava. De cop i volta, en Sigurd va ser incapaç d'aixecar el bastó d'esquí o de tocar una nota més. Segons després, el pal se li va escapar de la mà i també li va caure. Sense gorra i amb els cabells molls, començava a canviar de color sota la seva pintura verda de guerra. La neu que li havia omplert la boca li havia cremat la gola i el vel del paladar se li començava a encetar.

–No el deixis morir, Titus –vaig dir–. M'agrada –i a tall d'atenuant–: Toca el teclat!

«Sensacional», va fer en Titus. «Jo, personalment, m'estimo més la pianola. Només cal fer girar un manubri.»

–Sempre vas ser un dropo. Vinga, sigues útil. Vés a ensenyar a en Víctor com es posa la marxa enrere del Hagglund: mai se n'ha sortit. Només cal fer girar una palanca.

«D'acord. Però tingues la bondat de recordar el que vaig dir: els trineus motoritzats són una pèrdua de temps i de diners.»

Un cop convençut el motor ofegat perquè es tornés a engegar, l'oncle Víctor va trobar la marxa enrere sense problemes. Va aconseguir enretirar-se de la clivella i nosaltres vam ser extrets del barranc blau cap a una llenca brillant de cel rosat. Dues marionetes ballant a les dues puntes de la corda de l'oncle Víctor. Durant l'ascensió, vam fer servir els piolets per esclafar els fulls de glaç per no tallar-nos amb les seves vores, esmolades com fulles d'afaitar. No recordo el so que van fer: la destrucció d'aquells exquisits tubs d'orgue construïts amb les llàgrimes de generacions senceres d'àngels.

I tenia raó, naturalment, l'oncle Víctor. Si no haguéssim anat caminant davant del tanc, el vehicle se n'hauria anat de dret daltabaix de la clivella i ens hauríem matat tots. Si hagués començat a dubtar de la veracitat de les coses que deia en Víctor, la qüestió de la clivella m'ho hauria fet replantejar. En Víctor és un geni que té un coeficient d'intel·ligència de 184. I a més a més té un Pla, que és molt més del que es pot dir de ningú altre de per aquí.

Em va embolicar amb sacs de dormir i roba, amb la faldilla vermella de seda, amb la seva americana de pota de gall, amb la camisa de dormir de franel·la i tot el que va poder arreplegar de la maleta grossa. Em va fer fregues als braços i em va donar cullerades de xarop de grosella tebi. Jo provava de dir-li que en Sigurd estava més fred que jo, però ell deia: «El primer és el primer» i que no podia prescindir de la seva mà dreta, de la seva aprenenta, de la seva companya de viatge, la seva Sym. La banda bifocal de les seves ulleres velles semblaven llàgrimes degotant per les lents.

–Oncle Víctor –vaig dir, tocant-li les marques del glaç a la pell de les galtes–. Et recordes del que Shackleton va dir a la seva dona? –la veu em va sortir tan prima com el vapor del xarop tebi.

–Ho pots repetir?

–Shackleton. La dona. Quan va tornar. Quan va abandonar. El pol sud.

L'oncle Víctor va començar a cantar alguna cosa de Konitz, però sense afinar. Però jo vaig insistir igualment amagant-me darrere d'Ernest Shackleton per protegir-me. Ningú va pensar res de dolent de Shackleton perquè estimés la seva dona. Ningú va pensar malament de Shackleton perquè abandonés a cent cinquanta-sis quilòmetres del pol i se'n tornés cap a casa. Ningú va pensar res dolent de Shackleton perquè s'estimava més la vida que la glòria.

–«Vaig pensar que t'estimaries més un ase viu que no pas un lleó mort.» Això és el que Shackleton...

Abans que hagués acabat de parlar, en Víctor va girar cua. Em pensava que no m'havia sentit, però sí.

–I tu què, noi? –va preguntar, començant a fer fregues a les extremitats d'en Sigurd, fent-li tornar l'escalfor al cos fregant-lo amb el puny embolicat amb un jersei de llana.

–Suposo que també t'agradaria tornar enrere. «Val més un ase viu», oi?

En Sigurd se'l va mirar parpellejant.

–Tu no ets ton pare, xaval! Segur que tens opinions, o no? Tirar endavant o tornar enrere? El vot està dividit, com si diguéssim. Tu pots fer-lo decantar cap a un cantó o cap un altre!

Durant molta estona els ulls d'en Sigurd van quedar fixats en les mateixes coses en què s'havien fixat els meus; les quatre tasses de xarop fumejant que hi havia damunt la taula (quatre?). Aleshores va dir:

–Tinc moltíssimes ganes d'anar-hi, senyor. Si creu que podem arribar al forat de Symmes, de debò que em moro de ganes de veure'l! Vaig dir al meu pare que s'equivocava, amb vostè. Li vaig dir que s'equivocava estafant un home com vostè. Li vaig dir: «Aquest Briggs va darrere d'alguna cosa important.»

En Sigurd, repenjat al seient de pell va fer rodar el cap d'un costat a l'altre i els cabells daurats li van tapar mitja cara. Em vaig repenjar damunt d'un colze i me'l vaig mirar. Quan es va fixar en mi, els ulls se li van omplir de llàgrimes.

–Ai, jo què sé! –va esclatar–. Jo no sé si és allà o no hi és. L'únic que sé... l'únic que sé... és que estimo la Sym! I que allà on vagi ella hi he d'anar jo! Vigilar que hi arribi! Assegurar-me que hi arriba bé!

No tinc ni idea del que expressava el meu rostre; res, suposo, ja que m'imaginava que estava somiant. Sé que l'oncle Víctor va créixer, allà i en aquell moment, en estatura. Se li van eixamplar les espatlles. El cap se li va aixecar. Els ulls se li van tancar mentre assaboria les paraules d'en Sigurd. Sentia una cosa que no havia sentit a dir mai, ni tan sols en boca meva; algú que estava en perfecta sintonia amb el seu Pla.

–Ei, això és fabulós! –va inspirar un sospir–. Ep, això sí que és fabulós, xicot. Perquè vol dir que t'ho puc dir ara mateix –va fer una pausa perquè tots dos sabéssim que estava dient una cosa realment transcendental–. Ets tu qui ets crucial, noi. I no l'altre, el daixonses, aquell element, en Bruch. Aquell no va ser res més que els mitjans per a un fi.

En Víctor estava agenollat entre els dos bancs dels seients. Aleshores ens va posar una mà damunt a cadascun, com si fos una mena de benedicció. El titellaire gegant amb una marioneta a cada mà.

–Vaig fer que fos part del tracte, sí senyor, que en Bruch es fes acompanyar pel seu xaval. «Un company per a la meva noia», vaig dir-li –i en Víctor va somriure, com si mai no s'-

haguessin pronunciat paraules més veritables–. Tu ets l'element crucial, nano. No aquell pare de pacotilla. Tu i la Sym! Així és com sempre ho havia organitzat en la meva ment.

Va estirar cap a ell una caixa vermella de provisions, la va bolcar cap a un costat i en va abocar el contingut per terra; ens va llançar unes capses de panses que no podíem obrir amb les mans tan glaçades com teníem, galetes d'ordi i pastissets embolicats amb embalatges de paper d'alumini impossibles d'esquinçar.

–Mengeu! Mengeu! –ens animava, mentre anava a buscar les nostres tasses i la seva, aturant-se només per abocar la quarta per la porta–. Hi haurà moltes més coses quan hi arribem! Moltes més coses quan arribem a Casa!

The East Essex & Halstead Times

Una benvinguda calorosa per a l'heroi de guerra local

(ve de la pàgina 1)

... el valor rellevant del lloctinent. Nosaltres, no cal dir-ho, n'estem molt orgullosos.

El lloctinent Oates té molt més bon aspecte del que hom esperaria tenint en compte les seves experiències al front, tot i que una ferida de bala a la cuixa encara el fa coixejar.

Era empipador allò del vestit d'esquí. No tinc ni idea de com s'adoba el neoprè. La mare ho sabria. La mare me l'arreglaria amb la màquina de cosir. Potser puc fer servir cinta aïllant. Suposo que no m'hauria de sorprendre que fos tan esmolada, aquella làmina fràgil de gel, blau com una planxa d'acer i vibrant de música, encara, quan es va precipitar. La vora era esmolada com la fulla d'un ganivet. Només és que em sembla que en aquell moment ho hauria d'haver notat. Era un tall d'una profunditat espectacular.

La mare m'hi hauria fet un petó perquè se'm curés de seguida. Si fos allà, és clar.

17 *Ferides obertes*

JO M'ADONO que en Titus ranqueja més que no pas ell.

A l'Antàrtida, amb el fred, les ferides no se cicatritzen, es tornen a obrir. És la Natura a la inversa. Després de Sudàfrica, la ferida de bala a la cuixa d'en Titus es va guarir i no va deixar res més que una cicatriu llarga i irregular a la part alta de la cuixa. Però a l'Antàrtida es devia tornar a obrir, la carn es devia separar de la carn, mostrant l'os nu. La curació a la inversa.

Al meu pare jo no li agradava, i ara és mort i no puc fer res per aconseguir agradar-li. Em pensava que ho tenia superat. Però aquí les ferides es descicatritzen. Em preocupa cada vegada més i no cada vegada menys. Has de ser bastant inútil perquè no aconsegueixis agradar ni al teu pare. Com pots pretendre seriosament que algú altre...?

«Qui ho diu?»

–Qui diu què, Titus?

«Qui diu que no agradaves al teu pare? No pas jo.»

–Però és que l'oncle Víctor...

«Ah, aquell! L'home que diu que la Terra és buida.»

Vaig pensar en el que acabava de dir.

–Tinc la sensació que al pare jo no li agradava.

«Ah.»

I no hi va insistir més, perquè els amics no són amics perquè et diguin que el negre és blanc només perquè tu ho vulguis.

En fi, ara tinc una persona que m'estima.

Estimada Nikki,

Qui s'ho hauria pensat? Aquell noi que es diu Sigurd s'ha enamorat de mi! Te n'enviaria un foto si tingués càmera. Els cabells se m'han liofilitzat i m'han sortit nafres a les vores de la boca. Si em quedo prou temps aquí, els pèls de tot el cos em començaran a créixer fins que sembli un iac. Però, ei!, oi que diuen que l'amor és cec? Diuen que el que compta és l'interior de la persona. Vés-li a explicar a la senyora Maxine, això que és la noia de dintre la que compta i que s'ho pinti a la paret amb lletres ben grosses.

Ahir en Sigurd i jo vam estar un en braços de l'altre durant mitja hora i si no haguéssim estat al fons d'una clivella i en perill de morir-nos, m'hauria assegut a la taula dels professors quan hagués tornat i us ho hauria explicat amb pèls i senyals; les meves cames al voltant de la seva cintura, fent música. L'oncle Víctor diu que no hi ha normes aquí, res de formalitats socials ridícules. Diu que ens hi hauríem de tirar de cap, en aquesta cosa que la Maxine en diu amor.

Digue-li a la mare que ho sento molt.

Petons,

Sym

–Doncs què representava que havia de dir? –va dir en Sigurd quan ja tornàvem a fer camí i en Víctor anava al davant, conduint–. Si hagués dit qualsevol altra cosa, hauria fet la mateixa fi que en Bruch. Quina de les begudes que hi havia damunt la taula et sembla que m'hauria tocat, si hagués dit: «No, senyor Briggs, me'n vull tornar enrere, senyor Briggs. Tornem cap a casa, senyor Briggs. El seu John Symmes dels nassos encara era un penjat més desgraciat que vostè»? La tassa amb la vitamina C, creus? O la que contenia arsènic?

Vaig estripar la meva postal mental a la Nikki, després vaig caragolar cada un dels bocinets en petits pistons, en acabat vaig fer venir volant uns paràsits australs entrenats especialment per menjar pistons i sortir volant cap al mar en quaranta direccions diferents.

–O sigui que, de fet... –vaig dir– de fet... tu no... ja m'entens... no m'estimes, ni res semblant. Vull dir que... tranquil! No passa res! A mi no m'importa! Està entès. Jo, en realitat, tampoc mai...

–Doncs és clar que t'estimo! És clar que t'estimo, Sym! –va cridar en Sigurd, baixant la veu una octava, estupefacte que ho preguntés. Em va abraçar i em va acostar cap a ell, de manera que els nostres vestits voluminosos es van aplanar un contra l'altre i les diverses tiretes de Velcro que tancaven les butxaques i els complements es van enganxar les unes amb les altres. Em va aixecar la barbeta amb un dit. La punta del seu nas va fregar el meu.

–Per què ho hauria de dir, si no? Creu-me, no hi ha ningú amb qui preferiria estar més que amb tu! Estem junts en aquesta història. No et vaig dir que em tindries al teu costat?

«Al teu costat?», va fer en Titus, amb un to aspre. «En quin»?

–És una expressió.

«Sí, per referir-se a la porció de l'espai amb respecte a una part o altra del cos de la persona.»

–Al costat en el sentit de fer costat, de donar suport, d'estar pendent d'un altre, entesos?

«Ah!», va fer en Titus, il·luminat. «A l'aguait, vols dir.»

–Oncle Víctor... a mi em van posar així en honor de John Symmes? –vaig preguntar.

Havíem arribat a les muntanyes i (bastant segons el Pla) a la glacera d'Axel Heiberg, la nostra ruta entre les muntanyes de Horlick i les muntanyes de la Reina Maud, a través de l'altiplà. Baixava del cel, fluint com un immens riu de gel; ràpids congelats durant el seu curs. Després de la confusió i el caos a la zona del cisallament, semblava una gran autovia oberta cap al cel. El pendent era poc pronunciat. El Hagglund se'n sortia bé. Llançava la seva veu aspra a les muntanyes, que li contestaven amb múltiples ecos grunyents.

–Doncs és clar, mosseta. És clar que sí. El teu pare tenia el cap ben posat sobre les espatlles en aquella època. El temps que faria que hauríem vingut si no l'hagués perdut! Aquest era el pla; que en Larry també vingués. Ho hauríem pogut fer plegats, si no hagués estat que en Larry va anar de mal borràs.

L'oncle Víctor va fer un ronquet de menyspreu, i el seu cap rodó i escamós, vermell i colrat pel sol, va prendre la forma d'un guant de boxa.

–L'home va perdre el tremp. Pensa-hi una mica, mossa. Aprèn-ne. «El qui posa la mà a l'arada...» (A vegades es podria pensar que l'oncle Víctor és un comentarista de la Bíblia, si no fos que té John Cleeves Symmes per Messies).

–No sé per on es va afluixar la corda. Es va afluixar, aquell coi de Larry. Es va cagar a les calces. Em va decebre molt, ton pare. Tenia fusta per ser un segon de primera categoria.

«Explica'm coses de quan era petita. Explica'm coses de quan era petita», me n'havia oblidat, fins que en Víctor va començar a explicar que tenia el costum de preguntar-ho molt sovint, arrossegant els àlbums de fotos i deixant-los caure a la falda de la mare. «Explica'm coses de quan era petita. Explica'm coses de quan era petita.» Els nens petits són molt sentimentals, sempre van cantant les excel·lències dels Temps Feliços.

–Fins que vam anar a Islàndia era un troià. Compromès al cent per cent! Teníem un pla per a cinc anys. Tot organitzat. I després va anar perdent embranzida. De mica en mica. Es va quedar sense fibra. Sense vigor per la feina dura, la recerca.

–No va poder evitar caure malalt, m'imagino –vaig dir jo.

El guant de boxa es va obrir una mica, mostrant una escletxa de dentadura rosada, un filet de saliva.

–Malalt? No se n'hi va posar pas de malalt! Es va tornar mediocre, és això el que va passar! Va optar per la mediocritat i la segona classe. Va triar el granallatge, això! Va optar per la do-mes-ti-ci-tat!

En Víctor va aixecar les mans d'una revolada, amb el dolor de la traïció viu als ulls.

–Va començar a afluixar els diners de mala gana! Va començar a amoïnar-se amb la bancarrota, a preocupar-se pels pagaments de la hipoteca; la hipoteca, ja m'explicaràs! Buf, quines mesquineses! Cada dia sortia amb alguna ranciesa, mesquinesa o petitesa o altra... l'home es va encongir, això va ser! Les coses són com són, Sym! L'home es va encongir fins aquí!

Va ajuntar el polze i el dit del mig i me'ls va posar davant de la cara, pessigant entre ells la petitesa de la memòria del meu pare. Darrere, va venir la seva cara, acostant-se a la meva; una cara que s'acostava entre els barrots de la barana del bressol per fer: «Uh!»

–Va DEIXAR DE CREURE! –va reconèixer en Víctor, mig enfadat, mig disculpant-se per haver de ser ell qui m'anunciés la mala notícia. I quina era, doncs, aquella mala notícia?

El meu pare era alcohòlic? El meu pare feia experiments amb gossos al soterrani de casa? El meu pare tenia debilitat pels entrepans de cagallons de rata? El meu pare es vestia de dona? El meu pare es transformava en home llop les nits de lluna plena? No. Molt pitjor! El meu pare va deixar de creure en John Cleeves Symmes.

«Explica'm coses de quan era petita. Explica'm coses de quan era petita.» Els nens petits són uns sentimentals.

Es veu que el deteriorament va començar a Islàndia. A Snaefellsnes. En no trobar el Portal septentrional on Jules Verne havia dit que devia ser, en Larry Wates va començar a tenir dubtes. Va començar a covar pensaments herètics: que el negoci del granallatge era, de fet, la seva manera de guanyar-se la vida, no un sistema per poder-se pagar la recerca del forat de Symmes; que la necessitat de mantenir el negoci havia de passar davant de l'afició d'explorar. Com que ja havia rehipotecat la casa, no ho volia tornar a fer; va dir que la seva dona i la seva filla es mereixien un sostre segur. Va dir que el viatge a l'Antàrtida era massa car.

Amb el temps, en Larry Wates, el gran cagacalces de Croxley Green, va començar a estar ressentit del munt d'hores que havia de dedicar al granallatge mentre el seu soci llegia llibres sobre el Glaç i rescatava la filla d'en Larry d'un sistema educatiu de pa sucat amb oli.

–Gelosia, mossa! Pura gelosia, això és el que era!

Al final va ser la planificació educativa el que va fer inclinar la balança. Tal com va dir en Víctor:

–Vaig dir a en Larry que t'estava preparant per... i saps què? Les persianes es van abaixar! Un mur de pedra. Ruptura total de la comunicació. No hi ha més sord que el qui no vol escoltar!

Increïble! Aquest home, en Larry Wates, el meu pare, tenia tan poca visió de futur que va intentar anul·lar la cita que la seva filla tenia amb el Destí. Va dir que no a la possibilitat que la seva única filla es convertís en la primera visitant del món buit de Symmes; va intentar impedir que es convertís en l'ambaixadora al regne del Món Interior; va intentar prohibir un viatge a l'Antàrtida; va dir que es negava a sacrificar-la al Gran Pla d'en Víctor.

«Explica'm coses de quan era petita. Explica'm coses de quan era xiqueta.» Les filles són unes grans sentimentals. El meu pare va rebutjar la vuitena meravella del món a canvi de la meva seguretat! El pare va dir que no: es va negar a autoritzar que en Víctor em deixés anar pel forat de Symmes i se'm mengessin els monstres del soterrani.

I la segona banda de ferro es va trencar i la princesa va poder parpellejar i bellugar les mans.

–Ho sabia la mare?

–La Lillian? Ca! A les dones els falta imaginació per als autèntics Grans Projectes. No tenen nervi. Comprar i fer mitja, això és el que els escau. Comprar, cuinar, criar i fer mitja. Xerraires, també: no se'ls pot confiar cap secret. Té les seves virtuts, la Lillian, però no perdis el temps demanant-li rigor científic, a ta mare. Jo no ho he fet mai. Però en Larry! Seria lògic pensar que el meu company, el meu propi soci, el meu segon en comandament... em pensava que era d'esperar, que mostrés una mica de nervi! Oi que sí? Oi?

Els seus ulls, amplificats darrere les ulleres, apel·laven a la meva comprensió de la tràgica situació: el seu millor amic l'havia defraudat.

–O sigui que no és que no... vull dir... que no m'estimés, perquè ens entenguem –vaig temptejar.

–En dius amor, tu, de malacostumar una criatura? En dius amor, tu, de negar-li oportunitats, eh? –va rugir en Víctor–. En Larry no era estúpid! S'hi podria haver dedicat una mica! I tal com van anar les coses, només... només va ser bo per posar bastons a les rodes, simplement. Una autèntica romeguera!

Una barrera a la il·luminació, de fet. Doncs així va ser una sort extraordinària, oi que sí?, que aquest Larry Wates s'hagués mort tan jove...

–O sigui que va haver de desaparèixer del mapa, oi que sí, oncle Víctor? Igual que l'avió. Ho he entès bé?

–Exactament. El fet que ell morís va posar a disposició una bona part de béns –va dir en Víctor, assentint amb el cap, donant-se la raó i recuperant el bon humor mentre ho recordava–. Hi havia l'assegurança de vida, per començar. Vaig demanar un préstec important sobre la base de... vaig vendre la maquinària pesada, vaig deixar de pagar factures... Em vaig estalviar el lloguer que pagava a casa meva! El fet de traslladar-me a casa de la teva mare representava que em podia vendre moltes coses, fer una liquidació, per entendre'ns. Canalitzar-ho tot cap al Projecte!

Aleshores vaig tenir la sensació que em queia una bena dels ulls. Però a vegades una dosi d'il·luminació té un gust molt semblant a un trago de lleixiu.

–El pare m'estimava, Titus.

(Ho hauria hagut de dir al meu nòvio de veritat, en Sigurd, perquè això és el que fa la gent, oi que sí? Però en Sigurd no havia conegut la gent implicada. No sabia res de les rates de la calavera, ni dels xacals a la finestra, ni del vinagre, ni dels cops de puny, ni de la mel degotant per la lleixa de la llar de foc. En Titus fa molt de temps que em coneix. És el meu preuat amic de cent vint-i-cinc anys.)

–El pare m'estimava, Titus! I l'oncle Víctor el va enverinar per això, va buidar els comptes del banc, va enfonsar el negoci, el va assassinar per això, però el pare m'estimava!

En Titus va girar del revés el seu barret de roba de flassada i anava estirant minuciosament del folre tacat i llardós blens de cabells negres arrissats. És una conseqüència del fred, de no tenir prou per menjar i d'haver d'anar amb gorra tota l'estona, fins i tot al llit: els cabells et comencen a caure. A mi també em cauen.

–El pare sempre em va estimar, Titus! –vaig tornar a dir.

Va aixecar la mirada i em va adreçar un petit somriure dolç.

–Naturalment –em va dir–. Qui no t'estimaria?

Estimat Titus! Quina cosa més dolça de dir! Un amic excel·lent en moments de crisi. Quin company! Avisada per les seves paraules, me'l vaig guardar a la butxaca, com un tall de pastís, per a més endavant.

18

Si molt em vols complaure,
cauràs quan et dispari.

OATES

–SI VOLS, t'ajudaré a matar-lo –em va dir en Sigurd, quan li vaig explicar que en Víctor havia assassinat el meu pare.

D'entrada em va agafar per sorpresa, però com més hi pensava, més m'agradava la idea de matar l'oncle Víctor.

–Però fes-me un favor: segueix-li la veta, de moment –va afegir en Sigurd– o se'ns pot girar en contra, com va fer amb en Manfred.

Per ser justos, l'hauríem de deixar a l'estacada, vaig decidir, tal com havia fet ell amb en Manfred Bruch. Però llavors sempre el portaria enganxat, arrossegant-se d'esquitllentes en el paisatge dels meus somnis, igual com en Manfred sempre se m'apareixia ranquejant.

No, l'havíem d'enverinar, vaig decidir, igual com ell havia enverinat en Manfred, igual com havia enverinat el meu pare i tothom que s'havia interposat en el seu camí. No hi ha refinaments socials aquí, oncle Víctor; com ara jutjats o els processos judicials escaients. Només la justícia natural.

–A la Sym i a mi ens agradaria anar al furgó de darrere, ara –va dir en Sigurd, amb una rialla mofeta, descarada i insinuant–. Una estoneta... entén?

Jo mig m'esperava que en Víctor bramés i cridés, deplorant el deteriorament dels costums i la moral, la dissipació dels joves, lamentant els dies passats, quan la gent jove mostrava autocontrol i més aviat s'apuntava a fer obres de beneficència que no pas a fornicar com cérvols en zel... però és clar, no ho va fer. Quan sigui vella, m'enduré una caixa a l'*speaker's corner* del Hyde Park i faré discursos als vianants sobre el declivi moral dels oncles.

A en Sigurd ja li estava bé: sabia per què havia proposat que anéssim al furgó del darrere «una estoneta... ja m'entén». Jo, jo hauria preferit que algú m'ensenyés quin guió seguíem. Allò era una excusa per regirar el furgó per trobar les bossetes d'herbes de l'oncle Víctor? O era per a «una estoneta de tu ja m'entens», perquè estava enamorat de mi?

Fos com fos, jo mai no m'hauria esperat que fos d'aquella manera. Mai m'hauria pensat que (quan la boca d'en Sigurd es va acostar a la meva) em quedaria rumiant qualsevol cosa, i encara menys sobre les cremades de la neu a l'interior de la seva boca o que la càmera del circuit tancat encara estava engegada i que en Víctor ens mirava, ens vigilava, ens espiava. Al cap d'un parell de minuts, el llum vermell es va apagar. Però en Sigurd va dir que havíem de continuar amb la simulació, per si de cas era una prova i l'oncle Víctor tornava a engegar la càmera per veure si de debò fèiem dolenteries. En fi, això és el que va dir en Sigurd, mentre es barallava amb la meva roba i amb la seva.

Així és com es fa a l'Antàrtida: primer t'has de treure les manyoples, després l'anorac, després la jaqueta embuatada, després el folre polar i els guants, el buf polar, els pantalons de peto... Recordo que els homes escocesos tenien el costum de jugar a un joc anomenat «Hisseu la vela a l'arbre major» que consistia a intentar esquinçar-se la camisa estirant-se-la per darrere. Però veieu? Com és que en un moment com aquell deixava volar els meus pensaments d'aquella manera?

Després has de localitzar la cintura dels pantalons de xandall i la goma de la cintura de les calces llargues tèrmiques. I aleshores, fins i tot a recer del furgó, tindràs les mans tan fredes que no notaràs cap detall ni peça de subjecció...

Quan les mans gelades d'en Sigurd van palpar la seda vermella rebregada de la meva faldilla de París embotida dins el camal de les calces tèrmiques, va perdre força empenta. Li vaig explicar que el caramell caigut m'havia fet un estrip i que esperava que la seda evitaria que m'hi entrés el fred, i quan va descobrir que la seda se m'havia enganxat amb tota la sang, va estirar la faldilla amb molt de compte i va anar a buscar la farmaciola.

–Ho podràs fer tu? –va dir, pansit–. És que la sang em fa molta angúnia.

I allà, dins de la farmaciola, hi havia les bossetes d'herbes casolanes de l'oncle Víctor! Més ben dit, el que en quedava. Tenien un codi de colors. Etiqueta vermella i verd menta; blau per a assassinat i groc per a covards? No ho sabia. Ni l'un ni l'altre ho sabíem. Aquest era el problema. Quines mataven? Quines no causarien més que un mal de ventre? Quines farien adormir l'oncle Víctor i quines l'espavilarien amb una dosi suau de taní? No sé què m'esperava: les instruccions d'ús? Una calavera i un parell d'ossos fent una creu? Una alerta de salut del govern?

Vam haver de deixar de banda la idea de convertir-nos en emmetzinadors, perquè, com es pot enverinar un home amb camamilla, o carregar-se'l amb el que pot resultar ser te Earl Grey?

Amb xiuxiueigs tòrrids, ajuntant els caps, recordant-nos

del que ens havia fet ell a nosaltres, vam decidir matar l'oncle Víctor per la força bruta. Amb un piolet. Cal que digui, en defensa nostra, que estàvem molt, molt espantats.

Un piolet té quatre fulles: un tall estàndard, una fulla en forma de plàtan, una de semi tubular per fer forats al gel per a les piquetes de les tendes i coses semblants i una aixa de martell. Si caus en una glacera o una ràfega de vent amenaça de tombar-te i matar-te, representa que has d'agafar la cabota del piolet amb una mà i el mànec amb l'altra i clavar la fulla de plàtan al glaç. En Jon ens ho havia ensenyat devia fer cent anys, quan érem turistes innocents i jovenets i no ens hi vam fixar gaire. Si la seva lliçó del piolet també explicava com badar-li el cap a un home, no devia haver estat escoltant. Però mentre vigilàvem i esperàvem que en Víctor es posés a dormir, anàvem donant tombs a les eines entre les mans i pensàvem com es podria fer.

–Per què no havies dit res? De la cama –em va preguntar en Sigurd amb un to acusador. Però quina resposta li podia donar? A l'escola, si et trobaves malament, podies anar a la infermeria, et perdies classes, en treies algun avantatge. Però allà, de què em serviria? A més a més, com que les creences són optatives en aquella part de món, opto per no creure en el tall que tinc a la cama. Aquest no és un bon lloc per estar ferit.

–Dorm, oncle Víctor.

Ara que en Manfred ja no hi era, no hi havia ningú amb qui fer torns per conduir. En Sigurd va assegurar que ell no en sabia, i jo no arribava als pedals. Finalment, al cap de moltíssima estona, en Víctor es va veure obligat a aturar-se i descansar.

L'absència de soroll de la plataforma glacial va quedar enrere i les muntanyes no en tenien res, de silencioses. Dels espadats ullals negres de roca emanaven espetecs i rugits, com si d'alguna banda, fora de la nostra visió, es precipitessin allaus, caiguessin seracs, el vent que bufava de l'altiplà polar arrossegava el primer objecte sòlid que es trobava al pas.

Nosaltres jèiem quiets (immòbils) sabent que havíem arribat al punt en què mataríem l'oncle Víctor, en què moriríem, en què ens desempallegaríem d'ell en una tomba poc fonda cavada amb la fulla adequada d'un piolet reglamentari. (Quan la gent ens trobi, quan els equips de recerca ens segueixin el rastre, no volem trobar-nos amb problemes, oi que no?)

Al final vam decidir que faríem servir el mànec del martell, per allò que a en Sigurd li fa angúnia la sang.

Vam esperar que en Víctor s'adormís: el respatller del seient va caure cap endarrere, el seient es va apartar de la columna del volant i el cos de l'oncle Víctor es va espaterrar al seient anatòmic (molt menys terapèutic que la Vibrobutaca®). Després d'haver-nos assegurat que estava ben adormit, ens enfilaríem pels dos costats de la cabina, obriríem les portes de bat a bat i...

Jo m'imaginava els seus ulls fent pampallugues sota les parpelles mentre somiava el seu El Dorado subterrani. Esperava que els seus somnis fossin en blanc i negre, però, perquè així cridarien menys l'atenció quan s'escampessin.

I aleshores, mentre ens esperàvem, la meva memòria va tenir un espasme muscular reflex. Jo no havia demanat recordar-ho. No ho volia. Però de cop em vaig adonar que, evidentment, jo ja tenia coneixement d'un assassí a qui podria demanar consell, algú que ja havia matat amb un piolet. Havia llegit la seva confessió en un dels moltíssims llibres sobre el Glaç que m'havia regalat l'oncle Víctor quan m'entrenava per la ser la seva Donzella de Gel subterrània.

–Torna'm a explicar com es fa, Titus –vaig dir.

«Tornant del viatge per proveir el magatzem, en Bowers, en Crean i en Cherry es van trobar amb un bon trencacolls entre el campament de seguretat i Hut Point. El mar glaçat s'havia descongelat i se'ls estava esberlant per sota. Van acampar durant la nit en una panna de glaç; quan es van despertar van descobrir que durant la nit el glaçó s'havia partit per la meitat. On hi havia hagut el *Guts* no hi havia res més que una veta d'aigua. Pobre *Guts*. Per això havien aparegut les orques. I els paràsits australs. Carn de cavall al menú del dia. En fi, en Bowers i companyia s'ho van manegar per fer saltar els altres ponis de glaçó en glaçó i acostar-los bastant cap a la riba. Tots els altres ja hi érem, aleshores, fent tot el que podíem per ajudar-los a baixar. Vam provar de fer saltar el *Punch* fins a la riba, però no ho va aconseguir. Se'n va anar a l'aigua.»

En Titus va fer una pausa, va empassar saliva, i anava fent giravoltar el seu piolet entre les mans i comprovant com era d'esmolada la punta de la fulla amb el tou del polze. (Com a eina no era gran cosa, comparada amb els nostres estris sofisticats de quatre fulles).

«Pobrissó», va fer en Titus, parpellejant molt de pressa. «Patollant dins l'aigua. Terroritzat. Gelant-se. S'enfonsava, tornava a sortir, tossint, xisclant... Li veia els ulls sortint de l'aigua mirant cap a mi... Les orques s'acostaven, pendents del festí. Allò no es podia consentir.»

«Però era difícil clavar un cop net, entre que ell no parava de bellugar-se i que jo anava tot moll i em començava a congelar. Vaig fer uns quants... Pràcticament estàvem a dos dits l'un de l'altre. I jo no parava de recordar com l'havia estat alimentant durant el viatge que acabàvem de fer, com li havia construït parets de glaç; i tot per què? Per allò? Tot perquè s'acabés d'aquella manera.

»Hi va haver una tempesta tremenda durant el viatge des d'Anglaterra; les onades espetegaven contra el vaixell i van inundar les quadres dels ponis durant tota la nit, tombant-los per terra. Em vaig passar tota la nit posant aquells dimoniets drets sobre les potes. En veure el *Punch* a l'aigua em vaig recordar de com li havia posat els braços al coll, estirant-lo fins que es tornava a posar dret, una vegada darrere l'altra: vinga, va, noi. Vinga...

»Allò em feia ennuegar, però no podia pas deixar-lo viu a l'aigua, sobretot amb les orques allà. Per això li vaig picar. I li vaig tornar a picar. I una altra vegada. Fins que no va dir res més i es va enfonsar.

»Després d'això, el cavall d'en Birdie Bower també es va enfonsar, i ja veia que aquell cavall havia begut oli. Hauria d'haver fet un favor a en Birdie i haver matat aquell, també (ell no m'ho va demanar). Va dir que era el seu cavall i que ho faria ell, però què en sap, d'animals, un home de la marina? No res... Però el fet és que jo sabia que em posaria malalt si havia de matar un altre cavall de la mateixa manera que havia mort el *Punch*. Per tant, li vaig ensenyar on havia de posar el pic: aquí o allà...»

I en Titus va allargar una mà que tremolava del fred, mullada de sang, i se la va passar d'una banda a l'altra de la cara (que rajava d'aigua salada i gel fonent-se) per demostrar quina part del crani és més vulnerable a un cop sec...

«Els ponis no els havia triat jo, pobres bestioletes inútils, i jo hauria triat millor, però a les bèsties se'ls agafa afecte; fins i tot als dimonis que et volen trencar els garrons o arrencar-te les orelles a mossegades... He de reconèixer que he fet feines millors que aquell dia al mar glaçat.»

Aleshores va agafar el pic pel cap i va girar el mànec cap a mi.

«És clar que per aplicar el grau adequat de força, primer has de balancejar-lo cap endarrere, i el moviment espanta la bèstia que es tira cap a un costat, i la punta li frega la galta o rebota a la crinera i aleshores se't compliquen les coses, perquè el poni intenta fugir de tu, mentre que fins llavors t'havies guanyat la seva confiança...»

Vaig allargar la mà per agafar el mànec.

«Assegura't que enterres el cap de la bèstia. De tornada

te n'alegraràs. Vam desenterrar el cap del *Christopher*, saps?, però estava podrit.»

Vaig agafar el mànec però tenia un tacte tou i es va arronsar als meus dits; em vaig despertar i em vaig adonar que, mentre dormia, havia posat la mà damunt la cara d'en Sigurd, que dormia al banc de davant del meu.

O sigui que vaig dir a en Sigurd que em semblava que no mataria l'oncle Víctor amb un cop de piolet, i ell em va dir que havia arribat més o menys a la mateixa conclusió, tot i que ell no em va descriure el seu somni ni jo li vaig descriure el meu. Hi ha una intimitat espantosa en el fet de compartir somnis.

No sé qui era Axel Heiberg. És una llacuna en els meus coneixements. Un paràgraf que em devia saltar. Una pàgina que devia cremar el pare, no ho sé. El que sí que sé és que la glacera que porta el seu nom s'havia dit d'una altra manera: aquest torrent de glaç que davalla del cel. Dins seu hi ha terrasses ondulades fetes amb vetes de gel blanc i blau. Hi ha avencs, cascades de glaç i clivelles que s'obren en aquesta escala que va a l'altiplà. Els seracs s'alcen per aquí per allà, en forma de xemeneia i a vegades, quan el sol es troba en un determinat quadrant del cel, els podries confondre amb figures o estàtues. Com la dona de Lot, a la Bíblia, que va mirar enrere i es va convertir en una estàtua de sal.

L'angle de l'ascensió s'anava fent més inclinat. Les botes que portàvem eren bones, però no prou. En Sigurd i jo anàvem caminant davant del Hagglund, fent esforços per mantenir-nos drets a cada pas i cavant uns forats sinistres a la neu. Era espantós. Una vegada, en un lloc on no hi havia neu perquè les cintes de l'eruga s'arrapessin, el tot terreny va patinar cap enrere i ens va arrossegar a nosaltres i tot. Espantós. Un parell de vegades o tres vam veure (o ens ho vam imaginar) un clot a la neu que tenia un to groguenc i ens vam desplaçar de costat, molt a poc a poc i ens vam desviar. El soroll de cada maniobra es duplicava; es multiplicava amb els incomptables ecos que rebotaven contra els murs de roca. I nosaltres avançàvem fatigosament, precintats dins dels nostres pensaments, com peix fumat envasat al buit i sense tisores per obrir-nos fent palanca.

Però aleshores, de cop i volta, en Sigurd va assenyalar un serac que es veia als pendents que hi havia damunt nostre i va començar a somriure i a fer gestos amb les mans.

–No sabia que tinguessis una germana! Mira, si us assembleu com dues gotes d'aigua! Ets tu!

I per demostrar-ho, es va posar les dues mans al voltant de la boca i va cridar:

–Hoolaaaa!

La figura que hi ha havia a la falda de la muntanya va tornar el crit degudament:

–Hoolaaa!

Em semblava una criatura disfressada de fantasma, embolicada amb un llençol. Però en comparació amb l'aspecte que jo sabia que tenia em va semblar tot un compliment. En Sigurd va tornar a cridar:

–M'ESTIMES, SYM? JO T'ESTIMOOO!!

I d'entre la confusió d'ecos es va sentir clarament la resposta:

–T'ESTIMO!

La muntanya va rugir amb desaprovació, com uns pares grans i opressius, i després el serac va deixar anar una riallada sorollosa; una veu de noia que només podia haver estat meva. En Sigurd em va mirar tímidament de cua d'ull i va assentir amb el cap en direcció a la muntanya, demanant-me que jo m'hi afegís, volent que li enviés un missatge a través d'aquella mitjancera amb cabells de neu.

–T'ESTIMARÉ TOTA LA VIDA, SIGURD –va cridar ell,

fent veu de falset, de manera que la noia de la falda de la muntanya declarés el seu amor etern, i jo em vaig tapar la cara, feliç i avergonyida alhora. Els ecos se'm passejaven pel cap com si fossin pancartes. Era divertit! Era encantador! El sol brillava amb una escalfor molt agradable que em tocava darrere el cap i alguna cosa igual d'agradable em feia pessigolles per tot el cos. Ell volia que jo també cridés; em va mirar intensament, tot somriures i ulls blaus brillants, i va tornar a assenyalar la muntanya movent el cap, animant-me. Doncs per què no? Pràcticament érem una parella d'enamorats...

–T'ESTI...

Aleshores va ressonar el primer espetec, i ens vam tirar de panxa a terra i vam lliscar pendent avall impotents, amb el neoprè relliscós, entortolligant-nos amb les cordes de seguretat. Era en Manfred Bruch! Havia de ser ell! Resseguint les nostres petges, ens havia parat una emboscada, sabent la ruta que seguiríem, i ara ens tenia al punt de mira! Me l'imaginava, amb el peu penjant, les mans nues amagades dins les mànigues, panoramitzant i ampliant, fonent i tallant amb la lent d'un rifle telescòpic. Taronja, com de refresc de taronja, es va tenyir la neu on en Sigurd estava de quatre grapes, tremolant.

Aleshores la glacera va tornar a fer petar els dits i el gel es movia amb una lentitud sotraguejant però imperceptible, emetent uns espetecs forts com trets de pistola. Al final no va resultar ser en Manfred Bruch, sinó un enemic molt més perillós: la Natura implacable, que no pensa. Teníem els nervis tensats com les cordes d'un piano i aquell lloc ens les trencava sistemàticament, nota a nota. Els rugits de tro de la glacera ja no feien gràcia: a mi m'havien fet nusos a l'estómac. Els espetecs sobtats ens trencaven el cor amb cada estrèpit eixordador.

Després de dinar, mentre carregàvem el dipòsit de combustible i jo aguantava l'embut a l'oncle Víctor, en Sigurd es va posar una mà a la panxa i va dir que tenia una necessitat. Vaig tenir una esgarrifança de por, per si el mal de panxa volia dir que per alguna raó s'havia guanyat l'antipatia de l'oncle Víctor i també l'havia enverinat. Però en Sigurd no feia cara d'estar gens amoïnat, i jo em vaig sentir orgullosa d'ell per haver desaparegut de la vista, per anar de ventre en la intimitat.

Ens vam fer un tip d'esperar, impacients, jo per felicitar-lo per la seva valentia i en Víctor per tornar-se a posar en camí.

–Jo hauré d'anar i venir, és clar –va dir en Víctor, decantant el bidó, que pesava força. De dins en sortia gasoil mig descongelat, com una mena de Blandi Blub de gasoil.

–Hauré de mantenir informat el món exterior de les meves observacions. Però tu i en com-se-digui, el xaval, us podeu establir. De manera permanent, com si diguéssim. És una tasca per als joves, aquesta. Fer de pioners. Coi! El que donaria jo per tornar a tenir la vostra edat!

–«Establir-nos?»

–Obrir el camí, per dir-ho d'alguna manera.

Una parella humana. Per portar-la a les esferes internes de la Terra.

–Segons la meva manera de pensar, la seva ciència ha de ser més avançada. La política també. Meritocràcia, no em sorprendria. Si les meves projeccions són correctes, no ha de ser un mal lloc per criar canalleta.

Una parella reproductora, fins i tot.

–Fixa't en els primers colons d'Amèrica! Virgínia! Fixa't on va portar tot allò! –va dir en Víctor amb aire triomfal.

Incorrecte. Els primers colons es van morir. Ja sé que he rebut una educació de pa sucat amb oli, Víctor, però els virginians no van ser els primers colons d'Amèrica. Els primers colons es van morir. Fins al darrer home. Fins a l'última noia. No ho dic, però, perquè he promès a en Sigurd que no faré enfadar en Víctor, que no faré res que el pugui fer empipar. Espereu-vos que en Sigurd senti que el nostre viatge només era d'anada; un trajecte d'anada i prou; sense bitllet de tornada; sense retorn.

–I com t'ho faràs per tornar, oncle? –li vaig preguntar–. Un cop ens hagis deixat aquí. No ens queda prou combustible per fer res. Cinquanta quilòmetres com a màxim.

Que s'afigurava un món subterrani industrialitzat, amb transport per als visitants inclòs, fins i tot? Els trineus motoritzats de Scott reciclats, potser. Motxilles coet alienígenes. Trineus de lloguer. Una terminal d'autobusos. Un concessionari de Mercedes. Tindrien combustible per a dièsel i gasolina sense plom de 98 octans a les benzineres subterrànies? L'oncle Víctor no em va respondre la pregunta de com pensava tornar a casa. I estic segura que té una resposta. Em sembla que la pregunta el pot haver ofès perquè posa en dubte el seu Pla.

Van passar deu minuts però no hi vam donar cap importància. En Víctor, especialment, no hi va donar cap importància; per començar no posava ni el mínim esforç a recordar el nom d'en Sigurd. I aleshores va baixar una veu per la muntanya:

–L'he trobat! És aquí! Veniu, de pressa! –era una veu aguda, que ens animava a seguir-la; els ecos barrejaven les paraules, però la urgència del missatge era claríssima, l'alegria desfermada inconfusible.

–L'he trobat! Són aquí a baix! Els he vist! Veniu de pressa, correu! Veniu, veniu corrents! Veniu-ho a veure! SÓC AQUÍ DALT!

Encara tenia la cama adormida de seure. El gel de la glacera patinava. Arran de la vora del camí blanc, una clivella d'una amplada impressionant mostrava les seves dents nues de color safir. Però no ens vam aturar a pensar.

–Veniu de pressa! Aquí a baix hi ha algú! Era veritat el que deia! Déu meu! És immens! Oh, i això! S'ha de veure!

En Víctor corria i botava, s'arrossegava i patinava, enfonsant el piolet al gel per agafar embranzida, sanglotant d'esgotament. Jo esperava que no rellisqués. Esperava que en Sigurd no fes cap bestiesa fins que no hi arribéssim. Esperava que les cares que veia fossin amables. I després ja no vaig pensar res més que no fos on havia de posar els peus, com caminar sense caure, com inspirar aquell aire gelat i no pagar-ho amb dolor, com evitar aquella tibantor a la cama esquerra... Quan en Sigurd va deixar de cridar, em vaig horroritzar.

Devíem haver pujat uns cent metres, renegant pel fet de no portar grampons, atemorits per la clivella però igualment atrets cap a ella, perquè on, si no, havia de ser en Sigurd en aquella immensa escala que portava al cel! Quina distància podia haver recorregut en tan poc temps i com podia ser que una urgència fisiològica l'hagués arribat a allunyar tant de la furgoneta? No podia pas haver anat a buscar una mata! Després de la planúria de la Plataforma, el pendent de la glacera era suficient per fer-nos suar.

–Espera'm, oncle!

–Crida, noi! A veure si et tornem a sentir! –bramava en Víctor, fent cassoleta amb les mans, amb les ulleres dalt del cap i l'anorac obert a l'alçada del coll.

–Aniríem més de pressa amb el tanc! –vaig cridar, i em vaig girar i vaig mirar cap enrere.

Des de més avall de la muntanya fins i tot m'hauríeu pogut confondre amb una figura esculpida en el gel. O en la dona de Lot, convertida en sal.

De primer, el reflex del sol sobre el vidre de les finestres de la furgoneta enlluernava tant que no veia en quin sentit anava el Hagglund; només el fum del tub d'escapament planant en l'aire, damunt seu. Aleshores vaig veure el llambreig als retrovisors de fora mentre acabava de fer la volta i engegava seguint les roderes del seu propi rastre. En Sigurd havia deixat anar el trineu Nansen i havia llançat coses des de la furgoneta damunt del glaç; piles fosques de roba i d'equipament. Una maleta grossa. Bosses de te. Tot plegat feia la impressió que el vehicle també havia hagut d'atendre una urgència fisiològica. I llavors en Sigurd va fugir accelerant, robant el Hagglund, atrapant al vol una feblíssima oportunitat de sobreviure. Deixant caure l'excés d'equipatge en el procés.

Cal admirar la seva llestesa: fer servir l'efecte de l'eco per fer-nos pensar que era a la muntanya, per damunt nostre. És d'admirar la seva previsió, en provar, per endavant, si podia funcionar o no: enviant la veu a la noia de gel de la muntanya i escoltant com li tornava.

Potser hauria de dir, en defensa seva, que estava molt, però molt, espantat.

Darrere meu, en algun lloc de la muntanya, es va desprendre una cornisa de neu. O potser era una cascada de glaç que es desprenia d'una penya o un serac que s'esfondrava.

Renta els vidres de Glasstown, Deighton, i digues al capità que tornaré aquest vespre.

19

Entre tu i jo,
les coses no pinten tan bé com podrien anar.

OATES

HEM RECORREGUT molt de camí. L'aire, aquí dalt, és més prim. La por cau com pluja àcida; segur que en Víctor ho deu sentir. Li cau la pell a tires com un ocell quan fa la muda. També perd pes. Menja tal com ho faria a casa, mantenint-se fidel als preceptes de la seva religió alimentària. I tot i amb això cremem calories com si fos la nit de Sant Joan. Veig les cendres com floten davant dels meus ulls mentre cremen.

La cinta aïllant no dura gaire, he observat. La seda vermella se m'escapa per l'estrip que tinc als pantalons de peto, però el fred és tan intens que sovint ni me'n sento; només percebo la rigidesa dels tendons, el batec del cor, la punxada dels pulmons enganxant-se a la columna com dos coloms malalts dalt d'un arbre. Arrosseguem el trineu cap al cim d'Axel Heiberg; la glacera d'Amundsen. Hem de passar unes quantes cascades de glaç i després ja serem a l'altiplà polar. Un forat blanc. La vida en negatiu. No només una manca de qualsevol cosa, sinó un espai preparat per devorar l'existència mateixa. Ja bufa el vent, incessant, permanent, inesgotable. No para mai de bufar. Se t'emporta l'escalfor com si fos un animal gros que jugués amb el menjar. Diuen que el Glaç intenta obrir un home en canal i reduir-lo a l'essència. Dintre meu no trobarà res, oi, Titus?

«Ja és hora de descobrir-ho, *ma chère.*»

–En Sigurd ho sabia. Em va prendre la mida. I jo que em pensava que a en Sigurd li agradava de debò! Però era un estafador, igual que aquell altre.

«Exageradament jove per a tu, igualment», diu en Titus, tot tibat i una mica estarrufat. «Cent vint-i-cinc anys és una edat molt més apropiada.»

–Em pensava que l'oncle Víctor m'estimava. Però l'únic que vol és tirar-me avall per un forat que hi ha a terra; sacrificar-me al gran Déu Symmes. És a Symmes a qui estima. Symmes és la gran idea. Fins i tot els llibres que em va regalar, fins i tot els meus preciosos llibres, on vaig llegir coses sobre tu! Per a en Víctor es tractava senzillament d'educar-me per a tot això. Fins i tot el meu nom en formava part, part d'aquesta gran Obsessió.

«La gent fa coses estranyíssimes», va dir en Titus, fent girar una mitena de pell al voltant de la veta d'on penjava. «La meva mare va quedar tan aclaparada pel dolor quan vaig morir que va dormir a la meva cambra la resta de la seva vida; per sentir-se més a prop meu, suposo, envoltada de les meves coses. Però va cremar els meus diaris polars.»

Els va cremar? Els seus diaris? Les paraules que havia format dins el seu cap; les paraules que havia format amb el moviment de la seva mà? Les pàgines que havia acariciat amb el costat del palmell mentre escrivia? Ho va cremar! Increïble!

«No t'escarrassis a entendre la gent, Sym. Són odiosament complicats. La gent infeliç fa unes coses raríssimes, horroroses, només per mantenir a ratlla la desesperació. L'únic que has de fer és acceptar-los... passar-los pel costat... passar a l'acció per evitar-los.»

Quan muntem la tenda, es debat i bufeteja l'aire per sobre els nostres caps, com els rampells d'un boig, i tot i que en Sigurd segurament la va descarregar amb la millor intenció del món, es va descuidar de llançar les piquetes, també. La subjectem amb el trineu, però realment l'únic que la fixa a terra és el nostre pes. I ara, tots dos, som pesos lleugers. O sigui que el vent continua aixecant la tenda pels cantons. Nosaltres no som més que un bri de palla en el sac d'un gegant, mentre la tela ens va clavant mastegots al costat de les orelles, fent més terrabastall que una dotzena de timbals. És impossible parlar.

Per tota mena de motius.

Hem de fer baixar el trineu per les cascades de glaç; és la nostra càpsula de supervivència. L'he arribat a odiar, de la mateixa manera que un presidiari deu odiar la cadena i la bola. Però en un lloc on tot té un milió d'anys, representa la civilització, m'imagino: és una romanalla d'una vida anterior.

En algun moment del camí devem haver passat per la carnisseria: el lloc on Amundsen va reduir la seva colla de gossos de trenta a divuit. Eren massa per poder-los alimentar tots i la seva carn era necessària. Aquest és un món de competència per la vida. Els seus fantasmes ens deuen haver agafat simpatia perquè sento les seves barres al voltant de la cuixa i els sento udolar sempre, sense parar.

Excepte a Glasstown, evidentment.

Allà les finestres estan ben tancades i barrades i els focs cremen a les llars. Allà, Florence Chambers i Titus Oates es conten històries, juguen a la bagatel·la, i escolten amb nostàlgia el so de la pianola. Jo... vull dir ella... ensenya a Titus les lletres de Cole Porter:

> «Whenever the skies look grey to me
> And trouble begins to brew...»[1]

1. Quan el cel em sembla gris/ i els problemes es comencen a congriar... (N. de la t.)

... que és tota una proesa per a una dama eduardiana, sense cap mena de dubte. En Titus li correspon amb «El nap i la mosca»; una versió més neta, em figuro, que la que es cantava a Hut Point. Ell canta amb veu de baríton, però el seu registre és... en fi, il·limitat. Un baríton de registre ampli, en podríem dir. Perquè la seva veu arriba a ser tan profunda com el remordiment i tan aguda com... tan aguda com aquests cims: com aquest lloc sense aire. Ell és a tot arreu on sóc. És dintre meu i el meu cervell s'hi replega com les mans al voltant d'una tassa de beguda calenta.

De fet, forma més part de mi que les meves extremitats, perquè encara que els gossos d'Amundsen m'enfonsen les dents a la cuixa ferida, no arriben prou endins per arrencar-me en Titus. I, oh, com m'alegro de la seva presència!

Tot i que ningú més al món em pugui trobar en aquests moments, ell mai no es troba fora de l'abast. Encara que el Temps sigui un carrer d'un sol sentit i no em porti a cap lloc on vulgui anar, amb en Titus puc viatjar endavant i enrere a través del Temps; a la guerra dels Bòers, a l'Índia britànica, a les curses del Curragh, a Gestingthorpe al pic de l'estiu, a Hut Point... Hi va haver un Oates a la batalla de Hastings, l'any 1066, ho sabíeu? (Em pregunto si també devia estar espantat.)

Des de la finestra de Glasstown puc guaitar cap al futur, també; tan lluny com el meu quinzè aniversari, que és quan en Titus m'ha promès que em portarà fins al capdamunt de la torre Eiffel! No puc expressar com estic de contenta de tenir-lo.

L'oncle Víctor també té plans per al meu quinzè aniversari. S'imagina que tindrà lloc dins d'una de les esferes internes de la Terra buida. M'ho va descriure ahir, dins de la tenda, però entre els espetecs de la lona solta, que picava i fuetejava sobre els nostres caps, l'únic que em podia imaginar era una pinyata amb nosaltres dintre i un miler de criatures embogides clavant-nos bastonades. Ho sento, però ja no m'escolto les seves teories sobre la fusió en fred i la producció hidropònica d'aliments o com la llum del sol es desvia sota terra. M'he de concentrar molt, compreneu?, per arribar ben endins del meu magí, i això no em permet escoltar i assentir amb el cap i observar el moviment dels llavis per omplir els buits de la meva oïda, i donar-li la raó i fer-li preguntes assenyades. I donar-hi importància.

A vegades, quan ajudo la mare a fer els llits a casa i s'aixeca un núvol de pols, a ella li va fatal per a la respiració. Li comença a xiular el pit i tus i s'oblida del que s'ha de fer per respirar. L'efecte és el mateix aquí dalt; és l'asma polar. L'aire és lleuger, la pressió de l'aire és baixa, i cada inspiració conté només la meitat d'oxigen. El pols se t'accelera i el cor et batega repicant desesperadament com una persona enterrada viva en un taüt segellat, que volgués sortir. De qui són aquesta pell morta, aquest borrissol de manta i aquests cagallons d'àcars de la pols que voleien i giravolten damunt dels nostres caps mentre trepitgen el llit blanc d'aquest paisatge? En llocs com aquest és on la Natura t'aconsella que no facis esforços, ha, ha! En llocs com aquest és on la Natura no et recomana que et lliguis un arnès al pit i que t'hi repengis fins que el cap et faci pampallugues com una balisa i que et sentis la caixa toràcica com una porció de costelles rostides a l'estil xinès.

Per això és tan fantàstic poder-se escapar al club d'hípica de Ghezira i veure en Titus jugar al polo, replegant les cames llargues al voltant del seu últim poni protegit. L'únic que va entrenar en Titus per al seu ús personal eren cavalls i cadells de beagle. Però aprenentes com a planter reproductiu per al món subterrani, mai.

«Us presento el meu amic Roly Barnard. Corre més de pressa endarrere que la majoria de gent cap endavant. Podeu guanyar diners apostant per ell! Endavant, animeu-vos! No li fa res.»

Trobo a faltar les meves amigues, per això. Si ara tornés a ser a Anglaterra, a l'escola, m'imagino que em sabria defensar molt millor que abans; tot i que hauria d'anar amb compte: a ningú no li agrada, oi que no, quan algú presumeix d'unes vacances de luxe a l'estranger? Aquí tens un qüestionari, Nikki, sobre els enamoraments en temps de vacances.

QUÈ ET PODRIES ENDUR D'UNES VACANCES

Què entens per una destinació fabulosa?
A *Croxley Green*
B *l'altiplà polar*
C *el món subterrani*

Què t'hi emportaries?
A *unes ulleres d'esquí*
B *un exemplar de* La Guerra Peninsular
C *morfina*

Amb qui triaries de fer una ruta llarga??!!!
A *Pengwings Expeditions*
B *el teu oncle*
C *Italia Conti*

Quina data consideres perfecta per fer unes vacances?
A 2006
B 1912
C 1066

Quin àpat compartiries amb el teu company de viatge??!!!
A *una barbacoa a la platja*
B *un restaurant de ciutat*
C *sardines en formol*

Què et posaries per triomfar?!?!
A *ulleres d'esquí*
B *deu capes de neoprè*
C *un equip de muntar de l'època eduardiana*

Quins d'aquests idiomes estrangers domina més o menys la teva llengua?
A *el noruec*
B *el renec*
C *el falseig*

Ah, quins records! Quin consideres que és el record ideal??!!
A *els meus cabells*
B *un husky*
C *un vehicle tot terreny Hagglund*

PD: Perdona'm si les ulleres d'esquí surten una mica massa, Nikki; és perquè els ulls m'estan creant problemes.

PD2: T'hauria enviat una postal amb una fotografia, però no hi hauria res. L'única manera de pintar l'altiplà polar és deixant el full en blanc.

En veure en Sigurd emportant-se la furgoneta, l'oncle Víctor es va treure les ulleres d'una revolada i les va llançar per terra enrabiat. El pont de metall se li havia congelat a la cara, però, i es va arrencar un bon tros de pell de l'espai entre les celles. Em sembla que ni tan sols se'n va adonar.

Per sort, vaig arreplegar les ulleres, perquè quan es va adonar que s'havia deixat les ulleres d'esquí dins del tanc, va haver de fer servir les meves. Almenys jo em pensava que era una sort que m'hagués guardat les ulleres de l'oncle Víctor a la butxaca, però quan me les vaig treure de la butxaca em vaig trobar que hi faltaven les dues lents. Devien caure en xocar contra terra.

La neu reflecteix la llum ultraviolada i crema la còrnia. Al principi tens una sensació com si estiguessis pelant cebes, després com si obrissis la porta d'un forn i hi hagués alguna cosa que es cremés i sentissis el fum acre a la cara.

Després empitjora encara més.

I ara hi ha la joia afegida dels cristalls de glaç. Formen una boirina a l'aire; com fragments diminuts d'una fulla de navalla que rasquen l'ull. Una tempesta de sorra, però de gel.

A l'escola, la Nats gargoteja ulls obsessivament durant les classes. Sempre ulls. Com més llarga és la classe més espesses són les pestanyes, més negre de bolígraf l'iris i la cella. Ara els veig, com jeroglífics egipcis que em miren, em miren, i m'agradaria tenir-ne una pàgina plena: dels ulls estranys i talismànics de la Nats, com els que els grecs pintaven a la proa dels seus vaixells per no perdre la ruta.

–Què és el que trobes més a faltar? –vaig preguntar a l'home amb els ulls més bonics del planeta.

«L'olor de terra humida», va dir. «Hi ha tanta sequedat aquí a l'Índia, no et sembla?»

De fet, tota la història dels fòssils comprats per eBay i el web Pensamentlliure.com i en Manfred i en Sigurd (i peces esmolades de fulla de navalla similars) em fan pensar en la Maxine. Espero que en Waldron no sigui un altre Manfred. Espero que sigui l'article autèntic i no una imitació xinesa. Espero que la Maxine no sigui una més d'una llarga llista de conquestes per Internet. Espero que Waldron sigui el seu nom de debò (amb el benentès que ho desitjaria de qualsevol altre) i que no li prendrà els diners ni res més que ella no li vulgui donar. Espero que sigui maco. Ben mirat, qui sóc jo per criticar-la perquè li agrada un home més gran?

Però, fet i fet, tothom es pot sentir desenganyat: això és una altra cosa que he après. O sigui que potser no he de posar en dubte l'honestedat d'en Waldron, només. Potser el gran enamorament per Internet no va anar ben bé com ho explicava la Maxine a les festes (les flors, el glamur, la passió) o potser només ens en va oferir els moments estel·lars editats. O potser no va passar res d'allò i punt. Res de res. Una idea feliç.

–Què t'hi jugues que només va passar en la seva imaginació? –xiuxiuejo amb delit.

«Només?», respon en Titus bruscament, i se'n va talonejant a fumar-se un cigarret.

Encara que portem esquís al trineu, esquiar s'ha convertit en un exercici pràcticament impossible. Aquí els zastruguis tenen una superfície que és com milions d'hams posats junts. Quan caus, proven d'enganxar-te. No me'n vaig adonar al començament: quina poca capacitat d'observació! No recordo gran cosa del camí entre on som ara i les cascades de glaç. És estrany que recordi els noms dels cavalls d'en Titus, i en canvi no recordo com vam baixar per les cascades de glaç. Hi devia haver cascades de glaç, perquè això és la glacera d'Amundsen i he llegit una dotzena de vegades el seu relat de com va arribar fins al pol: «Tot va anar com un somni». (Devia tenir uns somnis molt diferents dels meus, és l'únic que se m'acut dir).

La tenda, quan acampem, lluita contra nosaltres. A través del fons de la tenda encara noto els hams dels zastruguis, menys quan el vent ens aixeca literalment de terra i després ens torna a deixar caure. Segurament es poden estovar pops amb aquesta tècnica. Deixa't estar de donar-los cops damunt d'una pedra: posa'ls dins d'una bossa impermeable i venta'ls cops sobre un tros de gel amb hams clavats. Els sacs de dormir se'ns entortolliguen i se'ns escapen quan hi estem ficats a dins. No ajuda gens a alleujar la nàusea que acompanya l'altitud i un règim de dàtils secs i brou de cubets. Però la son ho resol.

La son arriba tan bon punt ens resguardem del vent. A pesar del soroll, de la gana i de la set bestial, la necessitat d'encendre el fogonet d'emergència i desfer neu, la necessitat de fer un brou... la son ens alenteix els moviments com si fóssim sota l'aigua. Aquí no hi ha necessitat de les bosses d'herbes narcòtiques; he d'avançar amb penes i treballs entre llargs replecs de son pesants com cortines de vellut gruixudes abans de poder-me ficar menjar a la boca. Romeo i Julieta mai no van córrer més de pressa al llit que jo cap al meu sac de dormir; el meu santuari de la xerrameca imparable d'en Víctor, el meu forat de cuc a un altre sistema solar, el meu portal al meu món interior. El meu sac de dormir robat de Pengwings fa una olor masculina. La part de dalt passa per damunt del cap i es tanca completament amb una cremallera: és l'amagatall perfecte quan el diable es tapa els ulls amb les peüngles i compta fins a vint. Empesa per la paret de la tenda inestable, tinc una sensació com si una persona inquieta se'm repengés a l'esquena, empenyent el cos contra la corba de la meva columna.

–Em sap greu haver-te portat fins aquí, Titus.

«No pateixis, Sym. Tampoc no estava fent res d'especial.»

M'agradaria tombar-me i mirar-li els ulls, però resulta que ja dormo (així de de pressa), com el llop quan cau per la xemeneia de la casa dels tres porquets dins d'una caldera de somnis bullint.

Somio que vaig de paquet dalt de la moto d'en Titus per

una carretera empedrada. La suspensió d'aquestes motocicletes antigues és desastrosa, però rodejant-li la cintura amb els braços, li noto la corba de la caixa toràcica a través de la camisa de lli; el batec potent i sincopat del cor i la inflor del diafragma cada vegada que inspira glops d'aquest aire dolç i floral. Els bòers ens disparen i veig els forats que les bales fan a la tela de la jaqueta del meu uniforme escolar, però no sembla que m'hagin tocat, encara. De tant en tant, motoristes bòers que van amb moto i amb sidecar, o dalt de cavall, se'ns posen al costat i ens pregunten molt educadament si ens volem rendir. Però en Titus refusa, amb la mateixa cortesia, però insistent. La moto s'ha quedat gairebé sense benzina, però en Titus s'ha posat en contacte amb el seu amic Roly Barnard perquè li tingui preparat un mitjà de transport alternatiu: un globus d'aire calent.

Oneja inflat en la distància, com un embut de seda roja sanguina; sento el rugit dels cremadors, grossos com motors d'avió, omplint d'escalfor el seu receptacle. Hem de passar entremig de les flames, que m'imagino que ens incineraran, però l'únic que m'abrasa són els ulls. La cistella del globus ja es comença a desplaçar, rebotant sobre el terra. Tibant els vents, el globus s'infla, fa panxa i es tensa, cada vegada més ple, impacient per enlairar-se. En Titus salta de la moto fins i tot abans que hagi deixat de moure's; jo també ho dec haver fet, perquè ara som tots dos dalt de la cistella del globus.

Però en Titus s'ha descuidat alguna cosa (l'honor?), la seva mascota, el seu cérvol? Fa passar les seves cames llargues per la vora de la cistella i, sense cap mena d'esforç, salta a terra. Però jo, per algun motiu, no puc convèncer les meves cames perquè es belluguin, perquè es dobleguin, perquè s'aixequin per sobre de les vores altíssimes de la cistella, ara protegides i guardades com els murs d'un castell. Quan miro cap amunt, m'adono que el que senyoreja per damunt meu no és el receptacle de seda del globus, sinó l'esfera sòlida d'un planeta, oberta per la base i plena de foc.

«Surt! Surt!», em crida en Titus, i jo ja ho voldria, però la cama em fa un mal horrorós i tinc les parpelles enganxades amb goma aràbiga, i la cistella es sacseja d'un costat a l'altre violentament...

–Surt! Surt, mossa!

L'oncle Víctor, un cop despert i decidit a continuar immediatament, ha sortit del sac arrossegant-se i ha passat de quatre grapes per la porta de la tenda. La tenda, alliberada del seu pes, ja no té cap raó per mantenir la forma. I es posa a rodolar. El fons s'ha convertit en una paret més i, com una mànega de vent, tota la tenda, inflada, s'escapa del trineu, convertida pel vent en una mena de sac flàccid. En Víctor és a fora i jo m'he quedat a dins.

Fins i tot fora del sac, al principi no trobo la porta, perquè resulta que jo hi estic al damunt. Els pots de menjar buits retopen com mosques blaves. Una llanterna em ve a espetegar contra la cara. I les botes, també. Les botes! No les puc perdre, de cap de les maneres! Els dos sacs de dormir se m'entortolliguen pel cos. Veig breument la silueta d'en Víctor a través de la paret de la tenda mentre intenta impedir que se li escapi. I aleshores passo pel forat arrossegant els sacs fets un manyoc, sostenint una bota a cada mà, i em tiro de cap a l'aigua glaçada com un submarinista sense campana de bus.

El trineu saltironeja (saltironeja de debò) damunt del glaç, arrossegat pels vents i la tenda inflada. Lliure d'envolar-se encara més amunt, la tenda s'omple instantàniament de vent i va deixant caure objectes: la llanterna, el meu piolet... No gosem estirar les cordes per immobilitzar-la; els patins del trineu ens aixafarien les cames o els peus. De manera que no ens queda altre remei que mirar com la tenda arrossega el trineu; un estel immens que esbatega per l'aire. El trineu comença a agafar embranzida. Amb els peus descalços, no em puc posar a córrer pels zastruguis coberts d'hams.

L'oncle Víctor, que estava dret amb les mans alçades, les deixa caure als costats, renegant com un dimoni. Jo fico els peus dins les botes, empenyent, però costa molt (costa molt, Titus), costa molt, mare! Es fan servir molts músculs de la cama per calçar-se un parell de botes! Mentre corro, amb els cordons al vent, l'embenat de la cuixa em va caient. M'estic aprimant. El fum de les calories cremades em cou als ulls.

En un moment en què el trineu frena a causa d'un replec del gel, m'hi acosto fent brandar el piolet, dirigint-lo als enganxalls que lliguen les cordes al trineu. Però s'han convertit en un manyoc de nusos gordians de gel compacte i el trineu de seguida torna a escapar-se, escorrent-se més de pressa que si l'estiressin un ramat de huskies o una moto de neu.

Al final, els cordills de la tenda peten. La tenda s'eleva, s'eleva i s'eleva, recargolant-se i encongint-se, fins que un sostre opac de boirina blanca se l'empassa i la fa desaparèixer de la vista. Un quilòmetre més enllà, el trineu jeu de costat: els cordills rosegats, els arnesos d'arrossegar escampats damunt del gel.

–Mira, ara, què has fet –diu l'oncle Víctor, trotant darrere meu.

Som gent lletja de Neanderthal, amb els peus grossos, els genolls boteruts, gent borratxa que camina fent tentines, no gaire millor que els simis (no podem fer pinça amb la punta del dit mitjà i la punta del polze), que ens eixuguem el nas amb manyocs de llana i caminem amb els ulls fixats al terra de davant dels nostres peus. Gent de l'Edat del Gel sense cervell, sense res més al cap que menjar, trobar recer i dormir per oblidar-se del dolor. Gent estúpida, bovina, que el vent i el cansament fan trontollar d'un costat a l'altre. Gent ieti, lenta i amb les espatlles encorbades, que busca un lloc on extingir-se.

Però és clar! És clar que sí! Sigues forta! Potser en Víctor té raó! No parlis mai de morir! Si en Víctor té raó, hi ha una possibilitat que això no passi. A morir, em refereixo. Aquesta nit o demà al matí trobarem el forat de Symmes i baixarem a la seva escalfor cavernosa i brillant. Ens rebran unes cares pàl·lides albines. Que ens somriuran, potser. Sap tantes coses! El nombre de reblons que hi ha a Forth Bridge, el punt de fusió del vidre, tot! Potser ha tingut raó des del principi! Sí! Aquesta nit trobarem el forat de Symmes! Segur! L'hem de trobar! Això és una aventura! Això és el que passa en les aventures!

«Què em va passar, Sym?», salta en Titus, i per algun motiu està enfadat de debò. Jo no li havia demanat que es presentés a la meva ment, però de cop hi apareix igualment, i crida. «Què em va passar, Sym?»

I és tan real que fins i tot li veig l'arrel dels cabells, la llargada de les pestanyes i la vora blanca al voltant dels ulls de color avellana. I està tan enrabiat que treu foc pels queixals.

«Què se'n va fer de Lawrence Oates? El van arrossegar cap al cel igual com Elies, amb un carro de foc? Què va passar? Contesta'm!»

Però no li puc respondre. Veig el vapor d'aigua del seu alè, la foscor de la barba de demà sota la pell, l'asimetria dels llavis. Per això no em veig amb cor de respondre-li.

«Què em va passar quan vaig sortir a fora, enmig del torb? Em vaig posar ales de neu?»

–No, Titus.

«O vaig ensopegar amb els fantasmes en estampida de tots aquells pobres ponis que vaig sacrificar?»

–No.

«Potser, igual que a Ròmul i Rem, em va alletar una colònia de dinosaures alegres?»

–No, Titus.

«No! Fes servir el sentit comú, noia. Fes servir el cap!»

No el vull fer servir, el cap. Tinc mal de cap.

«Et penses que estic presoner al palau de la Reina del Gel, amb una estaca de glaç clavada al cor?»

–No, Titus, sisplau.

«Què em va passar? Que em vaig esmunyir sota terra com el conill blanc, cap al País de les Meravelles de Symmes?»

–No. Prou.

«Fes servir el sentit comú, Sym!»

És tan autèntic que sento l'escalfor que desprèn el seu cos i veig com el pols li batega al coll i com se li belluguen els pèls foscos, més amunt del rellotge, amb el frec del puny de la camisa. I en tota la meva vida mai no he volgut tant res ni ningú; mai no havia desitjat tant que el Temps s'aturés. Aquí. Ara. Prou de pensar. Prou de decidir. Perquè si dic les paraules que tinc a la boca, ell desapareixerà; s'apagarà com una flama i em deixarà a les fosques, sense res més que la por i el fred. Em fico les mans a les mànigues per vèncer l'impuls d'agafar-lo. Tanco els ulls per no veure les formes que prenen els seus llavis i com deixen anar les paraules i com se li dilaten i se li contrauen les pupil·les amb la força de l'emoció:

«Contesta'm, Sym! Com que tinc trenta-dos anys perpètuament potser et penses que sóc Crist Totpoderós? Potser et penses que me'n vaig anar a l'Infern tres dies a escalfarme i que en acabat vaig pujar al tercer dia?»

Però jo em nego a dir-ho. Perquè me l'estimo i donaria el que fos; no ho faríeu, també? No donaríeu el que fos perquè algú que estiméssiu no es morís sol i patint horrorosament?

Ell és tot, tot, tot el que mai he admirat i he volgut i no

podia tenir. Ell és tot el que necessitava i que no podia trobar a la vida real.

És clar que ho és.

Per això me'l vaig inventar.

–D'acord! Et vas morir! Lawrence Oates es va morir! No va parar d'arrossegar-se fins que el dolor el va paralitzar; fins que les parets toràciques se li van congelar i no podia respirar, i el cos vitri dels ulls se li va congelar i va quedar cec, i no podia ni aixecar la cara de terra amb l'ajuda dels braços i el fèmur que tenia malmès se li va trencar. Aleshores va morir de congelació i la neu el va enterrar!

El Forat no existeix. No hi ha cap món calentó dins d'una Terra buida. En Víctor hi creu perquè es mor de ganes que hi sigui. És boig. Segurament fa anys que és boig.

Aquest coneixement profund no el comunico a en Titus. Perquè, evidentment, no el pot sentir. Tampoc no és allà; no existeix, fa noranta anys que no existeix. De fet, el meu Titus no ha existit mai. Només és un amic imaginari. Algú que em vaig inventar per fugir de la soledat. «Com fan els nens petits, hu, hu, hu. Com fan els nens petits.» Un cop entens la bogeria, ja no se't permet tornar-te boig, oi que no? Has de créixer, asserenar-te, fer-te fort, ser assenyat, tocar de peus a terra, considerar els fets, pensar, progressar.

Ara he d'obrir els ulls perquè si no les llàgrimes faran que les pestanyes se'm congelin enganxades. Has d'anar amb compte si plores quan fa un fred com aquest. Trec una mà de dins la manyopla grossa i m'eixugo ràpidament les conques dels ulls.

I allà, deu metres més endavant, amb l'esquena girada al vent perpetu, sota aquell barret de roba de flassada, per damunt del coll d'aquell jersei de la marina, estranyament casolà, el capità «Titus» Oates m'adreça un somriure d'allò més enlluernador.

Són tots els somriures que he desitjat de totes les cares que he conegut.

«Gràcies a Déu pel seny!», diu, parlant entre els núvols gebrats del seu alè. «No t'apartis del meu costat, noia. Aquest lloc ens el coneixem, tu i jo. Això és el que et traurà d'aquí.»

20

No era un forat gaire gros.

OATES

PERÒ no és veritat, Titus, jo no sé res de res! És cert el que diuen: pots llegir tot el que s'ha escrit, però res no et prepara per... Què sé jo que pugui ser d'utilitat?

«En Cherry feia servir manyocs de fulles de te fetes servir per...»

–Ah, entesos, ja ho sé. Ho provaré, però això no...

«Fulles de metzina no, naturalment».

–Evidentment.

Així, doncs, em preparo unes compreses per als ulls, fent servir les bosses de te Twinings English Breakfast Blend, fent el mateix que Apsley Cherry-Garard va fer fa noranta anys, i alleuja una mica el malestar de la ceguetat de la neu. Però no és exactament com el servei de rescat aeri i marítim, oi que no?

«En Birdie va descobrir que tapant les lents de les ulleres amb cinta engomada...»

–D'acord, d'acord, Titus. Però això és com llençar panets a un rinoceront que t'envesteix, només dic això.

I així, doncs, enganxo cinta adherent a les ulleres d'en Víctor, tal com va fer en Birdi Bowers fa noranta anys per protegir-se els ulls de l'encegament, només deixant un foradet petit com el cap d'una agulla per veure-s'hi. En Víctor continua fent servir les meves ulleres d'esquí i jo faig servir les ulleres tapades amb cinta. Des de qualsevol distància dec fer l'efecte que hagués nascut sense ulls. Els cecs de la neu guiats per cecs de la neu. En fi, jo sempre he preferit mirar cap endins que mirar cap enfora.

Per desgràcia, la protecció solar és dalt del Hagglund, i la pell se'm comença a omplir de butllofes i escames. Quina visió més feliç oferiríem ara a la mare: dos monuments públics picats per la pol·lució atmosfèrica. Víctimes del granallatge polar. Això és el que és el granallatge, oi? És netejar coses a base de bombardejar-les amb... amb què? Tinc la concentració fatal, aquí dalt. Frases senceres; pensaments sencers se m'extravien i volten dins la boirina, i s'acaben perdent per sempre. No m'estranya que el gris i el blanc siguin els colors de la vellesa.

–I la mare? –vaig preguntar-li, pensant si l'havia tingut en consideració en cap moment, amb tot això, preguntantme si mai aclariria les circumstàncies de la nostra mort. Estic bastant segura que no li va trucar aquell vespre, fa molt de temps, a París, que mai es va guanyar la seva benedicció per a aquest viatge infernal. Em va enganyar, com a tothom.

–No pateixis per ella, Sym. La Lillian i jo tenim un acord en aquest sentit –i va encreuar el dit del mig per damunt de l'índex i em va picar l'ullet. Clarament, es veia de tornada a Croxley Green, després del seu retorn triomfal, amb els peus damunt de la tauleta de la sala, mentre la mare li preparava el sopar.

–Estarà bastant orgullosa de tu, mosseta. No pateixis. Jo me'n cuidaré. Ens coneixem de fa molt temps. Sempre hem tingut un acord, la Lillian i jo.

No.

Gairebé t'estic agraïda, Víctor. Digue'm que hi ha mons

dins d'altres mons. I tant que sí. Qui sóc jo per discutir res? Digue'm que hi ha dracs dalt del cel. Digue'm que la pols de l'espai és esperma de balenes còsmiques, que l'home va ser fet per caminar amb les mans, que els diners surten dels arbres. Però la Font de Tot Coneixement es va assecar el moment que em vas dir que la meva mare i tu teníeu un acord. Riuria si em cregués que en algun moment podria parar. Contrasta les dades, Sym. Tingues l'ull viu. Verifica els fets. Revisa el tema. Persegueix el teu argument. Respon la pregunta. Obre els ulls. Fes servir la matèria grisa. Repassa les preguntes. Recorda les maneres. Fes el que et diuen. Digues la veritat. I la veritat, Víctor, és que hi ha coses que són i coses que no són així. Encara que la mare no descobrís mai que li vas robar el passaport i li vas buidar el compte corrent, que vas arruïnar el negoci familiar, que vas segrestar la seva filla i li vas assassinar el marit, igualment pensa que ets un pesat i un pedant sense sentit de l'humor, un setciències i un dèspota, també. El que passa és que és massa ben educada per dir-t'ho, sabent com hem comptat amb tu d'ençà que va morir el pare. Hi ha coses que no cal aprendre-les; són com són, Víctor. I hi ha coses que no són així.

No era un torb gaire fort: hauríem d'estar agraïts. Podria haver durat dies, però no va ser gran cosa més que una torbonada. Ens vam haver de posar a recer: havíem perdut la tenda i no teníem temps de construir un refugi. Tot i que jo en sé, en teoria. Fas una pila amb les teves possessions i hi poses neu al voltant, després estires els objectes i et fiques dins del forat.

«No ho sabia, això. És fabulós. A la meva època es tractava de tallar blocs de gel per fer parets de glaç; o no deixar que el vent se t'endugués la tenda, per començar, naturalment.»

–Gràcies, Titus. Tot això són coneixements útils, oi? Si continuem així potser encara trobaré alguna utilitat a la taula atòmica i els nombres daurats.

«O els quatre genets de l'Apocalipsi. Són els meus preferits.».

Potser és així com Déu va fer la Terra, no creieu? Devia apilar el seu vestit d'esquí, la motxilla i una maleta parisenca gegant i hi va anar amuntegant neu al voltant, en acabat va buidar l'interior. Potser Déu s'hi va arraulir, potser encara ho fa ara, dins del seu planeta buit gegant, per descansar del torb que va bufar el vuitè dia.

En fi, no hi havia temps, quan va arribar la torbonada, vull dir per construir-se un refugi de neu. Per això en Víctor i jo ens vam enfilar un a cada punta del trineu i ens vam embolicar amb tot el que teníem a mà, ens vam tirar les cobertes del trineu per sobre i les vam cordar, i ens vam posar a esperar. El vent empenyia i feia trontollar el trineu, fent-lo desplaçar damunt del gel. M'imaginava com agafava embranzida, lliscant cada cop més de pressa pendent avall cap a les clivelles, els portals, els xucladors, els vidres de finestra fets de glaç que es trencarien i sortirien disparats fets miques de l'aparador d'una botiga amb alienígenes albins somrients i dinosaures dissecats. El vent udolava i ganyolava per totes bandes. Li vaig demanar a en Titus que m'agafés entre els seus braços i que m'escalfés, però si ho va fer el seu cos encara era més fred que el meu.

I quan la torbonada va haver passat, els cordills havien quedat completament congelats i rígids. Tenia els dits glaçats, sense tacte. La claustrofòbia i mig metre de neu m'oprimien com si estigués soterrada. Estava enterrada viva. Socors, que algú m'auxiliï!

Però no hi ha ningú a més de mil quilòmetres a la rodona.

I què podia fer sinó estirar la lona i els cordills fins que les vores se separessin i deixar que la neu em caigués al damunt com una cascada?

Vaig pensar, mentre sortia, que el torb se'ns havia menjat. A la superfície no hi quedava res més que neu, i per un moment em vaig pensar que ens havíem mort i havíem deixat d'existir; hi havia tan poca cosa que mostrés la nostra existència! Només una terra verge blanca, aplanada fins a la consistència de caputxino cremós amb una nova caiguda de neu.

–On ets, oncle Víctor?!

Em vaig posar a buscar desesperadament l'altre extrem del trineu, fent servir les mans enguantades i el piolet, excavant i excavant entre la neu fins que vaig tocar el marc de metall i van aparèixer els cordills com punts de sutura en una panxa. Era com obrir una tomba i que l'oncle Víctor fos el cadàver que hi hagués a dins: tenia la cara blava del fred, podrida de les cremades de la neu. I uns forats quadrats i foscos on hi hauria hagut d'haver els ulls.

Bosses de te.

Les vaig llençar damunt la neu.

–Víctor? Oncle Víctor?

–Ara, en qualsevol moment, mosseta. Serà en qualsevol moment –va dir el cadàver, obrint els ulls, alçant-se del seu lloc de repòs, entre lones impermeables i llaunes de carn, les mantes isotèrmiques i l'alcohol de cremar.

–Just per sobre de l'horitzó, segons els meus càlculs.

Però abans que poguéssim arribar al seu Shangri-La damunt de l'horitzó (però tampoc no hi havia horitzó) vam haver de desenterrar el trineu de sota la pila de neu, i quan va ser l'hora d'estirar-lo ens vam enfonsar fins als genolls. Amb prou feines ens podíem moure entre aquelles farinetes de neu nova, fondes, toves i humides.

De fet, la neu no és nova. Res del que hi ha aquí és nou. El vent tritura la superfície de segles de neu i l'escampa una mica per aquí i per allà, i ja està. La mateixa neu de sempre, reciclada una vegada darrere l'altra. Com un astronauta bevent-se el seu pipí.

Ara mateix li acabo de dir una cosa a l'oncle Víctor sobre el granallatge: que algú podria utilitzar totes aquestes navalles de gel per netejar la brutícia de la pedra i treure el rovell dels metalls. Ha estat una equivocació. La traïdoria del seu company de granallatge li devia haver estat rondant pel cap. La congelació infla una mà o un peu com si fos una llúpia negra grossa; la deserció del pare s'havia inflat de la mateixa manera, com una úlcera fastigosa al cervell d'en Víctor.

–Un luddita provincianet, de mentalitat estreta –ha escopit, vessant verí–. Hauria aguantat que m'encolomés tota la feina més dura, aquell torrapipes mort de dins! Però quan es va començar a ficar amb la meva feina...

Sembla que van ser els antibiòtics, els causants de la desavinença final entre l'oncle Víctor i el meu pare: un experiment d'importància vital. No s'havia de permetre, sota cap concepte, que els microbis, els bacteris i les infeccions del món superior contaminessin els mons de dins: només calia fixar-se en el destí dels amerindis per demostrar-ho. Les infeccions dels terrestres no s'havien de passar als habitants de dins. I per tant, naturalment, l'oncle Víctor es va posar a experimentar amb sistemes per alliberar l'organisme humà de qualsevol contagi. Una tanda d'antibiòtics, prou forts per exterminar el sediment d'una aigüera, no parlem ja d'estreptococs i l'escarlatina. I qui va fer servir per a aquest experiment? Doncs la seva aprenenta, naturalment. La seva mà dreta. La seva ambaixadora en període de formació. Li calia veure si, igual com un vàter o un bisturí, es podia deixar completament neta de gèrmens.

–Però vaig haver de plegar abans d'hora –va fer en Víctor dolgut–. Vas començar a perdre l'oïda. Però la ciència era prou vàlida! Això ho sap veure qualsevol! Fins i tot tu, te n'adones, i no és que siguis cap llumenera! Ell no, però. No, aquell luddita estret de mires de ton pare, no! Va provar de carregar-se tot l'experiment!

Jo me'n recordava, és clar: que m'empassava quantitats industrials de caramelets que semblaven pastilles de xocolata barrejats amb cullerades de mel, amagant el truc al meu pare, perquè (ho deia en Víctor) el pare tenia avorrida la mel. Havia de ser el nostre secret: d'en Víctor i meu.

–Vaja, o sigui que... també em vas privar de l'oïda –vaig dir.

–Ho pots repetir? –va fer en Víctor.

Quan la Foscor Blanca s'estén, és d'una gran benignitat. Totes les ombres desapareixen (el cel, el terra) i no deixen més que una vacuïtat lletosa i trèmula. És una llum dolça, una llum agradable, com estar sota un llençol un matí d'estiu: la presència de la llum sense cap de les complicacions habituals, com veure-hi. La perfecta ignorància era així, recordo: un sentiment d'aclariment sense acabar d'entendre ben bé de què anava allò. En diuen la Foscor Blanca. Una finestra opaca a causa de la condensació. Una cataracta damunt de l'ull. La Foscor Blanca. Amb la punta de l'esquí dibuixo un ull damunt la neu (no està tan bé com el faria la Nats, però és un ull), només per demostrar-me que veig el que he dibuixat; que no m'he quedat cega. Quan Odisseu va entrar al submón, els morts empenyien per totes bandes, clavant empentes ni que fos per entrellucar un home viu. Potser la Foscor Blanca és teixida amb rebuig, amb els fantasmes sobrants.

Els diamantets de gel que centellegen en la calitja blanca em regiren els records d'aquells emprovadors amb miralls daurats, al París de les elegàncies. Treu la targeta de crèdit, oncle Víctor: hem arribat al súmmum dels emprovadors. En els miralls plens de fum hi ha el meu veritable reflex: l'aspecte que tindré quan hagi desaparegut. Res! *Zippo*! *Nada*!

«Em fa l'efecte que el ranxo de l'esmorzar t'ha fet mal.»

–Per què? Que rondino?

«Potser una mica. Aquest lloc desmoralitza.»

–Perdona. Què et fa, la cama?

«Quina?»

–La que té el forat de bala.

«Ah, uf, aquella! No és un forat gaire gros. Vigila.»

El pes del trineu em fa frenar en sec. L'oncle Víctor ha deixat d'arrossegar. La blancor tètrica s'ha allargat formant un corredor i al fons de tot, envelades per la boirina espessa, hi ha quatre (potser són cinc) figures indefinides dins d'unes túniques voluminoses. És una visió tan esfereïdora que deixo caure el piolet i el cop, en tocar a terra, ressona com un tro. El terra és buit.

Aniria corrent cap als desconeguts immòbils, si no fos pel ressò buit que noto sota els peus. Estem damunt d'una membrana de tambor feta de gel. Quant fa de gruix? Un metre? Un pam?

–Oncle Víctor. No et moguis per res! –li dic.

Em fa l'efecte que en Víctor no podria moure els peus ni que volgués. S'està plantat, contemplant les siluetes que hi ha entre la boira. Alça una mà enlaire, lentament, com si no gosés, i saluda com un nen petit, amb la manyopla doblegada a l'alçada dels nusos de la mà. Se li dibuixa un somriure ample a la cara, i li surt vapor d'aire de la boca.

–Hola!

Retrocedeixo fins al trineu seguint les meves passes, intentant posar els peus exactament al mateix lloc on els havia posat abans. Dues passes. Tres passes... Bum. Bum. Bum. Estiro els esquís de sota la lona.

–Posa-te'ls, oncle Víctor. T'ajudaran a repartir el pes.

No em fa cas, té els ulls fixats en una delegació d'alienígenes parats en renglera dins la boirina blanca. Com un gos, em vull ajeure, em vull estirar damunt del glaç, tornar-me ingràvida i invisible. Tots els sorolls són amplificats per la immensa caixa de ressonància que tenim sota els peus. Però aquest no és un lloc per quedar-s'hi plantat, amb ànim contemplatiu. Hauríem de tornar enrere, sortir d'aquesta plàtera de porcellana de glaç. En comptes d'això, avancem arrossegant-nos (jo amb els esquís, en Víctor damunt d'unes cames que se li pleguen i ensopeguen) fins que hauríem de trobar-nos de cara amb els desconeguts.

Com és habitual, la mida i la distància ens han enganyat. Les figures no són humanes. Ni tan sols són humanes en proporció. Són molt més grosses i distants. Deuen fer uns tres o quatre, o cinc, metres d'alçada. I no són guardes uniformats ni plàcids ambaixadors d'un altre món; són afloraments de gel escarpat que s'alcen com formiguers de tèrmits d'entre la capa de glaç. Hi ha butllofes retorçades de gel deformat empeses per les mateixes forces gegantines que sostenien màgicament aquella coberta de vidre damunt d'un No res cavernós.

–Ja sé on som –dic, tot i que ho dic amb veu molt baixa per si el pes dels decibels fos suficient per esberlar el vidre.

–Som a la Sala de Ball del Diable –quin nom més poc científic; en Víctor es pensarà que em poso melodramàtica–. Això és l'infern a la Terra; és la Sala de Ball del Diable– m'agradaria poder anomenar-ho d'una altra manera, però no puc. Tinc el nom al cap –«la Sala de Ball del Diable, la Sala de Ball del Diable»– i no em deixa lloc per a res més.

–Amundsen va venir aquí, oncle. No és un lloc per estar-hi. Sota nostre no hi ha res –en un esforç desesperat per fer-li-ho entendre, pico a terra amb l'esquí dues vegades: bum, bum–. Escolta, oncle, és buit.

En Víctor fa una cara tan agitada que em penso que les figures dins la boira, la il·lusió temptadora de vida, finalment li deuen haver penetrat al cor. Però aleshores s'ajup i comença a colpejar el terra amb el seu piolet. Bum, bum. Espero que el terra s'esquerdi sota meu com el parabrisa d'un cotxe.

–Ajuda'm, mossa! Observa bé!

Res del que dic ni del que faig l'atura, tret d'arrabassar-li el piolet de les mans i començar a picar contra un dels formiguers. Si vol veure el que tenim a sota, que almenys ho faci d'aquesta manera! M'he de treure els esquís per acostar-m'hi bé; m'he d'obrir pas trinxant un ou monstruós ple de bonys i cavitats, fet de gel, i la cara se m'omple d'agulles esmolades que salten volant. L'impacte em corre braços avall i envia explosions de dolor cap als colzes i les espatlles, al clatell i a la columna vertebral. Si això fos una persona li tallaria el cap d'un cop de piolet. Si fos en Víctor, me n'alegraria!

Canto per mi, dins el cap: «Em vas prendre el pare! Em vas prendre l'oïda! M'has portat aquí!.» Els cops de piolet ja no em fan mal. És més, tinc la força de deu persones i el ritme d'un martinet: «Has robat, has matat, has mentit, t'has imposat, i ens has fet...» El cap buit i les espatlles de l'alienígena frígid s'esllavissen, s'esmicolen i rodolen per dins aquell cos lleig i buit, avall, avall cap a l'espai de sota. Si els fragments arriben a tocar fons, jo no ho sento. Els antibiòtics que em va donar en Víctor em van fer tornar sorda. I a més a més, els ecos reverberants com de tro, de percussió greu, que retrunyen per la Sala de Ball del Diable n'ofeguen el so. Noto com el glaç vibra sota les meves botes. L'últim cop per poc no decapita en Víctor, que fa grans esforços per escalar la base de la xemeneia de gel.

–Què fots, animal? –li crido.

S'ha enfilat i té els palmells de les mans reposant, per dir-ho d'alguna manera, a la corona de la xemeneia de glaç, preparant-se per mirar cap a baix. I veig que la seva cara no expressa dolor, sinó una felicitat maníaca. Es treu les meves ulleres d'esquí d'una revolada, per veure-hi millor, i les llença.

–Ja hi som, mossa, ja hi som! Ho hem aconseguit! No t'ho deia, jo? No els ho deia, jo, tota l'estona? Però ningú em creia, però jo els ho vaig demostrar, coi si els ho vaig demostrar! Ningú més que jo, jo l'he trobat, hi he arribat, és meu!!

I aleshores es deixa caure amb un cruixir de botes que esquerdissa el glaç en el punt on cau, i arrossega cap a ell el trineu amb les cordes, de manera que el travesser de metall li espetega contra les cames. S'ha de posar dret dalt del trineu per guanyar altura:

–Tu primer, mossa, tu primer!

Ajupint-se per abraçar-me els genolls, m'aixeca a pes de braços cap a l'obertura.

El mal que sento al tall de la cuixa és momentàniament més gran i més negre que la foscor que hi ha a sota; no puc ni aixecar un dit per ajudar-me. Puja una olor de deu mil anys per la xemeneia de glaç; un corrent d'aire que m'envia els cabells esborrifats a la boca, mentre en Víctor prova d'entaforar-me en el submón, com un cuc dintre la gorja d'un cucut robust petrificat. Li vento un cop al cap i estenc els braços i les cames de banda a banda de l'obertura perquè no em pugui empènyer cap avall.

El seu somriure amb la boca oberta és d'absolut desconcert: un geni enfrontat amb la tasca d'explicar física quàntica a un gos bastant estúpid.

–Que no ho entens, mosseta? –diu a poc a poc i de manera afectada–. És el forat de Symmes! No n'hi ha un de sol... n'hi ha tot de colònies!

Després, la generositat i la paciència se li acaben, i es tornar a enfilar, m'aparta del mig, gelós que ningú arribi a la Veritat abans que ell. Aixecant primer una cama i després l'altra, fa lliscar els peus xemeneia endins (–Oncle, NO!) i enretira les mans de la vora.

Dins de l'equip d'esquí, en Víctor és un objecte de pell i ossos. Però les capes balderes, bufades i inflades d'embuatat tèrmic li queden encallades a la boca de la xemeneia, a l'alçada de les anques. Treu el cap, com un escura-xemeneies de l'època victoriana, giravoltant i renegant, amb la caputxa abaixada; la força del vent li obre i tanca les parpelles independentment. Em suplica que li acosti el piolet per poder engrandir l'obertura i baixar als mons interiors.

Jo em quedo estirada allà on ell m'ha empès, tinc el piolet a l'abast de la mà. I per què no? Per què no ho hauria de fer? Bon vent, hauria de dir. Bon vent i barca nova i que el dimoni se t'emporti!

–Baixa, oncle! Baixa, sisplau, que em fas patir! Vigila, que cauràs! Això només es un no res molt gros!

Remena i forceja, la roba se li arromanga al voltant del coll i la cara: és un Pare Noel rabassut, enganxat a la xemeneia.

–Dóna'm el piolet dels nassos, burra. Senyor, doneu-me paciència! Estic envoltat de pallussos i de cretins!

Agafo un dels arnesos de lona llardosa del trineu i l'hi tiro.

–Almenys posa't això. Escolta'm! Posa-te'l, oncle. No vols caure, oi que no? Pots anar baixant. Però pot ser a centenars de...!

Fa brandar les mans per damunt del cap, amb desesperació i fatiga, com un nen petit fent una rebequeria. Intento ajustar la veu a l'edat d'aquesta criatura dement que tinc al davant, que vol, vol, vol, vol sortir-se amb la seva, contrariat per un món que no vol creure.

–Sigui el que sigui el que hi hagi, hi ha d'haver una bona distància fins a baix, Víctor. No ho vols descobrir posant-te en perill, oi que no? Per què no hi baixes lligat, almenys? Et lligues amb l'arnès. Aleshores hi baixaràs més segur, no et sembla? Vaig a buscar la llanterna, mira. I així podràs...

–Sí, sí –rebufa, turmentat per la impaciència i amb penes i treballs fa passar els braços per l'arnès sense prendre's la molèstia de desentortolligar les corretges o distingir el davant del darrere. Tota l'estona em va dient que l'acompanyi i em dóna instruccions molt precises perquè em posi l'arnès i el segueixi. La idea dels arnesos és seva, evidentment.

–Doncs què, noia? Fixa-t'hi bé! Posa't el teu! Pensa, mossa!

I jo he de fer els moviments de posar-me l'arnès i d'enfilar-me al trineu com si volgués seguir-lo; dos trapezistes fent un número de desafiament a la mort davant d'un públic d'espectadors alienígenes.

–Espavila, Sym! Passa'm el piolet! Espavila!

No, no, oncle, sisplau! No em deixis aquí sola! Queda't aquí amb mi! No ens hauríem de separar! Tothom diu que...

Però el geni s'ha imposat; com ha fet sempre el geni, tiranitzant la vida d'en Víctor, cridant-li a l'orella que és un home de mèrits enlluernadors que marcarà la història. De sobte s'ha adonat que sense l'anorac voluminós de ploma potser passarà per la gorja desigual de la xemeneia de glaç. Per això estira i descorda els xecs, llença a un costat les manyoples, que semblen grapes d'ós, per buscar el carro de la cremallera, encongeix les espatlles per alliberar-les de l'embuatat, treu els braços de les mànigues i s'oblida del petit detall que, juntament amb l'anorac, també s'ha tret l'arnès.

Amb el xiulet escorredís del neoprè fregant contra el gel, desapareix, amb les mans al cap. Jo em quedo parada dins el trineu. Estiro les mans, provant d'agafar alguna cosa, el que sigui, però topo amb una xemeneia buida.

Malgrat tot, la cara d'en Víctor, en caure, es gira cap a mi, i veig l'expressió que la transforma. De clarividència. D'autèntica il·luminació.

La foscor se l'empassa en un tancar i obrir d'ulls.

21

Oh, era un senyor, tot un senyor,
sempre un senyor!

TOM CREN, PARLANT D'OATES

COM UNA PILOTA GEGANT, amb l'anorac de l'oncle Víctor embotit damunt del meu, sec durant molta estona al peu de la xemeneia de glaç, arrecerant-me al seu costat, repenjada d'esquena contra la seva superfície plena de bonys i clots. El vent atroç brunzeig arran de la boca, com una fulla en passar xiulant per sobre el coll d'una ampolla buida.

–Bon vent –dic, provant l'efecte que fa la frase, mentre em cordo la cremallera tan amunt com puc.

«Com?»

–M'ha destruït, Titus. Va assassinar el meu pare. M'ha assassinat a mi.

En Titus també seu repenjat d'esquena al fumeral, amb els ulls tan ben cargolats que les dents li queden descobertes. El clot que hi ha entre el pòmul i la barra està més enfonsat, ara, i la pell tan estirada que és gairebé transparent. Amb una navalla, es talla els cordons de les botes, des de dalt del garró fins a baix de tot, clic, clic, clic.

–El malparit m'ha destruït!

No em porta la contrària, perquè un amic no és un amic

si et diu que el negre és blanc. Senzillament diu: «Igual com Scott em va destruir a mi. Però creus que ho va fer expressament? Tu et penses que ho va fer amb malícia?»

Com pot ser que no estigui ressentit? Ara és el moment d'estar enfadat. No abans, amb mi. Ara.

–Com? Si l'odiaves, Scott! I jo ara odio en Víctor, exactament igual!

«Jo, odiar Scott?», sembla sorprès.

–Sí, el Patró! I tant que sí, odiaves Scott!

«Odiar-lo? Jo me l'estimava, aquell home».

–Després del que et va fer? Després de la manera com...

«Ah, al començament no el podia aguantar. Em saltava l'ofici dels diumenges perquè Scott conduïa les pregàries. No aguantava el seu posat vanitós, hipòcrita, de santet... Diguem que covava sentiments poc cristians envers la seva persona, a vegades. Quan coincidíem a la mateixa habitació. A vegades, fins i tot, quan no coincidíem. Però al final? Allà a la Barrera? Al final vaig acabar estimant aquell home. Tots l'estimàvem. L'estimava sense reserves. Perquè tenia un bon cor i les seves intencions eren sòlides. I perquè...»

Mira al seu voltant, al laberint blanc de carrerons emboirats, com si les paraules justes poguessin passar volant. Té la veu suau que fa rodar el cap com el fum al voltant del cervell.

«Que Déu ens empari, filla meva, qui més hi havia per estimar? Hauria estat una autèntica ximpleria, perdre el temps odiant-nos l'un a l'altre.» I deixa el que estava fent i aixeca el braç perquè em pugui repenjar al seu pit i enfonso el cap a la llana humida del seu jersei. Sento l'olor de la seva suor. Ha passat molt de temps d'ençà que ell i els seus companys corrien a pèl per rentar-se amb grapats de neu. Noranta-un anys.

–Tothom t'estimava, Titus. Sempre. El magnífic capità Oates? Tothom que et coneixia. Tothom t'estimava.

«Ah, aquí ho tens, la Mort», diu, arrufant el nas i amb els ulls plens de modèstia, «fa meravelles per a la reputació d'un home, que no ho sabies? No hi ha res com la mort perquè la gent parli bé de tu. Vinga. Posem-nos en camí.»

Però continuem asseguts, mirant com les cobertes del trineu esbateguen al vent i els dos arnesos buits rodolen d'una banda a l'altra. L'odi s'erosiona amb el vent. M'atreveixo a dir que amb el temps me'n desprendré del tot, juntament amb els cabells.

–Sempre podré dir (quan torni, vull dir), sempre podré dir que en Víctor va trobar el forat de Symmes –comento–. Va morir coratjosament, fent la més gran descoberta científica de tots els temps. Qui ho podria negar? O a qui perjudicaria? A qui li importaria?

En Titus em clava la seva mirada penetrant; aquella mirada que deixaria clavat un elefant enfurismat. Repensa-t'hi, demana disculpes i gira cua.

–Molt bé, d'acord, no ho diré. Però espero que trobés alguna cosa. El paradís. Al fons del forat. Alguna mena de paradís. Li havíem tingut molt d'afecte. Tota la famíla, em penso. Si ho recordo bé.

Tinc la pell tan freda que em fa l'efecte que les llàgrimes són plom fos que llisca cara avall, cara avall. Sanglotar em fa mal a les vèrtebres, també, però no ho puc evitar. Seria una autèntica ximpleria continuar odiant en Víctor la resta de la vida; i la resta de la meva vida realment no em deixa temps per aparcar les llàgrimes per a més endavant.

«Et diré el què, *ma chère*. Atès que disposa de tot l'univers per triar, dubto que Déu situés el paradís aquí baix, al sifó de sota l'aigüera. No t'ho creus? Ai, Senyor, aquest lloc és horrorós, Sym. Què et sembla si ens posem en moviment?»

Però no em veig amb cor de doblegar la cama i posar-hi pes al damunt per aixecar-me. Rodolant, em poso de quatre grapes, però no em moc, abjecta, submisa sota el vent que espetega com un fuet, doblegant l'esquena davant dels fantasmes de neu, esperant que em perdonin la vida un dia més, una hora més. En qualsevol moment, la fràgil pista de vidre es pot esberlar i obrir-se sota meu. I què? Com podria la negror d'allà baix ser més negra que el forat que tinc dins?

«Ep, Sym! Confio que no t'oblidis que estàs amb l'afortunat capità Oates, eh? Et pots arrecerar sota la meva bona estrella.»

–Oh, que bé!

«Com? Ja t'ho havia dit: sóc un home d'allò més afortunat! Pensa-hi! Dos anys més i hauria pogut ser tot nostre: la Gran Guerra! Polls i rates. Ofegar-se al fang. Ferides de metralla. Gas fosgen. Un entre milions conegut només per Déu. Hauria estat preferible sota algun concepte? És això el que em desitges?»

–Potser no t'hauries mort en la Gran Guerra.

«Aleshores què entens tu per afortunat? Que haguessin vingut els gossos?»

–Sí!

«Rescatats a l'últim moment; el dia del meu trenta-dosè aniversari?

–Sí!

«I et penses que el teu heroi que munta a cavall, boxeja, fa curses de camells, navega, juga a criquet, esquia, va amb moto i combat al front hauria gaudit de la vida amb les mans i els peus amputats? Mai ningú em podria acusar d'aquesta mena de coratge.»

I a en Titus se li il·lumina la cara amb un dels seus somriures més lluminosos.

«I en canvi, què vam ser, tots cinc? Noms coneguts a totes les cases. Famosos! Scott i Birdie i el Doctor Bill i Taffy i jo!»

–Els Cèlebres Cinc!

«Ara no veig per on vas, però sí, els Cèlebres Cinc.»

–Sense pastissos ni panets.

«Ni *Timmy*, el gos.»

–Ah, el gos *Timmy*! Si haguéssiu portat l'intrèpid *Timmy*, el podríeu haver enviat amb una nota al collaret perquè anés a buscar ajuda!

«Igualment ens l'hauríem menjat.»

És així com va, veieu? És així com s'ho fa la gent per treure els cavalls dels edificis, en un incendi. Quan tot el món crema al teu voltant, et poses una bena als ulls. Tothom necessita algú com en Titus perquè li serveixi de bena per als ulls.

Això em recorda que he de trobar les ulleres d'esquí. Vaig de quatre grapes pel gel per buscar-les, i després giro cap al trineu. El vent em fa lliscar sobre els nusos enguantats amb folre polar i els genolls enfundats en neoprè... Sóc una pedra que es cargola i rodola cap al seu objectiu. No hi ha manera humana que pugui arrossegar el trineu jo sola. O sigui que en trec tots el paquets de menjar (galetes, panses, pols de curri, cacau en pols, pastilles de glucosa) i els poso tots barrejats en una bossa de plàstic i ho entaforo dins el sac de dormir. Això ho fico dins del sac de dormir d'en Víctor, juntament amb les mantes isotèrmiques. El vent m'ha robat tots els esquís menys un.

«Aquells nòrdics tenien el cap ben posat damunt de les espatlles, saps? Navegaven fins i tot més bé que jo», diu en Titus.

–Qualsevol navegava millor que tu, Titus. Eres una amenaça amb barca.

Però prenc nota de la seva pista i faig servir l'esquí que queda com a pal i les cobertes del trineu com a vela, igual com va fer Amundsen, per tornar del pol empès pel vent. Almenys, així, hi podré dormir dins. O serà més fàcil que em detectin des de l'aire.

Però burra, burra, burra, estúpida, ignorant, capbuit, inútil, imbècil, ximple que sóc (víctima d'una educació de pa sucat amb oli) deslligo les lones del trineu sense tombar el trineu de costat de cara al vent.

Amb un estrèpit com el d'un galió perdent el pal major, el vent es precipita en picat sota les cobertes i les infla. Més de pressa que una armilla salvavides inflant-se, el trineu absorbeix tota la força del vent de l'altiplà, s'encabrita, i salta aire amunt. Té ambicions absurdes de volar, aquest tros d'acer i fibra de vidre, aquesta cosa que ha convertit les meves entranyes en una pila d'espaguetis amb el seu pes massís i inamovible. Els seus patins tallen l'aire un pèl per sobre del meu cap, després s'estavella damunt la proa i s'allunya fent tombarelles per la Sala de Ball del Diable, rodant, giravoltant, ballant el vals al so de la música del vent.

Corro. Corro i corro i corro (no pas darrere seu sinó en la direcció oposada) cap a la boirina, amb el fred enganxat a la gola, notant el gel vibrant sota els meus peus: BUM BUM BUM! És el soroll d'un trineu desbocat fent cabrioles i rodes, sense parar, i que en caure repetidament percudeix amb força una membrana de tambor de delicada neu glaçada. El soroll és prou fort per caminar-hi per damunt.

Quan, a la fi, la pista de ball es forada (quan el trineu de Nansen s'estavella de morro contra la fràgil plataforma de glaç i el vidre s'esberla) les fractures s'escampen amb la rapidesa d'una ona de xoc i esquerdissen tot el paisatge. Des del marge de la Sala de Ball del Diable, sense saber si tinc els peus sobre una làmina de vidre o sobre terra ferma, si m'he allunyat prou corrent o si jo també cauré, em quedo quieta mirant com el diable enrotlla una secció del terra de la pista de ball i mostra el soterrani que hi ha a sota.

Tanco els ulls abans de veure la caiguda.

Sense parar, el soroll de la catàstrofe. I després el silenci.

«Com? No balles?», em xiuxiueja en Titus darrere el clatell.

–No, tu i jo sempre hem fet companyia al paper de la paret.

«Doncs així, potser que hauríem d'anar marxant. Ara mateix faré venir un carruatge de quatre cavalls.»

Quan hi hagi prou sol per fer ombra, faré servir l'ombra del meu cos i el rellotge per orientar-me. Seré un rellotge de sol. Però és clar, no sé cap on m'he d'orientar; només tinc un record del GPS de la camioneta dient-me que és en direcció nord-est o nord-nord-est. A casa, a l'estiu, quan en Víctor em va ensenyar com es feia, fent servir el rellotge de sol del jardí, ens havíem d'adaptar a l'horari britànic d'estiu. Només és una intuïció, però calculo que aquí baix no cal adaptar-se a l'horari britànic d'estiu.

Suposo que els vampirs es perden a tot arreu on van. Són els vampirs, no, que no tenen ombra? Doncs així sóc un vampir. A la Foscor Blanca no tinc ombra.

No em sorprèn més que el vent pogués endur-se el trineu i llançar-lo pels aires. He vist blocs de gel grossos com cotxes esclatar volcànicament de terra dins d'un núvol de neu i gel, com de pedra tosca en pols, empesos només per la força del vent. Les ràfegues de vent m'han aixecat dues vegades i m'han fet volar uns trenta metres. L'anorac d'en Víctor m'ha parat el cop. Com el greix d'un lleó marí. M'agradaria dir que m'he aixecat tota sola després de caure a terra i que he exclamat: «Oh, Toto! Tinc la sensació que ja no som a Kansas!», però això no és el que he dit. És una llengua antiga, l'anglosaxó, i molt útil quan l'únic que et manté clavat a terra és una canilla de gossos fantasma amb les dents clavades a la teva cuixa.

El sol em torna més coses que la meva ombra. Erro per les despulles monstruoses d'un drac mort, amb ullals (una mena d'aiguamoll amb rocs, pics i despreniments glacials que m'estiren els peus per sota i em fan caure per cascades llargues de dolor blanc, quan de cop veig un resplendor de llum damunt d'un vidre. Durant molt de temps, penso que és el gel. Però com que em crida l'atenció, hi giro la cara, i giri cap on giri la cara, no puc evitar de caminar, i per això camino cap allà. Em recorda el sol mirallejant a les finestres del Hagglund mentre s'escapava. Més endavant, el llambreig i l'esplendor es converteixen en dos cercles de llum bessons.

Unes ulleres?

Extraordinari. Impossible. Una al·lucinació. Però resulta que està passant de debò.

«Jo em vaig trobar la meva pipa blanca petita tornant del pol», diu en Titus. «Em va caure pel camí d'anada, i la vaig trobar de tornada. Em va aixecar moltíssim els ànims.»

Les ulleres d'en Víctor. Les lents de les seves ulleres, vull dir. M'he de treure una manyopla per agafar-les. No m'aixeca els ànims, però em fa riure. Quina casualitat! Quina casualitat més fantàsticament fútil! Em fa riure fort, bordar com un gos, i em fa saltar el gel incrustat a les narius i les vores de la boca i el que em penja de les celles i la vora de pell de la caputxa. Un aplaudiment per a l'oncle Víctor! Menant-me pel recte camí. Fent-me seguir la dreta via. No deixant-me apartar els ulls de...

Tinc les lents al palmell de la mà. Les bifocals en forma de llàgrima em miren mústigament. I aleshores, a través d'elles, li veig els ulls, la cara, veig el temps d'abans que arribéssim aquí. El meu oncle Víctor. Quan el pare es va morir, hi havia una imatge que em feia plorar: era un parell de sabates seves que hi havia al rebedor i que havien pres la forma dels seus peus. Objectes. Són els objectes el que et toca la fibra. Bruses sedoses escorrent-se per l'andana del tren; un periquito en una oficina bancària; un mòbil giravoltant damunt d'una taula amb el sobre de vidre.

–Ho sento. Ho sento molt –dic a en Titus, de genolls–. Ho

he provat, però no puc. Els ulls em fan massa mal. I la cama. Estic massa cansada. M'he d'estirar. He de parar.

«Ànims, Sym! Has d'arribar al final! Tu arrecera't amb mi.»

Igual com el bon rei Wenceslau... «seguia les passes del seu mestre, on la neu s'enclotava...» però en Titus no deixa petjades, o bé la tempesta de neu les cobreix a l'instant. De tota manera, no tinc forces per fer ni un pas més. Ho sento.

«Dóna-me'l, Sym!», diu en Titus. «Dóna-me'l, que te'l portaré.»

–El què?

«El dolor, Sym. Dóna-me'l.»

–Ui, no! No, gràcies, de tota manera.

«Dóna-me'l, Sym! Deixa'm que te'l porti!»

–No pateixis. No t'hi amoïnis. Per què ho has de fer?

«Perquè sóc aquell que t'estima prou. Sóc aquell a qui li importa si vius o mors.»

És veritat: tothom necessita un motiu per continuar vivint; algú que justifiqui la seva existència. Algú que t'estimi. No més enllà de la raó. Que t'estimi i prou. Encara que només mostri interès. Fins i tot algú que no existeixi, o que no sigui teu. No, no! No cal ni que t'estimin! Només cal que estiguin disposats a estimar! Una diana per a les teves fletxes. Un pol magnètic on situar l'agulla de la teva brúixola i que pari de giravoltar i giravoltar i que et digui en quina direcció vas i... Algú que absorbeixi tots els anhels. Això és el que penso. Això és el que dedueixo. Ja he aplegat tots els fets. I això és el que...

«Dóna'm el dolor, Sym! Jo te l'arrossegaré. Estàs cansada? Jo no! Jo et portaré el cansament, Sym!»

I s'inclina cap a mi, acosta la cara a la meva, la seva galta frega la meva. Rasposa a causa de la barba, em rasca la galta com si fos cremada pel gebre. Quan enretira la cara està gravada pel gel, els llavis morats, tallats i sagnant, les còrnies vermelles de la irritació de les volves de gel arrossegades pel vent. Hauria de protestar amb més insistència, però és molt agradable que t'estimin. Tothom ho sap.

–Tu ja has fet prou –li dic. La gent sempre s'està ficant amb ell. Voldrien que fos perfecte. Voldrien que hagués estat encara més valent del que ells podrien ser mai. Jo no n'abusaré. Jo no l'hauria deixat sortir, per començar.

«Escolta'm, Sym. Em vaig equivocar. Hauria hagut de sortir molt abans. Aleshores la meva mort hauria canviat les coses. Cinc dies abans, i ja hauria estat diferent. Cinc dies durant els quals els altres haurien pogut menjar la meva ració! Cinc dies menys d'haver caminat al ritme d'un home esguerrat de les dues cames. Cada matí trigava tres hores a posar-me les botes; tres hores durant les quals els altres haurien pogut avançar! Cinc dies abans i l'última tempesta de neu potser no els hauria immobilitzat. Cinc dies abans i potser haurien arribat fins a One Ton! Però em vaig acovardir. No em volia morir sol. Juro per Déu que em volia morir, però no sabia suïcidar-me sense una arma. Els companys es van negar a abandonar-me dins el sac de dormir, tot i que els ho vaig demanar... Havia perdut les mans. No podia ni anar-me'n com un covard. Havia perdut les mans, noia, i no podia ni treure'm la morfina de la butxaca. Per tant no em quedava més remei que esperar a morirme, però no em moria, no em moria, perquè... perquè; qui sap per què? Potser perquè m'havien pujat tan íntegrament repatani, fins al moll de l'os diria jo, o potser perquè d'entrada estava en tan bona forma, o potser perquè el dolor no m'havia acabat.»

Pobre Titus. No ho entén. No és morir o el coratge o el Glaç el que el fa extraordinari, indispensable. No és la daga de glaç al seu cor, sinó el raig de sol de l'Índia. És el fer faltes d'ortografia, i el plorar de joia quan el seu cavall guanyava una cursa i pensar-se que podia portar un iot perquè el seu avi era almirall i empaitar la seva moto corrent avall per un camí cobert de fang endurit i tenir un cérvol en una carbonera... És el color dels seus ulls i la corda de seda de la seva veu. És tenir trenta-dos anys i ser bell com una paraselene... No hauria d'haver sortit a fora. Als homes joves se'ls hauria de deixar fer-se grans. Els amics haurien de fer pinya. Jo l'hauria fet quedar a dins per pur egoisme; perquè no hauria estat capaç de separar-me'n. L'hauria deixat quedar-se a passar por, que és el que fa la gent normal. Com jo.

«Jo esperava morir-me mentre dormia, però no va ser així! I per això (que el Senyor els ho pagui!) els meus bons i estimats amics van descordar la porta de la tenda (creus de debò que hauria pogut desfer els nusos gelats jo sol, havent perdut la sensibilitat als dits?) i vaig sortir de la tenda arrossegant-me i vaig deixar que la tempesta de neu em fes el darrer favor. Però m'havia esperat massa! I al final la meva mort no va canviar res, Sym! Dóna'm el dolor!»

Em fan menys mal els ulls, és veritat. Si els tinc tancats, no em fan tant de mal. Per això no obro els ulls, tot i que continuo notant la seva cara a un pam de la meva. Jo ja en tinc prou de saber que el tinc a prop. Ara ja entenc el joc, Nikki, Maxine. Ara ja podria contestar els qüestionaris de les revistes. Per què serveix la passió? És per quan s'acaben les paraules. Aleshores és quan has de sortir de la cambra de jocs i baixar: quan ja no distingeixes les escales de la foscor blanca i esclatant, però aleshores ja t'és igual si caus. Quan ja no queda res entre el cel i la terra, ni tan lluny com la vista pot abastar, tret de la Necessitat. És com un torb que descús la carn de l'os i el que és de debò del que no ho és...

Interessant. La gent parla de la calentor; els nois van calents, l'amor és calent. Però en realitat més aviat és com un torb. Una resplendor blanca. O una espècie de follia. Igual que la imaginació: és un lloc diferent.

Obliteració. Sé com seria ara si en Titus i jo féssim l'amor. Ho sé. Tinc els coneixements. Evidentment que sí.

Sóc un animal, oi que sí?, carregat d'instints antics. Instints tan antics com el gènere humà. Instints tan antics com els dinosaures, almenys. És bo de saber-ho. És una mica massa tard. Una mica irrellevant, ja que aquí ningú es treu la roba, de totes maneres, i aviat seré morta. Però és bo de saber com hauria pogut ser.

Doncs, així, igual que la Blancaneu en el seu taüt de vidre, em sembla que m'esperaré aquí perquè em facin el petó que m'ha de retornar a la vida. D'aquí a uns noranta anys. De seguida hauran passat. Jo m'estaré aquí estirada i en Titus es pot estirar al meu costat i jo podré aclarir unes quantes coses; unes últimes preguntes pendents. Tal com diuen els detectius de les sèries: unes quantes coses que no m'acaben de lligar, Titus.

–Hi ha vida després de la mort, Titus?

«Bé sóc viu, oi que sí?»

No ho entenc. Sempre ha de ser tan respostejador i replicaire, aquest home que tinc dins el cap. Mai no ho vol veure ni blanc ni negre.

«Jo era viu en els pensaments de la meva mare quan dormia a la meva cambra; ara sóc viu dins el teu cap, mentre duri. Continuo existint a les jungles febrils del teu cervell original. Per això has de continuar.»

–Però no hi ha cel?

«No ho sé. Encara no ha arribat el Dia del Judici Final. Això ho hauríem de descobrir simultàniament.»

–I fantasmes?

El vent va carregat de fantasmes de neu esventada de més d'un quilòmetre i mig d'alçada que es dobleguen i es vinclen enmig del paisatge blanc. Però cap d'ells no és en Titus. Ell està en pau (enterrat per aquí a prop), intacte com aquell dinosaure del juràssic, conservat en l'instant precís de la mort. En algun lloc prop d'aquí, el capità Lawrence Edward Grace Oates jeu conservat pel fred que el va tenir entre els seus braços abans que cap dona.

Jo podria dormir aquí. Igual com ell. Ho podria fer. Mireu. Fins i tot sense pretendre-ho, m'he estirat tan llarga com sóc. La neu que cau ja m'ha tapat el vestit d'esquí. Sembla que m'estigui dissolent en el terra. Em quedaré aquí i ja està, Titus. El teu cos és per aquí a prop. És un bon lloc on quedar-se.

«No, no ho és.»

–Uf! És clar que és un bon lloc. Tu bé hi ets, oi que sí?

«No, que no hi sóc», diu en Titus i no precisament amb un to dolç. Ja m'agradaria que s'estigués quiet i sense dir res. És clar que és aquí. El seu cos està conservat en gel per aquí a prop, encara que sigui un lloc solitari, allunyat de la tenda, amb els seus amics dins.

«NO SÓC AQUÍ», crida ara. Potser es pensa que sense l'audiòfon no sento l'heroi que viu dins el meu cap. Quin home més ximple! Per què negar-ho? Va haver de fer molts esforços per fer-me admetre la veritat; que va sortir arrossegant-se de la tenda i es va morir a la neu. Oblideu-vos de Symmes. Oblideu-vos d'una colla de planetes fent niu dins d'un altre planeta... No. Una tomba superficial. Un edredó de neu. Aquí mateix, potser! Potser a uns quants centímetres sota meu, aquí mateix! El seu cos només a uns quants centímetres sota meu...

«LA PLATAFORMA GLACIAL ES MOU, RUCA!», crida en Titus. «La superfície es mou! Contínuament! Hi ha nova matèria que aflora al centre i empeny el gel vell cap enfora! Només uns quants quilòmetres al cap de l'any, però mai no s'atura; sense parar, sense parar... arrossegant-ho tot: en Bill, en Birdie i el Patró embolicats amb la tenda. En Taffy Evans sota la motxilla: tots arrossegats cap a un riu de glaç; cada vegada enfonsant-se més, com peixos morts. Enfonsant-se enmig del glaç i l'aigua salada rosegant el glaç per sota d'ells.»

Ara xiscla, tan fort que em fa mal als timpans i em fa fer ganyotes. Se'm tallen els llavis i em regalima sang tèbia a la boca.

«A la fi, la Plataforma ho transporta tot cap al mar! Fa anys que Lawrence Oates no és a l'Antàrtida, Sym! Fa vint anys que el seu cos va rodolar del fons de la plataforma glacial cap al mar! OATES HA DESAPAREGUT! El seu cos va servir per alimentar les foques lleopard i els crancs!»

–NO!

Em poso de quatre grapes de pur horror i arquejo l'esquena i la remeno per treure-me'l del damunt. La foscor molla i engolidora. La vida abundant, bellugadissa, grotesca, avall, a la fredor salvatge i inquieta. M'aguanto la respiració, perquè ja hi sóc amb la imaginació (al mar), enviada allà en un taüt de gel. El taüt de vidre de la Blancaneu s'esmicola al meu voltant en fragments de dolor i he d'arquejar l'esquena repetidament per desempallegar-me d'una closca rígida de neu.

Res de repòs blanc i etern, doncs? Damunt de la ronyonada, em cruix com el pes dels anys.

Res de repòs blanc i etern, doncs? Res més que una excavadora de gel empenyent-me fins al mar? Aquest lloc no vol res ni ningú! Està tan entossudit a ser pur que escup tots els éssers vivents, tot el que ha estat viu en algun moment! Les restes dels ponis inútils de Scott, les restes de Scott, Evans i Birdie i... Quina mena de cementiri escup els seus morts? L'odio! És com un pedaç de lepra damunt del planeta; no sento el fred, no sento el dolor...Sempre està desempallegant-se dels seus morts, com si fos pell blanca morta; purgant-se: les taques de sang dels gossos escorxats d'Amundsen, tots els excrements dels ponis dels trineus i els exploradors i els ecoturistes i els pingüins i els ocells marins i els dinosaures i...

No vull estar en aquest lloc cruel i frígid! No vull estar en un lloc mort que no vol ni el meu cos mort! No vull que m'arrossegui avall aquest vent malparit que no s'acaba mai! No vull que em transportin al mar, al fons d'una glacera! No vull servir d'aliment a les foques lleopard i als crancs! Vull anar en un lloc que em vulgui!

I em poso de genolls i després em poso dreta, arrossego els guants per la neu; posa-te'ls, Sym, posa te'ls. No em sento les mans. El vent m'empeny, el vent em maltracta, i em fa rodolar cap un costat i cap a l'altre, avanço a rossegons, com un dinosaure, empassant aire, gemegant, renegant, tentinejant, relliscant cap a la dreta i cap a l'esquerra, amb els ulls tancats, que em regalimen. En Titus, al meu costat, tragina el dolor; el veig darrere d'ell, en forma de trineu; ell carrega el pes a l'arnès i els patins esquiven i mosseguen les ondes de glaç, dures com el granit. Quina galanteria! Sempre s'ha comportat com tot un senyor... La neu que cau giravoltant difumina la seva silueta però, de tant en tant, quan es gira per donar-me ànims, li veig bastant clarament la cara, fins i tot a través de les parpelles closes. La seva bellesa s'ha ennegrit, picat i erosionat com la pedra antiga. És gairebé irreconeixible. Ha perdut el barret. No porta botes, i només un dels *finneskoe* que li haurien de cobrir els mitjons. Ja no porta guants.

El sol es pon. La neu empesa pel vent ens ataca amb fúria (irada de veure dos intrusos que encara s'aguanten drets) amb la intenció de tombar-nos per terra. Però en Titus es manté al meu costat, protegint-me de les pitjors ràfegues; les que m'aixecarien de terra. També em protegeix de la por i me la porta. Sempre tot un senyor...

A cada moment se m'enduen l'escalfor del cos, com les làmines de pa d'or del príncep feliç. Ara no sento cap dolor; només una ombra de son i un retrunyir molt, molt lent i molt distant que és el meu cor o potser la meva ànima, a la qual no agrada estar tancada en un espai tan petit. Podria fer una operació per calcular la meva esperança de vida. Si no fos que estic completament rebentada. Però en Titus és al meu costat, i per tant el Temps tampoc no té realitat. Pot ser el segle XXI. Pot ser el 1912. Poden estar passant minuts o anys sencers, però ell porta el Temps, també, dins dels seus punys inservibles, congelats. Sempre tot un senyor...

Sempre.

No puc tornar a ficar una de les mans dins la manyopla. Fica-te-la a la butxaca, Sym, dintre d'una de les butxaques. No trobo l'obertura. No m'hi veig més enllà d'aquest cos embuatat i voluminós per guiar la mà cap a la butxaca lateral de l'anorac gros d'en Víctor. Doncs fica't la mà dins de l'anorac, Sym.

Mai no he aconseguit cordar l'anorac d'en Víctor completament per sobre del meu. Entaforo la mà dins de l'anorac, dins de la no-escalfor de la meva aixella, cap a dins de la butxaca per als mapes que no té cremallera. Tinc la mà tan inflada que amb prou feines hi passa. No nota més escalfor, no nota res. Ha d'estar més calenta. Els dits em comencen a fer mal, com si me'ls haguessin sucat dins d'àcid. La sang hi intenta circular. Les puntes dels dits comencen a palpitar i a sentir una cremor; fins i tot a tenir sensació! Noten, per exemple, que la butxaca no és buida.

22 *Foc i gel*

UN APARELL ben guapo. Molt sofisticat. Deu valer una fortuna. Les companyes de l'escola sí que me l'envejarien. Però tinc molts números que no existeixi. Només una il·lusió. Una delusió. Una al·lucinació. Això ho pot provocar la hipotèrmia. La ment et comença a fer trucs.

Trucs? La ment és un circ de tres pistes! Música. Llums. Alegria. Meravella. Color. Tota la meva vida hi he anat, quan la Vida es tornava massa monòtona, o cruel, o solitària o amarga, i gairebé mai no m'ha decebut. Per què m'hauria de meravellar dels numerets que em fa ara?

El vermell, per exemple. Vermell com la faldilla de seda giravoltant davant del mirall de l'emprovador. Vermell com la sang al meu vestit d'esquí. Vermell com una bústia de Londres badant la boca a totes aquelles postals de pingüins. Això és el que veig. I no parpellejo d'estupefacció davant d'això. Normalment el cos fa coses com parpellejar sense que li ho demanin. Al final (quan fa molt fred) deixa de fer-ho voluntàriament: parpellejar, empassar, tremolar, pensar, respirar... L'illa vermella inexistent, en el seu mar blanc, s'enfoca i es desenfoca d'una manera borrosa; el líquid de la membrana dels ulls intenta congelar-se. Amb la mà esquerra (la bona) em pessigo les parpelles fins que el líquid es descongela i m'hi veig momentàniament. Que curiós. Molt propi del segle XXI. Als temps antics, el profeta Elies va veure un carro de foc que baixava del cel gronxant-se per emportar-se'l cap al Cel.

Jo, el que veig és un vehicle amfibi tot terreny Hagglund. Està aturat, com una furgoneta de dóner kebab esperant que hi vagin clients un dissabte al vespre. Potser és una furgoneta fantasma, una nau fantasmagòrica maleïda a circular per les voreres de l'Antàrtida fins que el capità Sigurd trobi una dona que l'estimi per com és.

Doncs ja es pot anar esperant assegut, el cabronet.

O potser el fantasma sóc jo. I aquesta és la tasca que m'han assignat per a tota l'eternitat; perseguir rutes del mar glaçat de Ross per sempre més, a bord d'un Hagglund fantasma. Cauen presa de la fatiga, els fantasmes? Dormen, els fantasmes? Ara no vull fer res més que dormir. Si em caigués a sobre un edifici de deu pisos, segur que no pesaria més que la son que em venç en aquest moment. Enfilar-me pels esglaons metàl·lics de darrere és com pujar per un pal llefiscós, untat de melassa, anant amb un pijama de ciment.

L'expressió d'en Sigurd clarament indica que sóc un fantasma, quan em veu per la finestra.

–No pots entrar! –diu. (Li llegeixo els llavis, jo). Però no pot fer res per impedir-m'ho, assegut com està, envoltat de peces de la tapisseria del tot terreny i caixes buides de menjar, dues mantes i dos sacs de dormir. Ha arrencat tots els coixins dels seients per posar-se'ls al voltant. Un individu soterrat fins al coll en una foguera de Sant Joan de boletes de suro blanc; només li sobresurt el cap a dalt de tot. Dubto que s'hagi mogut en les darreres vint-i-quatre hores.

–T'has quedat sense –li dic.

–Vés-te'n a la merda!

–De combustible, vull dir. Te n'has quedat sense.

–No pots entrar. Que és amb tu?

I jo faig que sí amb el cap, perquè em penso que parla d'en Titus.

–No pots entrar! No pots entrar! No pots entrar!

–Farma'iola –li dic–. Ad'enalina. 'm mor...

I aleshores la son m'embolcalla, amb núvols negres inflats, sense deixar-me respirar, impedint-me de travessar mai la immensitat de la terra verge glaçada que hi ha entre mi i la farmaciola de la prestatgeria que tinc a tocar de la mà. Caic cap endavant damunt d'en Sigurd i el meu crani pica contra la seva cara amb un esclafit cartilaginós.

Em cremo en una graella de ferro. Les espurnes em fan una punxada a cada terminació nerviosa. La pell em cou. Els tendons se m'encongeixen i se'm ressequen, s'escurcen fins que els ossos peten. Tinc punxons completament enfonsats als colzes, als genolls, a les espatlles i als malucs. M'afuen flames de dolor de tots els colors de l'espectre que m'escorxen la pell i m'esquerden el crani en una dotzena de fragments de dolor irreparables. El retorn de la circulació fa un mal com si tingués rates rosegant-me els tendons. Com rampa, però a disset llocs alhora. Oi que als traïdors els escorxaven clavant-los ganxos a la carn i lligant-los amb cavalls al galop? La meva caixa toràcica s'enfonsa damunt del carbó encès i el meu esquelet es desmunta. I malgrat tot, el foc és impotent per fondre el cor del fred que tinc dins. Retornar a la vida és una cosa que no desitjaria ni al pitjor enemic.

–Vaig fregir el motor –diu el meu pitjor enemic mentre em frega amb fúria l'esquena, els braços i les cames–. El vaig apagar massa de pressa. Bam! Vaig fondre alguna cosa. Vols callar, per favor!?

No, em sembla que no puc. No era conscient que estigués cridant. El mal de cap és tan fort que no puc formar paraules ni moure les mans, només xisclar. Sóc conscient que xisclar és malgastar esgarrifosament l'energia, però trigo molt de temps a parar.

El tot terreny sembla una pensió tronada; coixins i braços i cames pertot, xeringues d'adrenalina buides per terra.

Un desastre. Una ofensa per a la meva natura endreçada. En Sigurd i jo estem estirats i abraçats per mantenir l'escalfor del cos, com diuen els llibres que cal fer. És l'abraçada menys romàntica de la història d'ençà que Alemanya va abraçar Polònia.

Només per fondre el gel, escalfant l'aigua glaçada amb el fogonet per preparar una beguda calenta, s'acaba l'alcohol de cremar que quedava i la flama blava es mor en el ble, com l'extinció d'una esperança. El xarop de grosella es posa a temperatura ambient. Per desgràcia, l'«ambient» és un vehicle avariat enmig de l'Antàrtida. En algun moment, en Sigurd ha provat de xuclar gel per apagar-se la set. Pràcticament li ha destruït la superfície de la llengua i l'interior de les galtes. La seva fesomia recorda la d'un jerbu anorèctic. Al seu nas no li queda ni energia per sagnar.

Però qui sóc jo per parlar? Allà on tenia el cervell ara hi ha una egragòpila, una pilota de rebuig, regurgitada per un mussol. Amb prou feines recordo el meu nom. Fa molt, molt de temps que no tinc res més al cap que sobreviure, i ni tan sols estic segura que ho vulgui. Aleshores en Sigurd em pregunta:

–Què se n'ha fet, d'ell? És mort?

I aquest pensament és més fort que l'adrenalina. Em poso dreta, obro la porta d'un cop i crido i crido, amb una veu forta com el miol d'un gatet:

–TITUS! TITUS! ON ETS? ON ETS? ON ETS?

Del cel obert cauen unes cortines de llum, amb uns brodats exquisits de rams de neu, fent onades. Crido per damunt l'espatlla:

–No l'has vist quan he arribat? Anava al meu costat! Cap on ha tirat? –però en Sigurd tampoc no respon. Els camps de glaç van modificant-se amb la massa nova de neu que els porta el vent, incansable. Per tot arreu hi ha un moviment vertiginós. Però cap d'aquest moviments és en Titus. No hi ha cap figura ranquejant, carregada d'espatlles, arrossegant un trineu imprecís; cap soldat feliç, en mànigues de camisa, fumant-se una pipa; cap explorador sorrut repenjant la barbeta tot agafant-se amb un sol bastó d'esquí llarg; cap genet fent virar el cavall amb els genolls i el fuet; un individu esparracat, amb jaqueta de cuiro, empaitant la seva moto fugitiva pels zastruguis. Miro i remiro, però no hi ha res ni ningú en mil quilòmetres a la rodona. Crido i crido, però per més que cridi no vol venir. Sempre deia: «Les dones són una bona molèstia. Fora la ciència, els sentiments i el bell sexe.»

Qui evitava el tracte femení?

«Jo», va dir el capità Oates, «perquè m'estimo més...»

En Sigurd queda petrificat.

–És per aquí fora? El teu oncle és aquí fora?

–És clar que no. En Víctor és mort.

L'alleujament se li enfonsa damunt del pit:

–Que l'has matat?

–No, tu ho vas fer –no és cert i no és just, però s'ho mereix. No és que m'entusiasmi aquest Sigurd o com se digui.

–Doncs amb qui parles? –em pregunta, amb un to agut, mentre es passa la llengua per la pell cremada de dins les galtes. Va de quatre grapes.

–Amb una persona que m'ha ajudat. Una persona que necessito a dins de la meva ment.

–Ets boja! Estàs igual de boja que ell! –i la veu d'en Sigurd expressa una mena d'aclaparament, com si jo per fi hagués aconseguit superar la mediocritat per instal·lar-me als dominis de l'espant. –Vols fer el favor de tancar la porta?

És clar que sí. Però primer miro cap a l'extensió enlluernadora de la Barrera, on a vegades floten els palaus, els sols es multipliquen i ocorren miracles.

–Que Déu et beneeixi i et protegeixi, Titus, fins que tornis a casa.

–Tanca la porta, sonada!

I ho faig.

No suporto haver de ser jo qui descobreixi la mala notícia: que no funcioni. Per això demano a en Sigurd que fiqui la mà dins de l'anorac d'en Víctor, dins de la butxaca per als mapes, i que agafi el telèfon per satèl·lit robat a la Mimi que hi ha dins.

Fins a aquell moment, m'havia marxat completament del cap.

En Víctor no estava boig del tot, aleshores. No tan boig com jo l'havia acusat de ser. Tenia un pla per tornar des del forat de Symmes, un cop hi arribéssim. Pensava trucar perquè ens vinguessin a buscar. No era completament boig, aleshores. Només boig nord-nord-est.

La terminal de telèfon via satèl·lit Iridium 9505 de la Mimi encara porta enganxada l'etiqueta amb el preu: 2.800 dòlars. I està engegada. Si no, seria tan útil com un totxo, perquè no sabem el número d'identificació personal. Li proposo que marquem el 999; en Sigurd diu que el telèfon és americà, i que hauríem de marcar el 991. Jo li dic que potser només és americana l'etiqueta amb el preu. Ell diu que el que importa és la procedència del satèl·lit, no la del telèfon. Però cap dels dos números aconsegueix que soni cap telèfon ni a Nova York, ni a Punta Arenas, ni a Christchurch, ni a les illes Malvines. I ni l'un ni l'altre no sabem quin codi s'ha de marcar per trucar a la Gran Bretanya. De manera que, finalment, truquem a l'últim número marcat i contactem una amiga escandalosa de la Mimi:

–Hoolaaa! La Fern no és a casa en aquest moment. Bé, suposo que ja ho havies endevinat, no? Hi, hi, hi! Però sàpigues que em sap mooooolt greu haver-me perdut la teva trucada. O sigui, que si vols...

El telèfon trina una vegada; la bateria vacil·la a causa del fred i la fatiga.

–Parla a poc a poc i no et descuidis de dir el dia i l'hora que has trucat perquè sóc trapassera i a vegades no em recordo de mirar si tinc missatges o passo la nit a fora; però ara no pensis malament, eh?; saps què vull dir, preciositat?

El telèfon tornar a xiular i el pols li falla, tal com ens passarà a nosaltres abans del final del dia.

Per fi se sent el senyal per parlar. Dono les coordenades de la nostra posició geogràfica (si l'encerto l'endevino) mentre en Sigurd vocifera: «SOS SOS SOS. Emergència! Emergència!» de fons. Parlo arrossegant les paraules, com si estigués borratxa. Quan la bateria s'esgota, ens asseiem amb el telèfon entre nosaltres, mirant-lo, com si pogués ressuscitar espontàniament. És estrany pensar en les nostres veus escapant-se d'aquest entorn feréstec i frígid i refugiant-se ben cargolades en un racó de la sala d'estar d'una desconeguda a Maine o a Florida o a Los Angeles.

Quant trigarà l'amiga de la Mimi a comprovar si té missatges al contestador? Quines possibilitats hi ha que pugui entendre aquell missatge confús o que se'l prengui seriosament? Quines possibilitats hi ha que les nostres paraules vagin a parar a les orelles adequades, o que hi hagi interès a enviar un equip de rescat a buscar-nos? I que faci bon temps? Quines possibilitats de cels clars hi ha? És gaire probable que ens vegin des de l'aire?

I malgrat tot dormim, perquè almenys hem fet alguna cosa, hem tornat a deixondir la possibilitat de sobreviure, mentre que abans tots dos havíem deixat de creure en el rescat. Ens mengem fins a l'última engruna de menjar que ens queda (pasta de curri, orellanes, ous de peix, panses, cacau, pastilles per la cremor d'estómac, llet en pols i tres gominoles de fruita) i en acabat ens enterrem sota una pila de tapisseria i dormim.

–Sempre podríem... ja m'entens –diu en Sigurd–. No em faria res.

–Ni que fossis l'últim mico de l'univers –li dic, i tampoc no sembla que li faci res.

Dintre meu hi ha un buit prou gros per contenir dotze planetes niu, fred com l'espai ultraterrestre.

A quatre passes del capó del tot terreny bada la boca una clivella corbada, com una rialla idiota gravada amb gúbia a la cara d'un ninot de neu. En Sigurd, que la va veure a l'últim moment, va clavar els frens i, com que volia estalviar fins a l'última gota de combustible, immediatament va apagar el motor en comptes de deixar-lo deu minuts en punt mort, tal com diu en lletres molt grosses sobre el davantal. La pressió de l'oli, essencial per al sistema de ventilació per turbo, va caure en picat i el motor es va sobreescalfar fins al punt que es van fondre algunes peces. Només ho comento perquè ho trobo còmic. El tot terreny no es va morir de fred: es va sobreescalfar. I això ho trobo còmic, per alguna raó.

I això significa una cosa relativament important. Que encara hi ha combustible als dipòsits.

Potser només en queda un litre. Potser només és un raig de combustible congelat. Sigui el que sigui, no servirà per fer anar un motor espatllat. Però vol dir que ens en podem anar amb una flamarada.

–Estàs sonada! –diu en Sigurd. (He observat que ho diu molt, això.)

Faig una metxa amb el rivet dels coixins i la cargolo dins de l'ampolla de l'alcohol de cremar durant un parell d'hores per si queda una resta d'alcohol que pugui absorbir.

–Estàs com un llum! –diu en Sigurd veient com la torno a treure.

Em treno els cabells i en tallo un pam per afegir la trena

a la punta de la metxa; just per tenir un esclat més de calor allà on calgui.

–Si et penses que et deixaré...! –diu en Sigurd, seguint-me a fora del tot terreny.

Entaforo el ble de cabells dins de la boca d'ompliment, i amb unes quantes monedes argentines faig un pes perquè vagi fins al fons del dipòsit de combustible. Penso que la cinta de casset també crema bé, de manera que en Lee Konitz potser em farà algun servei. De moment és millor que s'estigui sec, però.

–Us haurien d'haver tancat, a tots dos; a tu i al psicòpata! –diu en Sigurd, mirant com improviso una rasa per col·locar-hi la metxa perquè el vent no se l'emporti.

–Ens podem arrecerar allà darrere –li dic, assenyalant una cresta de pressió que fa més o menys un metre i mig d'alçada.

–I jo dic que no. Què et sembla, eh? –diu en Sigurd, mentre em segueix a la part de darrere del tot terreny i estira una manta tèrmica per por que li porti un avantatge injust en la competició per mantenir-nos calents. Ens tornem a arraulir sota els coixins com dos pit bull terriers tan fatigats que no poden fer més que grunyir-se l'un a l'altre.

–Sents veus. Veus coses. Estàs pirada –diu en Sigurd.

Ho estic? Quan cauen les bombes, és gaire intel·ligent estar-se a fora? Dins el meu cap he construït un refugi antiaeri... Almenys abans n'hi tenia un...

No ho he dit en veu alta, però gairebé com a resposta al meu comentari sobre els atacs aeris, arriba el so. Jo no el sento, evidentment. Li he dit a en Sigurd que ell és qui ha d'escoltar; ha de ser les orelles de tots dos. Ara no em vol dir què ha sentit, per por del que jo pugui fer, però veig com el so entra volant al seu cap, com l'esperança li llampurneja als ulls, la batalla per quedar-se la notícia per ell: ha sentit el motor d'un avió!

Pot ser un vol turístic o un avió de recerca; un vol regular que vola a 15.000 metres d'altura fent la ruta cap a Austràlia, o un avió militar que transporta personal a la base de Scott-Amundsen. Poden ser les autoritats que persegueixen els delinqüents que van robar un vehicle de mig milió de dòlars de valor, o una batuda compassiva finançada per la Mimi Dormière-St. Pierre. No hi fa res. És el final.

M'aixeco i surto a fora, amb en Lee Konitz en una mà, l'encenedor de tempesta (un encreuament entre un bufador i un encenedor de forn de gas). Fins i tot el vent més fort no l'apaga, o això és el que ens va explicar en Jon fa un milió d'anys. Amb l'esperança que tingui raó, em disposo a despullar la cinta de dins el casset i fer-ne una pilota per cremar. Al cel, en algun lloc per sobre nostre, hi ha un avió i no és a centenars de quilòmetres lluny, vola a poca altura. Si està buscant, si tenim una sort increïble, pot ser que el pilot vegi una explosió o una columna de fum negre.

I love Paris se socarrima fent fideuets negres. Ens refugiem darrere la cresta de pressió. Passi el que passi, almenys ens escalfarem durant mitja hora. No recordo la sensació d'escalfor. He tingut en compte el material per cremar, el vent, les restes que poguessin sortir disparades, l'espera a l'exterior. El que no he tingut en compte és la natura tendra d'en Sigurd.

De sobte em clava un cop i es posa dret d'un bot.

–Què som? Uns víkings salvatges o què? –crida–. Jo m'hi nego!

I se'n torna corrents cap al tot terreny per arrencar la metxa del dipòsit. Els guants se li gronxen i saltironegen al seu voltant, com un parell de terriers que el volguessin mossegar. Patina amb les botes damunt del gel i se'n va a petar contra l'estructura metàl·lica del tanc. Amb una mà recupera l'equilibri i allarga l'altra per estirar la metxa. I llavors es posa a xisclar, a xisclar i a xisclar, perquè una mà nua se li ha soldat amb el fred a la planxa de metall congelada, ha quedat enganxat ràpidament, com amb Super Glue, amb la diferència que a través del palmell i els dits oberts més aviat té la sensació que toca una olla bullent.

La flama puja per la metxa, cada vegada més a prop. Apaga-la, Sym.

Realment és una metxa estupenda, tenint en compte que mai n'havia fet cap. Si l'apago, l'avió no ens veurà, i si l'avió no ens veu, igualment som morts.

Però en Sigurd intenta enretirar la mà, d'arrencar-se la pell del palmell i els dits, xisclant i xisclant i barallant-s'hi, però continua sense poder arribar a la metxa amb l'altra mà. El foc borbolleja alegrement metxa amunt, cada vegada més a prop dels peus d'en Sigurd, i encara que ell clava puntades de peu al terra, provant de llançar gel damunt la metxa, s'entossudeix a cremar. No hi ha manera d'aturar-la. Si no l'aturo jo.

No l'apagaré.

El que faré és entrar a la furgoneta.

Amb tota la tapisseria arrencada del bastidor dels seients, la paret del Hagglund està despullada. Està molt ben aïllada, però hi ha el piolet d'en Sigurd i un gat per canviar rodes i altres coses. I hi ha desesperació. I hi ha terror, més fort i agut que qualsevol palanca. Al final, em limito a dirigir la flama de l'encenedor al forat que he fet a l'aïllament, fent bombolles a la pintura, omplint l'aire de fums tòxics que em fan plorar els ulls irritats, tossint i ofegant-me. Encenc un coixí i l'emboteixo en el forat. En qualsevol moment, la metxa encendrà el ble de cabells que hi ha al fons del dipòsit, o els residus de gasoil, o els gasos acumulats a sobre. Estic massa cansada per tenir tanta por, Titus, mare, Nikki. Estic massa cansada per decidir si em vull congelar o cremar.

L'explosió és de renecs quan el metall del tot terreny s'escalfa uns quants graus (els graus suficients) i el gel que té enganxada la mà d'en Sigurd es fon i el deixa lliure. Surto a fora i corro i espero que el dipòsit no exploti i sento l'avió i li fem crits... Com si les veus de dos adolescents poguessin arribar fins al cel.

Ha passat massa temps. Fins i tot abans de refugiar-nos darrere la cresta, és evident que el meu pla infal·lible no ha servit per res. El Hagglund no explota. No es produeix cap núvol gegant en forma de bolet. No ens passen volant pel costat del cap ni bieles de tracció ni barres de metall de la baca. Això no és cap escena de risc d'una pel·lícula de desastres.

Víctima d'una educació de pa sucat amb oli, ja ho veieu. El gasoil no és com la benzina. Almenys quan és fred no. Almenys quan n'hi ha tan poc no. Ni tan sols s'encén. «Del sublim al ridícul només hi ha un pas.» I en l'únic que puc pensar és en la meva treneta que hi ha al fons del dipòsit. No hi ha res que em dolgui més que desprendre'm dels cabells.

Fins i tot jo sento l'avió, ara. El soroll doblega el cel per veure si la seva melamina, d'un blanc brut, es trenca. En Sigurd s'acosta la mà ferida a la panxa i es gronxa endavant i endarrere.

I de cop a volta, les flames ens vigilen des de les finestres; són passatgers de colors cridaners que dansen, salten i es miren bocabadats el paisatge, tots preparats per emprendre el viatge de la seva vida a bord d'un gran autocar vermell. El coixí que he encès ha calat foc a un altre, i també al manual d'instruccions i els mapes, els embolcalls i el cotó fluix. En Sigurd corre cap a la porta del darrere i llança a dins els coixins que ens hem endut cap a fora; atia el foc, com algú que tirés carn al cau d'un lleó. Les finestres esclaten. El gasoil emmandrit pel fred s'encén amb un espetec de protesta. Al cap d'un parell de minuts, les cintes de l'eruga es comencen a doblegar i a cremar, el fum s'escampa formant un núvol negre i espès. Els nostres ulls el segueixen cel amunt i observen com el vent el fa giravoltar, l'escampa i l'esborra.

–I ara què? –diu en Sigurd, horroritzat–. I si no vénen, què?

Calla, Sigurd. Aprofita l'escalfor. No hi pensis. Ara gaudeix de l'escalfor.

–Però i si ens esperem i resulta que no ens han vist i no vénen?

Arronso les espatlles.

–Ens traiem la roba, suposo.

Fa una cara que és un poema. Riuria, però la meva boca ja no està per riure; això també ho he de fer per dintre.

–Acabem ràpid, volia dir. Ens traiem la roba i acabem ràpid.

Tal com va dir Napoleó: «Vingui el que vingui, sempre hi ha la mort.»

23

No em penedeixo d'aquest viatge.

SCOTT

QUINA MENA de paraula és «gran» per descriure l'Antàrtida? Per començar a retre compte de qualsevol cosa que hi hagi aquí, «gran» hauria de ser una paraula de vint-i-set síl·labes.

Les paraules no donen l'abast. L'espai entre les lletres les hauria de fer prou elàstiques, però no ho són. Les cues de sota les ges i les is gregues i les cus i les jotes les haurien d'ajudar a aferrar-se, però patinen impotents. Els penya-segats tenen la llargada de països sencers. Els icebergs són de la mida d'una ciutat. Les perspectives es perden en el cel. Les línies paral·leles no es troben mai perquè no hi ha punt de desaparició. Els adjectius es moren en ple vol en el moment de veure l'Antàrtida i cauen en picat damunt de l'altiplà. Les paraules no serveixen per a res.

La Fern, l'amiga de la Mimi, va esborrar el missatge del contestador, pensant-se que era canalla fent el burro. Teníem les mateixes possibilitats d'èxit que una bola de neu a l'infern.

De totes maneres, les coordinades que em vaig empescar eren totalment equivocades.

Una borrasca de pedra va cobrir el rastre del Hagglund que mostrava la ruta que havia seguit des de Camp Aurora. De traça de Hansel i Gretel, res de res.

Les mateixes oportunitats que una bola de neu a l'infern.

Bum, bum, bum, per tot el meu voltant, fent vibrar l'aire, fent vibrar l'aire als pulmons. Quan em vaig despertar, em vaig pensar que era el soroll de la Sala de Ball del Diable. O el meu cor bategant de terror. Bum, bum, bum. Té com una musicalitat, que comença amb uns cops forts i potents al voltant del cap i van baixant, ressonant per tot el cos i es van allunyant, fonent-se amb el silenci. Una simfonia de timpans buida.

Els americans de la base de McMurdo van arribar a Camp Aurora després de la destrucció de l'avió i van pensar-se que havia estat un acte de terrorisme. Es van encarregar de la recerca i van concentrar tots els seus esforços a cercar submarins al mar. L'única raó per la qual els terroristes voldrien anar a l'Antàrtida seria per aclarir el significat del terror, penso jo. Ningú rastrejava la barrera de les muntanyes de la Reina Maud. En Sigurd i jo no teníem més possibilitats que una bola de neu a l'infern.

Per sort, resulta que l'infern s'està entaforat aquí, al cul del planeta, a l'últim racó de la Terra. I a vegades fins i tot les boles de neu tenen un cop de sort.

Bum. Bum. Bum. El buc del trencaglaç avança trencant la

banquisa, esberlant-la amb la proa, obrint pas entremig de la fractura i esbocinant els trossos en fragments més petits, a mesura que els desplaça cap als costats. El glaç fràgil xiuxiueja quan el vaixell li passa pel costat i li acaricia els costats com un amant.

Pel que es veu, un avió turístic que volava a 2.000 metres es va trobar de cara, sobtadament, amb una tenda que anava de tomballons per l'aire, arrossegant els cordills; el logotip de Pengwings es veia molt clarament als costats inflats. El pilot, que va calcular que no podia fer gaire estona que la tenda hagués aixecat el vol, va prendre nota de la posició i en va informar. Al mateix dia, la Mimi Dormière-St. Pierre va trobar la meva postal adreçada a casa, dins de la butxaca del darrere del seu vestit d'esquí, on explicava a la mare què planejava l'oncle Víctor. La recerca es va desviar cap al sud (cap a la Barrera pròpiament) en comptes de cap al mar. Al final, un dels avions de recerca va veure el Hagglund cremant.

Tota bola de neu es mereix un cop de sort.

–Tornaràs –diu en Bob–. Ara no ho creus, però ja ho veuràs. Aquest lloc se't clava a dins.

En Mike hi està d'acord. Diu menys coses, però la seva expressió indica que està igual de segur que no podré resistir l'atractiu del Glaç.

Faig que no amb el cap. Estem asseguts a coberta i, a banda i banda, tenim torres de glaç que s'alcen com gratacels, clivellades i gravades pel vent i l'aigua, colonitzades pels ocells i la llum del sol. El color és enlluernador; un bombardeig de verds, blaus i vermells esclatants que colpegen el cervell. El llambreig damunt l'aigua és un escamot d'execució que dispara a boca de canó. És d'una bellesa que supera tota descripció. És impossible que hi torni. No vull tornar a veure aquest lloc mai més. Igual com va dir Cherry-

Garard fa noranta anys, els mals records s'empassen els bons.

Bum. Bum. Bum. El soroll del trencaglaç em fa passar els records pel crani, tant si m'agrada com si no.

–Un trineu fent tombarelles damunt d'un gruix de gel, com un got de paper arrossegat pel vent;

–Una cara amb bossetes de te en comptes d'ulls;

–Xilofons turquesa de gel prim com pasta de full;

–Un home corrent amb el turmell trencat;

–Gossos fantasma.

Bum. Bum. Bum. És un soroll com de pistó i biela que engega un enorme mecanisme dins d'un planeta buit.

–Te n'has sortit bé. Per ser la primera vegada, te n'has sortit molt bé! Has fet coses molt enginyoses! –s'entusiasma en Bob–. Podries fer com nosaltres. Buscar-te feina en una de les agències de viatges. Fer conferències, acompanyar grups a fer excursions, coses d'aquestes!

I en Mike hi està d'acord i assenteix amb el cap. És un excés d'optimisme per part seva, ja que ara mateix no parlo, no diguem ja fer conferències. Em costa centrar la mirada en les seves cares, perquè encara pateixo de vista llarga. «Una mirada de quatre metres en una habitació de tres metres», en diuen. Ve de mirar atentament a una blancor infinita. És una mena de fatiga de combat.

No suporto veure en Sigurd. Ens hem situat un a una punta i l'altre a l'altra del vaixell, i en Mike (intuint que les circumstàncies no han forjat una amistat per sempre entre nosaltres) sembla que munti guàrdia al meu costat, perquè en Sigurd no se m'acosti. Sec en una gandula, tota colgada de mantes, edredons i roba deixada, i el Cuirassat Potemkin (o com se digui) es va obrint pas, combatiu, entre el glaç cap al mar obert. Sóc una famosa a qui escorten entre una multitud de pingüins i paràsits australs, paparazzi que baden i es claven empentes. Fotos no, per favor; francament, no mostro el meu millor aspecte.

La Mimi i en Clough i els d'Alaska; el coronel, els Pogsbaum, la senyora Adolphus i tots els altres ja feia temps que se n'havien tornat amb avió. Però per algun motiu es va decidir que a mi m'enviaven a casa a bord d'un vaixell que anava cap a Nova Zelanda, en comptes de fer la ruta per l'Amèrica del Sud. No sé qui ho va decidir, només sé que no vaig ser jo. Últimament no he pres decisions. Potser els de Pengwings estan neguitosos i volen evitar la mala propaganda. El meu estat no es pot dir exactament que vengués l'Antàrtida com una cura de salut o una experiència reparadora.

El problema és que en Sigurd està nerviós pel que pugui dir d'ell quan finalment obri la boca; espantat que el meu relat dels fets l'enviï a la presó. Suposo que el podria deixar a l'alçada del betum per les seves malifetes criminals, si volgués: conspiració per estafar, viatjar amb una identitat falsa, fer-se passar per una bona persona, posar en perill la vida temeràriament, robar un vehicle per fugir.

No em prendré la molèstia. En Sigurd no ho sap i per això encara em té por, però és que no veig què en trauria, de denunciar-lo. Tal com deia en Titus, es tracta d'esquivar-los, a aquesta mena de personatges; actuar evitant-los. Un dia, si apareix el cos d'en Manfred a la Barrera, la lletra del banc que li trobaran a la butxaca farà alçar moltes celles. Però jo, personalment, m'acontento no parlant malament dels difunts. Que la gent es pensi que en Manfred Bruch era un crèdul i un innocent, obsessionat amb les mateixes teories rocambolesques que el meu oncle. M'encuriosieix pensar quina etiqueta hauria fet empipar més el víking: Estafador o Sonat?

Primer em pensava que no podia parlar. Sobre en Sigurd. Sobre els morts. Sobre qualsevol altra cosa. Massa buida per dins. Ni alegria, ni tristesa, ni paraules, ni res. Igual que l'altiplà. Semblava com si el Glaç m'hagués tancat la boca congelant-me-la i així acabés de perfeccionar el capoll que he estat teixint al meu voltant d'ençà que el pare es va morir. I quan van venir tots amb les seves preguntes, la seva compassió, els primers auxilis, la seva curiositat, el seu alleujament i la seva perplexitat, va ser molt més fàcil girar la cara cap a la paret.

Jo volia anar a Glasstown. Seria com córrer dins d'una església per demanar empara quan et perseguien, antigament. Al final m'agafarien quan sortís, però durant un temps m'haurien de deixar estar. Encara no. Quan hi vaig anar a mirar, però, les finestres de Glasstown eren totes trencades, els carrers deserts i els edificis declarats insegurs.

I no trobava en Titus per enlloc. Vaig tancar els ulls, com si tanqués les persianes d'una casa, i vaig jurar no tornarlos a obrir mai més.

Però el cel és radiant amb el reflex del camp de glaç, groguenc com mantega, i a sota hi oneja un mar que és una barrija-barreja llampant de blau cobalt, blau ultramar, verd fulla, verd maragda i verd ampolla, on suren fragments d'iceberg: les coques de glaç, fines com filigrana, suren balancejant-se dins de la barreja. Per tots costats s'aixequen turons i icebergs esculpits: orques immortalitzades en l'acció de pujar saltant de dins de l'aigua. És una preciositat. Demana ser vist.

I la curiositat, com l'escalfor, torna de puntetes al meu reg sanguini.

En Bob diu que no podíem haver estat a prop de la Sala de Ball del Diable; que no hauríem pogut travessar a peu de cap manera l'Axel Heiberg i haver-nos trobat on ens van trobar. Seu amb el mapa damunt del genoll, mirant de treure l'entrellat d'on érem en realitat, quins trets geogràfics devia haver confós amb altres. En Mike assenteix amb un cop de cap, però intenta unes quantes vegades d'agafar el mapa i plegar-lo.

–Em sembla que la Sym no vol... –és veritat que la meva curiositat no arriba a voler saber on he estat i on no.

El món massís gira sobre el seu eix i, en algun lloc que no és l'oceà Antàrtic, la gent es desperta. En Bob se'n va a fer una trucada internacional fent servir un telèfon per satèl·lit que ha anat a la Sala de Ball del Diable i n'ha tornat dins de la butxaca d'un pertorbat. En Mike mai no diu res quan en Bob no hi és, però a mi ja m'està bé; no hi ha cap silenci que em sembli estrany, actualment. És l'ordre natural de les coses.

Al cap d'una estona, en Mike s'inclina endavant i em trava bé les mantes sota els peus, que tinc enfundats amb tres gruixos de mitjons. Ho fa sense cap comentari, però dec fer cara d'estranyada, perquè ell acota el cap i diu: «Hi ha un animal que es diu damà. Només es pot desplaçar als matins, quan el sol li toca a les potes.»

Al cel, per damunt nostre, un albatros viatger vola fent una forma de vuit directament damunt del vaixell; la seva ombra em passa per sobre unes quantes vegades. I de sobte li he de dir.

He de parlar d'en Titus; explicar que era allà. Com em va ajudar! Com va carregar el meu dolor! Com em va salvar, amb la mateixa seguretat que va estirar un trineu per la glacera de Beardmore noranta anys enrere! Agafar prou aire per poder parlar fa un efecte estranyíssim, perquè encara que sigui fred com el gebre, em fa l'efecte que em fon el terròs de gel que tinc darrere els ulls. Les llàgrimes em rodolen cara avall i cauen damunt dels pingüins de la samarreta que m'han deixat. I em vessen les paraules sobre en Titus. «Oh, era un senyor, tot un senyor, un autèntic senyor!»

–Ho veus? Li falta un bull. Igual que al seu oncle. Està com un llum de ganxo! Està sonada! –És en Sigurd, amb la mà tota embenada davant del pit, com un guant de boxa i a la boca un protector fet de nafres i butllofes–. No et pots creure una paraula del que diu! Parla sola. Sent veus. Està boja!

En Mike es posa dret i es col·loca entre mi i en Sigurd, que branda l'Espant com si fos una arma. No diu res, només s'està plantat i impedeix que en Sigurd s'acosti més; s'està dret i espera fins que en Sigurd, com un llop acorralat pel foc, gira cua cohibit.

–Pobre noi –diu en Mike. Tothom a bord del Cuirassat Potemkin plany en Sigurd per la pèrdua del seu pare, el tràngol que ha passat, el seu estat mental trastornat. No saben què pensar d'ell. Mentre que jo...

–A en Shackleton li va passar el mateix! –exclama en Mike, tornant-se a asseure com si res no hagués passat, traient-se mocadors de totes les butxaques i llançant-me'ls. La cara se li il·lumina de plaer. Jo m'esperava un copet al cap i un: «Sí, sí, maca, ara descansa», però està disposat a sentir més coses sobre el meu misteriós acompanyant, està disposat a donar-me la raó, que aquestes coses poden passar i, efectivament, passen.

–Ho vaig llegir, això d'en Shackleton! Quan en Shackleton es va equivocar de costat pujant a l'illa de South Georgia i la van haver de travessar tota a peu; eren dos! Exhaustos! Perduts! Mig morts després de recórrer mil siscents quilòmetres. Després tots dos van dir que havien notat la presència d'una tercera persona que els acompanyava! Increïble! Quan ho vaig llegir, vaig pensar: «Ui, sí, segur!», però amb el que has dit tu ara... Increïble!

Almenys no pensa que estic sonada. No entén ben bé què passa (què passava) amb en Titus i jo, però almenys no pensa que estic boja. No acaba de saber com és d'increïble, ni tampoc li ho penso dir, però m'acabo d'adonar d'una cosa, que em brunzeig pel cap com un eixam d'abelles.

–Mike –li dic–. És veritat que la tenda de Scott ja no es troba a la Barrera?

–Els refugis sí que hi són. Hi vas anar... No! No, que no hi vam anar, oi? La propera vegada. T'hi hauré de portar la propera...

–No els refugis. La tenda on va morir. El seu cos. El de Wilson. El de Bowers. La tenda de la mort. Es veritat que la plataforma glacial els va empènyer fins al mar fa anys? Digue-m'ho. És molt important. Digue-m'ho!

Deu semblar una pregunta estranya, venint d'algú que acaba de recuperar la capacitat de parlar; una informació que és curiós voler obtenir amb tanta urgència.

–No crec que ningú ho sàpiga del cert –diu en Mike amb prudència–. Hi ha gent que diu que fa vint-i-cinc anys. N'hi ha que diuen que va ser fa deu anys. I n'hi ha d'altres que diuen que hi deu estar arribant ara. No hi ha manera de saber-ho del cert.

Exactament! No hi ha, no hi havia, manera de saber-ho. I jo no ho sabia! No ho sabia! Totes les altres coses les sabia; en el fons, les havia de saber. En Titus era un invent meu! Era un producte de la meva ment. Totes les coses que en Titus m'havia dit, només podien venir de dintre meu. Coses que havia llegit. Coses que m'havia imaginat.

Però jo no en sabia res, que la plataforma glacial es mogués! No en sabia res, del fet que... els cossos de Scott, Wilson, Birdie i Oates... doncs que una gran marea de glaç... els aniria arrossegant! Em pensava que la plataforma de Ross els sostindria sempre!

El pa de la comunió entre els seus palmells de glaç tan plans.

Doncs com m'ho podia haver dit en Titus, allò? Aquella figura del meu costat? El que s'havia inclinat damunt meu? El que havia fregat la seva galta amb la meva? Com era possible que m'hagués dit una cosa que jo no sabia? Ai, Titus! Digues-me què vol dir! Digues-me com ho he d'interpretar! Digues-me què n'he de pensar?

–Quan arribem; quan et trobis millor, vull dir –em diu en Mike, estroncant-me aquest pensament extraordinari i desconcertant– no sé si t'agradaria... ja m'entens, vull dir, digues tranquil·lament que no, però no sé si voldries... quedar. Per fer alguna cosa. Sortir a algun lloc. Anar a algun lloc, fer una excursió, potser?

Bum. Bum. Bum. M'estiro a la gandula per mirar enmig de quin istme de glaç ens obrim pas. Però som a mar obert, i el soroll no pot venir de la proa del vaixell. Ha de venir d'algun lloc de dins.

–Tinc catorze anys –li dic.

En Mike està avergonyit.

–Ostres, tu! Perdona'm! Catorze? Em pensava que eres molt més gran. Per la manera com has actuat, vull dir. I semblaves... no ara, no, no vull dir ara, però abans... Ostres! Uf, ho sento! Catorze! Ostres! Tots els homes d'Aurora es morien de ganes de preguntar-te si voldries sortir amb ells. Catorze! Perdona. Perdona, perdona. Oblida't que t'hagi dit res. Catorze! Sembles més gran.

El nucli diminut d'un iceberg (havia estat de la mida del Bages però ara s'ha fos fins a la mida d'un llibre) es balanceja a l'aigua, fent que el gel verd que hi ha a dins centellegi i pampalluguegi com un semàfor. Una mola de peixos trenca la superfície com una salva de trets disparada en senyal de salutació damunt d'una tomba.

«I la tercera banda de ferro es va trencar i la princesa va poder parpellejar, moure les mans i va ser completament lliure per poder parlar.»

–Oh, Titus, com m'alegro de veure't! Me n'alegro tantíssim! Gràcies.

«No es mereixen, Sym.»

Vermell, avergonyit pel seu error, en Mike està recollint les seves coses per deixar-me en pau. Em torna a tapar els peus amb presses. Però no cal, perquè el damà ara ja està ben despert. En Mike ensopega amb la pota d'una gandula i se'n va, en franca retirada.

–Ei, Mike! –el crido i es gira a l'escala de cambra i es clava un cop al cap amb un bot salvavides–. Et mantindràs en contacte amb mi, oi? –li dic–. Tinc previst fer-me més gran d'aquí a un parell d'anys.

Scott de l'Antàrtida

QUAN EL CAPITÀ Robert Falcon Scott va partir cap al pol sud el 1911, aquell no era el seu primer intent d'arribar-hi. Ho havia provat sense èxit l'any 1904. Aquella havia de ser primordialment una expedició científica, encarregada per la Royal Geographical Society. Però l'arribada sorpresa a l'Antàrtida de Roald Amundsen, decidit a atorgar a Noruega l'honor de ser la primera nació a arribar al pol, va irritar Scott, que creia que Anglaterra hi tenia un dret moral. Malgrat que cap dels dos no ho va dir, havia començat una cursa.

El pla de Scott per a l'expedició incloïa gossos, ponis, trineus motoritzats i mà d'obra. L'home que va triar per encarregar-se dels ponis no era un home de la marina, com la resta, sinó de l'exèrcit de terra, el capità Lawrence Oates. Lamentablement, a Oates no se li va permetre triar els ponis i va quedar esgarrifat de l'estat penós dels animals que van posar al seu càrrec. Immediatament va sentir una gran antipatia envers Scott, però es va guanyar el respecte afectuós de tothom (Scott inclòs) amb el seu temperament callat, lacònic i anàrquic. L'anomenaven «el Soldat», o «Napoleó» (es va penjar el seu retrat a la llitera) o «Pagès Grana de Mill» (perquè trobava plaer en anar desendreçat). O Titus (en honor de l'agitador jacobí Titus Oates). A pesar d'una ferida antiga en una cama, que l'havia deixat coix (i que li va valdre una recomanació per a la condecoració Victoria

Cross), estava en una forma física excel·lent i treballava amb entusiasme.

El pla preveia dues expedicions. Durant el primer estiu establirien una sèrie de dipòsits d'aliments a intervals al llarg de tota la ruta des de la plataforma glacial de Ross fins a la serralada Transantàrtica, després tornarien ràpidament cap a la base de Hut Point i reposarien durant l'hivern polar. De seguida que arribés la primavera, es posarien en camí per travessar la plataforma, seguint el recorregut dels dipòsits d'aliments i pujarien per la glacera de Beardmore cap a l'altiplà polar i el pol sud.

Durant la primera expedició, els trineus motoritzats es van avariar pràcticament alhora, i els ponis feien més nosa que servei. Per alleujar els seus patiments, Scott va prendre la decisió nefasta de descarregar les provisions massa aviat i girar cua. Oates s'hi va oposar fermament, dient que la reserva d'aliments de One Ton s'havia de situar més endins de la plataforma. No es va tenir en compte la seva objecció.

El viatge d'Amundsen va anar, en paraules seves, «com un somni.» I no va ser un cop de sort: tenia una gran experiència, perícia, i molt de seny. Va fer servir gossos per estirar els trineus i quan la càrrega es va alleugerir, va matar els més dèbils i en va aprofitar la carn per alimentar els més forts. Senzillament, així és com es feien aquells viatges al cercle polar àrtic. També va estar de sort; va trobar una glacera just allà on la necessitava per escalar l'altiplà, i va trobar «bon temps» (un terme relatiu a l'Antàrtida, evidentment). Amundsen va arribar al pol sud geogràfic el 14 de desembre de 1911. Allò no li va donar una gran alegria: ell hauria volgut conquerir el pol nord, però li havien passat al davant.

Mentrestant, Scott també feia la ruta. Va sortir un grup nombrós, però etapa per etapa, tal com estava planificat, el grup de suport es va anar disgregant i tornant enrere, deixant només un nucli escollit dels pocs afortunats que estaven en prou bona forma física per intentar l'últim tram. Però els britànics es van trobar un temps espantós, es van anar endarrerint respecte al programa i van exhaurir les provisions massa aviat. Els ponis de l'Oates es van anar morint d'un en un... però els va fer arribar fins a la serralada, que havia estat la seva funció. Encara era possible provar de fer el pol. El pitjor que podia passar, segons el punt de vista de Scott, era que es trobessin que el noruec hi havia arribat primer.

No era el pitjor que podia passar.

Cinc homes van constituir l'expedició polar final. Res de gossos: Scott els detestava i veia més grandesa en la idea que fossin els homes mateixos que arrossseguessin els trineus per l'altiplà. El capità Oates ja estava més extenuat del que estava disposat a admetre, però encantat que l'haguessin triat com un dels cinc, perquè pensava que el seu regiment se n'alegraria. Scott, el doctor Bill, Taff Evans, «Birdie» Bowers i «El Soldat» van arrossegar dos trineus a través de més de tres-cents quilòmetres d'altiplà polar per acabar descobrint que Amundsen havia empalat tots els seus somnis en una bandera noruega. No els va quedar més remei que girar cua i tornar, sabent que anaven perillosament escassos de provisions.

Hauria d'haver estat possible. Era molt ajustat, però possible. Però la temperatura va baixar i el temps es va espatllar: l'hivern es va avançar aquell any. Amb les racions reduïdes, Taff Evans (un home corpulent com un ós) es moria literalment de gana. També patia una congelació molt severa. Quan s'acostava a la plataforma glacial de Ross, segurament devia caure i es devia donar un cop al cap. Al cap d'uns dies va caure mort. Quatre homes van seguir endavant amb penes i treballs, confiats de cara enfora, però carregats d'inquietud per dins, esperant que tot sortís bé. De mica en mica tothom es va adonar que «El Soldat» també tenia un peu a l'altra banda.

L'última entrada del diari d'Oates explica com desenterren les restes d'un poni esperant trobar alguna cosa per menjar. «Vam desenterrar el cap del *Christopher* per menjar, però estava podrit.» Després d'allò, ja tenia les mans massa congelades per escriure. Ja feia temps que el fred li havia destruït els peus. Li costava Déu i ajut caminar, fins i tot existir. Era conscient que endarreria els seus companys, que els feia perdre un temps preciós i els minvava les possibilitats. Però no aconseguia morir-se.

El 16 de març, el dia del seu trenta-dosè aniversari, es va despertar i va sortir del sac de dormir arrossegant-se. «Surto a fora i potser trigaré una mica a tornar», va dir als seus companys, i va sortir a rossegons enmig del torb a morir-se.

El doctor Wilson, en una nota escrita a la mare d'Oates que va guardar dins el seu diari, va dir: «No he vist mai, ni he sentit a parlar, d'un coratge semblant al que va mostrar des del començament fins al final... mai ni una paraula ni un senyal de queixa o de dolor.»

Tres homes van continuar tentinejant fins a la reserva de One Ton. Si Scott hagués escoltat Oates sobre on s'havia de situar aquella reserva, hi haurien arribat. Tal com van anar les coses, un torb els va detenir a disset quilòmetres de distància del dipòsit. Es van asseure dins la tenda a esperar; van esperar, morts de gana, i es van morir congelats, minats per l'escorbut i la congelació. La primavera següent van trobar els seus cossos.

El cos del capità Oates no es va trobar mai.

Agraïments

Un llibre ha de ser un piolet
per trencar el mar glaçat que portem dins.

KAFKA

VA SER sentint citar aquesta frase en una conferència que es va originar aquest llibre. Per tant, suposo que dec estar en deute, primer de tot, amb Franz Kafka. De fet ell parlava de la lectura; deia que només hauríem de llegir llibres que ens inculquin amb martellades alguna veritat que ens sacsegi. Però també és una perfecta imatge en paraules de per què els autors escriuen llibres.

També estic agraïda a:

The Antarctic Centre, de Christchurch, Nova Zelanda, especialment a Roger Harris;

Ranulph Fiennes per les seves descripcions gràfiques, la seva valentia i les seves opinions fermes;

The Kelly Tarlton Centre, d'Aukland, Nova Zelanda;

Sue Limb per convertir la seva obsessió de la infantesa en una magnífica biografia, *Captain Oates, Soldier and Explorer;*

The Oates Museum, de Selborne, Hampshire, Anglaterra;

Tota la gent d'Oxford University Press;

Francis Spufford, autor d'un llibre meravellós: *I May Be Some Time* (Potser trigaré una mica), que conté el meu relat preferit sobre el darrer viatge a l'Antàrtida de Scott;

Les noies de St. Gabriel's School per confiar-me com i quan utilitzen les visions;

Craig Vear, compositor d'*Antarctica*, que va compartir la seva experiència de primera mà sobre un lloc on en realitat no he estat mai i que va tocar música de debò damunt de fulles de glaç.

A totes les persones que han participat en la filmació de *The Last Place on Earth*[1] (basat en el llibre de Roland Huntford), un programa de televisió discutible però fascinant, especialment Richard Morant, l'actor que interpretava Oates i que em va servir de patró per a Titus. És un home absolutament encantador, a diferència del capità, sospito, per molt que els qui el van conèixer el van estimar i admirar molt.

I parlant d'ell, espero que per alguna carambola del Temps, l'Espai o la Gràcia Divina, Lawrence Edward Grace Oates sigui conscient que el nas de l'estàtua en memòria seva que hi ha a Eton College és lluent de tan fregar-lo generacions de nois que l'han tocat perquè els porti bona sort i de la gran quantitat de persones (escriptors inclosos) que han portat la seva història entre les clivelles i els avencs glaçats de la vida, com un piolet.

1. *L'últim lloc de la Terra*. ©Central Independent Television, 1994, Carlton DVD.